Jan Philipp Reemtsma
Der Vorgang des Ertaubens nach dem Urknall

Jan Philipp Reemtsma

Der Vorgang des Ertaubens nach dem Urknall

10 Reden und
Aufsätze

Haffmans Verlag

Die Schneekugel
mit Michelangelos Pietà auf dem Umschlag
befindet sich nicht im Privatbesitz des Kanzlers,
sondern des Autors.
Er brachte sie im Mai 1991 von einer Romreise mit.

Alle Rechte vorbehalten
Copyright © 1995 by Haffmans Verlag AG Zürich
Satz: Fotosatz Amann, Aichstetten
Herstellung: Presse-Druck Augsburg
ISBN 3 251 00302 X

Inhalt

Der Bote
Walter Benjamin über Karl Kraus

>»Der Haushalt seiner Irrtümer und
>seiner Schwächen – mehr Wunderbau als
>die Gesamtheit seiner Gaben –«

»Nichts trostloser als seine Adepten, nichts gottverlassener als seine Gegner«, so schrieb Walter Benjamin in der ›Einbahnstraße‹ über Karl Kraus. Überschrieben ist der Text mit ›Kriegerdenkmal‹. Der letzte Satz dieses kurzen Prosastückes heißt, rätselhaft genug: »Die Ehren seines Todes werden unermeßlich, die letzten sein, die vergeben werden.«[1]

Fast alle, die über Karl Kraus schreiben, tun das entweder gegen die »Instanz KK«, oder sie akzeptieren sie. Das in der Regel wütende Bestreiten der einen macht einen ebenso erbärmlichen Eindruck wie der Unterwerfungsstil der anderen. Wenigen nur gelingt es, die »Instanz KK« zu akzeptieren, nicht aus Schwäche, sondern aus Einsicht; keinem ist es bisher gelungen, die Attacke auf die »Instanz« anders zu beenden als durch die Selbstpreisgabe. Zwei Autoren wären zu nennen, deren Stil nicht, affirmativ oder aggressiv, das Resultat eines Überwältigungserlebnisses oder freiwilliger Akzeptanz des Anspruches der »Instanz KK« ist: Elias Canetti und Walter Benjamin. Das Gesagte gilt für Canetti, obwohl er ein ehemaliger »Jünger« und durch die Instanz Überwältigter gewesen ist, denn seine Schriften über Karl Kraus sind nicht mehr die Auseinandersetzung mit diesem früheren Status, sondern dieser ist dem Leser gebotenes Material zur Analyse – auch der Instanz.

Walter Benjamin schreibt – und ich spreche hier vor al-

---

[1] Walter Benjamin, Gesammelte Schriften, Frankfurt/M. 1972 – 1989, Bd. IV(1), S 121. – Im folgenden werden die ›Gesammelten Schriften‹ nur noch mit Band- und Seitenzahl nachgewiesen.

lem über den 1931 geschriebenen, mit ›Karl Kraus‹ übertitelten Essay – über die »Figur« Karl Kraus, zu deren Sosein auch ihre Möglichkeit, Instanz zu sein, gehört – mehr jedoch nicht. »Figur« ist Kraus für Benjamin schon in dem zitierten Text der ›Einbahnstraße‹, dreigestaltige Figur ist er im Essay, der durch drei Untertitel geteilt ist: »Allmensch«, »Dämon« und »Unmensch« – aber ich will dieser vom Text zu sehr nahegelegten Trias hier gar nicht folgen. Sie gibt dem Gedankengang ein konstruktives Gerüst, das eine wesentliche Eigenschaft eher zu verdecken sucht: die unheimliche Dynamik des Textes, die ihn zu einem der beunruhigendsten Prosastücke macht, die ich kenne. Diese Dynamik ist die Verwandlung eines Bildes. Eines Bildes, das Benjamin dem Leser von der Figur »Karl Kraus« macht, des Bildes vom »Boten«:

»Alte Stiche haben den Boten, der schreiend, mit gesträubten Haaren, ein Blatt in seinen Händen schwingend, herbeieilt, ein Blatt, das voll von Krieg und Pestilenz, von Mordgeschrei und Weh, von Feuer- und Wassersnot, allerorten die ›Neueste Zeitung‹ verbreitet. Eine Zeitung in solchem Sinn, in der Bedeutung, die das Wort bei Shakespeare hat, ist die ›Fackel‹. Voll von Verrat, Erdbeben, Gift und Brand aus dem mundus intelligibilis.«[2] So das Bild vom »Boten« in den *ersten* Sätzen des Essays ›Karl Kraus‹; und *so* in den letzten:

»…ein Unmensch, ein neuer Engel. Vielleicht von jenen einer, welche, nach dem Talmud, neue jeden Augenblick in unzähligen Scharen, geschaffen werden, um nachdem sie von Gott ihre Stimme erhalten haben, aufzuhören und in Nichts zu vergehen. Klagend, bezichtigend oder jubelnd? Gleichviel – dieser schnell verfliegenden Stimme ist das ephemere Werk von Karl Kraus nachgebildet. Angelus – das ist der Bote der alten Stiche.«[3] Achten Sie bitte nur auf die beiden Bilder: zu Beginn der Bote, verkündend die

[2] II (1), S. 334.   [3] Ebd. S. 367.

8

»neueste Zeitung«, zum Ende der Engel, der Bote mit seinem lateinischen Namen »Angelus«.

Das erste Bild ist ein Zitat aus einem Text, den Benjamin in seinem Essay mehrfach anspricht, Kraus' Rede zwei Monate nach dem Kriegsausbruch 1914 ›In dieser großen Zeit‹. Es heißt dort: »Die Unterwerfung der Menschheit unter die Wirtschaft hat ihr nur die Freiheit zur Feindschaft gelassen, und schärfte ihr der Fortschritt die Waffen, so schuf er ihr die mörderischste von allen, eine, die ihr jenseits ihrer heiligen Notwendigkeit noch die Sorge um ihr irdisches Seelenheil benahm: die Presse (...). Aber wenn es so wahr ist wie es richtig ist, und ist die Presse nichts weiter als ein Abdruck des Lebens, so weiß ich Bescheid, denn ich weiß dann, wie dieses Leben beschaffen ist. Und dann fällt mir zufällig bei, an einem trüben Tage wird es klar, daß das Leben nur ein Abdruck der Presse ist. Was ist sie? Ein Bote nur? (...) Ist die Presse ein Bote? Nein: das Ereignis. Eine Rede? Nein, das Leben. (...) Sie ist kein Dienstmann (...) sie ist das Ereignis. Wieder ist uns das Instrument über den Kopf gewachsen. Wir haben den Menschen, der die Feuersbrunst zu melden hat und der wohl die untergeordnetste Rolle im Staat spielen müßte, über die Welt gesetzt, über den Brand und über das Haus, über die Tatsache und über unsere Phantasie.«[4]

Benjamin setzt in seinem Zitat des Bildes vom Boten die »Figur Karl Kraus« in eins mit jener, in der Kraus selbst »die Presse« auftreten läßt. Das zweite Bild, das vom Angelus, vom »neuen Engel« aber steht emblematisch für die tiefsten Intentionen von Benjamins Philosophieren. Die neunte der Thesen ›Über den Begriff der Geschichte‹ beginnt mit den Worten: »Es gibt ein Bild von Klee, das Angelus Novus heißt«, und von diesem heißt es: »Der Engel der Geschichte muß so aussehen.«[5]

Ich werde hier nicht einmal Rechenschaft von *meiner*

[4] Karl Kraus, Weltgericht, Frankfurt/M. 1988, Bd. I, S. 14 ff.
[5] I (2), S. 697.

Lektüre dieses Textes geben können, geschweige denn von den verschiedenen möglichen Lektüren. Ich möchte nur die Verwandlung des Bildes vom »Boten« ein wenig genauer noch zu verstehen versuchen und dabei auf einige Motive des Textes aufmerksam machen.

Karl Kraus verkörpere »das Geheimnis der Autorität: nie zu enttäuschen. Es gibt kein Ende der Autorität: sie stirbt oder sie enttäuscht«[6], schreibt Benjamin, und ich werde auch auf diesen Satz am Ende zurückkommen, wo ich die Namen Benjamin und Canetti noch einmal zusammenbringen werde. Ein wie auch immer sich gebärdender »Anhänger« war, anders als der junge Canetti, Benjamin doch nie. Dennoch spricht er Kraus die Verkörperung der Autorität zu. Die einer anerkannten? Wer den Essay liest, wird sich mit der Beantwortung dieser Frage schwertun und sich mit etwas auseinanderzusetzen haben, das nur einer Lektüre, die sich dem Wellenschlag des Pro und Contra im Text überlassen möchte, Ambivalenz wäre. Gewiß kann, wer denn nach den »Idealen«, den »positiven Werten« forschte, nur die Differenz dekretieren: »Die bürgerlich-kapitalistischen Zustände zu einer Verfassung zurückzuentwickeln, in welcher sie sich nie befunden haben, ist sein Programm.«[7] Dies wäre das Programm eines Ideologen, und durchaus auch das manch eines faschistischen könnte man mit solchen Worten bezeichnen. Und wenn sich auch die Wortfolge von dem »seltsame(n) Wechselspiel zwischen reaktionärer Theorie und revolutionärer Praxis«[8] findet, so wirkt die damit konstatierte Zweideutigkeit dem Autor, Benjamin, wie seinem Gegenstand, Kraus, allenfalls äußerlich angemessen, und dialektisch sollte man sie wohl nicht nennen. Es läßt sich die »Figur Karl Kraus«, die Benjamin beschreibt, nicht aus dem Widerspiel von Argumenten, gar von Wertungen verstehen. Die Kraus zugeschriebene Autorität ist jenseits der Dimension des Politischen angesiedelt.

[6] II (1), S. 343.   [7] Ebd. S. 363.   [8] II (1), S. 342.

Daß die Ideale, in deren Namen einer streitet, obsolet sind, wäre in der politischen Sphäre ein Einwand gegen ihn; für Benjamin gründet sich die Autorität der Figur Karl Kraus darauf. »Bürgertugenden sind alle Einsatzkräfte dieses Mannes von Haus aus; nur im Handgemenge haben sie ihr streitbares Aussehen erhalten. Aber schon ist niemand mehr imstande, die Notwendigkeit zu erfassen, aus welcher dieser große bürgerliche Charakter zum Komödianten, dieser Wahrer Goethischen Sprachgutes zum Polemiker, dieser unbescholtene Ehrenmann zum Berserker geworden ist. Das mußte aber geschehen, da er die Änderung der Welt bei seiner Klasse, bei sich zu Hause, in Wien zu beginnen dachte.«[9] Diese Lokalisierung und zeitliche Fixierung der Figur »Kraus« ist für Benjamin der Ausgangspunkt, um, über den Umweg der Diagnose des Anachronismus, Kraus aus der historischen Zeit selbst herauszureißen. Kraus wurde, zitiert Benjamin Robert Scheu, »der Anwalt der Nerven und nahm den Kampf gegen die kleinen Belästiger des Alltags auf, aber der Gegenstand wuchs ihm unter den Händen, er wurde zum Problem des Privatlebens. Es zu verteidigen gegen Polizei, Presse, Moral und Begriffe, schließlich überhaupt gegen den Nebenmenschen, immer neue Feinde zu entdecken, wurde sein Beruf.« Aber dieses konservative Anliegen ist nicht nur anachronistisch »in einer Gesellschaft, die die politische Durchleuchtung von Sexualität und Familie, von wirtschaftlicher und physischer Existenz unternommen hat, in einer Gesellschaft, die sich anschickt, Häuser mit gläsernen Wänden zu bauen, deren Terrassen sich tief in die Stuben hineinziehen, die nun schon keine Stuben mehr sind«[10], sondern zwingt zu einer Praxis, die nicht im oberflächlichen Sinne widersprüchlich, sondern zutiefst paradox ist: sie macht die Privatperson zur öffentlichen Sache. Und damit verändert sich, was sonst nur das Privateste, je Eigene

[9] Ebd. S. 365.   [10] Ebd. S. 342.

wäre, die subjektive Empfindlichkeit – sie, die im Privaten nur die jeweilige Meinung mit jenem Maß an Subjektivität ausstatten kann, das verhindert, sie für gänzlich beliebig zu halten, wird so zur kreatürlichen Stimme, in der geklagt, angeklagt, geurteilt und gerichtet wird. »Die Idiosynkrasie als höchstes kritisches Organ – das ist die verborgene Zweckmäßigkeit dieser Selbstbespiegelung und der Höllenzustand, den nur ein Schriftsteller kennt, für den jeder Akt der Befriedigung zugleich zu einer Station des Martyriums wird«.[11] – Eine genaue Definition seines eigenen Stils hat Benjamin in dieser Schilderung der Prosa von Karl Kraus ebenfalls abgegeben, und sicherlich nicht ohne Absicht.

Daß Kraus' Kampf gegen die Presse, die Phrase, die Technik im Namen der Sprache und Natur ein moralischer sei – also einer, der um die Gültigkeit von Werten geführt ward –, bestreitet Benjamin: »Kraus als ›ethische Persönlichkeit‹ zu beglaubigen (…) Das geht nicht«[12]; und dies »Das geht nicht« zitiert gleichsam Kraus' Urteil über einen Artikel der Wiener ›Arbeiter-Zeitung‹, mit dem sie eine der von Kraus begonnenen Fehden gegen die ›Neue Freie Presse‹ fortzusetzen gedachte: »Das ist nichts.«[13] Denn Kraus' Sache war die Tagespolemik nur im Anlaß, und die Konstatierung des Anachronistischen seines Kampfes zu kontern mit der Versicherung, er sei seiner Zeit voraus gewesen, wäre gänzlich obsolet. Benjamin kommentiert »das Freundeswort von Adolf Loos«, Kraus »stehe an der Schwelle einer neuen Zeit«, mit: »Ach, durchaus nicht«, und setzt hinzu: »Er steht nämlich an der Schwelle des Weltgerichts.«[14] An dieser Schwelle steht der »Bote« in beiderlei Gestalt.

Kraus mit dem Objekt seines Hasses zu identifizieren ist ein Topos im Schrifttum über ihn. Gewöhnlich als Häme vorgebracht: er sei nichts als ein verhinderter Mitarbeiter

[11] Ebd. S. 346.   [12] Ebd. S. 345.
[13] Kraus, a. a. O. S. 113 (›Die Laufkatze‹).   [14] II (1), S. 348.

der ›Neuen Freien Presse‹, hat sich dieser Topos doch interessanterweise nicht wirklich zu einem kritischen wenden können, und auch einige seiner Bewunderer haben ihn gelten lassen. – Benjamin schrieb: »Ein Haß, wie Kraus ihn auf die Journalisten geworfen hat, kann niemals so schlechthin in dem, was sie tun, fundiert sein – es mag so verwerflich sein wie es will; dieser Haß muß Gründe in ihrem Sein haben, mag es nun dem seinen so entgegengesetzt oder so verwandt sein wie immer. In der Tat ist beides der Fall.«[15] Das mögen Sie nicht falsch verstehen. Kraus war nicht der, der eigentlich den besseren Journalismus wollte, wie etwa Brecht in seinem Keuner-Wort, und Benjamin war einig mit ihm: »Als ich Benjamin«, schrieb Gershom Scholem, »bei einer Unterhaltung über die Münchner Räterepublik von Bestrebungen erzählte, die Presse unter Berufung auf Karl Kraus zu reformieren, sagte Benjamin: ›Da war Karl Kraus vorzuziehen, dessen Haltung nur eine war: Ecrasez l'infâme.‹«[16]

Die Presse macht aus einem Mord ein Feuilleton, aus einem Schlachtfeld ein Stimmungsbild. Was Pressekritik daran wäre, bediente sich eines Argumentes, das einen moralischen und einen ästhetischen Wert einklagte: »… so ist es das erste Anliegen von Kraus gewesen, Information und Kunstwerk auseinanderzuhalten.«[17] Aber eben nur das erste und wohl auch harmloseste, vom Schlage etwa des Aphorismus von Kraus, Feuilleton sei Lockendrehen auf einer Glatze. Denn: »Niemand, Kraus am wenigsten, kann der Utopie einer ›sachlichen‹ Zeitung, dem Hirngespinst einer ›unparteiischen Nachrichtenübermittlung‹ sich überlassen. Die Zeitung ist ein Instrument der Macht. Sie kann ihren Wert nur von dem Charakter der Macht haben, die sie bedient.«[18]

Von Karl Kraus' Kampf verstünde so auch der nichts, der

---

[15] Ebd. S. 335.   [16] II (3), S. 1078.
[17] II (1), S. 336.   [18] Ebd. S. 344.

meinte, es wäre ihm darum gegangen, die Phrase aus der Zeitung zu verbannen. Sie ist dort nur der Ausweis dessen, was die Stunde geschlagen hat. Nach dem August 1914 schließen sich Phrase und Weltzustand zum Bild zusammen, wenn man in Pickelhauben vor Flugzeugen paradiert und »im Gaskrieg bis aufs Messer kämpft«. Benjamin wie Kraus ist die Phrase eine »Ausgeburt der Technik«, und Benjamin zitiert: »Es sollte Aufschluß über die Technik geben, daß sie zwar keine neue Phrase bilden kann, aber den Geist der Menschheit in dem Zustand beläßt, die alte nicht entbehren zu können. In diesem Zweierlei eines veränderten Lebens und einer mitgeschleppten Lebensform lebt und wächst das Weltübel«, und fährt fort: »Mit einem Ruck schürzt Kraus in diesen Worten den Knoten, zu dem Technik und Phrase sich verbunden haben.«[19] Die Lösung dieses Knotens allerdings wußte Kraus, so Benjamin, nicht.

Die Figuren, in denen die Phrase im Fleische wandelt, hat Kraus vielgestaltig gesehen und beschrieben, die vollkommenste war vielleicht die Kriegsberichterstatterin Schalek; bei Benjamin ist es Ernst Jünger. Die Rezension des Bandes »Krieg und Krieger«, übertitelt: »Theorien des deutschen Faschismus«, ist dem Phänomen des »Zweierlei eines veränderten Lebens und einer mitgeschleppten Lebensform« gewidmet, der, wie es dort heißt, »Verspannung des Heroentums mit der Materialschlacht«.[20]

Benjamin hat die Phrase beschrieben, wie sie Architektur wurde: als man im 19. Jahrhundert mit Gußeisen dorische Säulen modelte. Das Zweierlei eines veränderten Lebens und einer mitgeschleppten Lebensform – nicht immer, aber zuweilen kongruent mit dem Theorem von den den Produktivkräften inadäquaten Produktionsverhältnissen – gehört zu den zentralen Themen vor allem des Benjaminschen Spätwerks. »Wieder ist uns das Instrument über den Kopf gewachsen« – Benjamin hätte dem zustim-

[19] Ebd. S. 337.   [20] III, S. 247.

men können. Der Krieg, schreibt Benjamin, trete »mit seinen Zerstörungen den Beweis« dafür an, »daß die soziale Wirklichkeit nicht reif war, die Technik sich zum Organ zu machen«, und Kraus hätte vielleicht dem zustimmen können. Der Fortsetzung des Gedankens nicht: »…daß die Technik nicht stark genug war, die gesellschaftlichen Elementarkräfte zu bewältigen«[21] – denn die Technik als historische Chance wäre wohl ein Kraus so nicht möglicher Gedanke gewesen. Für Benjamin ist »die Technik« in der Tat Möglichkeit, jenen Knoten zu lösen, den Kraus nur geschürzt hat, indem er im »Zweierlei eines veränderten Lebens und einer mitgeschleppten Lebensform« das »Weltübel« erkannte, ja sie ist die Möglichkeit profaner Erlösung von diesem Übel, und so heißt es am Ende der Jünger-Rezension: »Die eine, fürchterliche, letzte Chance, die Unfähigkeit der Völker zu korrigieren, ihre Verhältnisse untereinander demjenigen entsprechend zu ordnen, das sie durch ihre Technik zur Natur besitzen. Mißglückt die Korrektur, so werden zwar Millionen Menschenkörper von Gas und Eisen zerstückt und zerfressen werden – sie werden es unumgänglich –, aber selbst die Habitués chthonischer Schreckensmächte, die ihren Klages im Tornister führen, werden nicht ein Zehntel von dem erfahren, was die Natur ihren weniger neugierigen, nüchterneren Kindern verspricht, die an der Technik nicht einen Fetisch des Untergangs, sondern einen Schlüssel zum Glück besitzen.« Unter einer Voraussetzung: »Von dieser ihrer Nüchternheit werden sie den Beweis im Augenblick geben, da sie sich weigern werden, den nächsten Krieg als einen magischen Einschnitt anzuerkennen, vielmehr in ihm das Bild des Alltags entdecken und mit eben dieser Entdeckung seine Verwandlung in den Bürgerkrieg vollziehen werden in Ausführung des marxistischen Tricks, der allein diesem finsteren Runenzauber gewachsen ist.«[22] Die hier in das

[21] Ebd. S. 238.   [22] Ebd. S. 249 f.

Gewand einer politischen Hoffnung gekleidete Denkfigur vom Umschlag äußersten Destruktionspotentials in etwas, das man in der Tat nur mit dem religiösen Worte »Erlösung« bezeichnen kann, ist für Benjamin auch das Mittel, den Stil Karl Kraus' zu analysieren.

Die Waffe der Krausschen Polemik gegen die Phrase ist ihr Zitat, Benjamin nennt zu Recht das Zitieren »das polemische Grundverfahren von Kraus«.[23] Es ist, nicht nur in seiner denunziatorischen Kraft, sondern als Verfahrenstechnik destruktiv. Das Zitat reißt aus dem Zusammenhang, den die Phrase sowieso nur noch vorgibt zu stiften. Das Zitieren im Werke von Kraus ist für Benjamin wie die Vorausnahme der Lösung »des Knotens«, der Erlösung des Weltübels im Stilgestus: »Erst der Verzweifelnde entdeckt im Zitat die Kraft: nicht zu bewahren, sondern zu reinigen, aus dem Zusammenhang zu reißen, zu zerstören.«[24] Im Zitat der Phrase verwandelt sich der Bote, wird der Ausrufer der »neuesten Zeitung« zum Angelus: »Man muß schon (…) Klees ›Neuen Engel‹, welcher die Menschen lieber befreite, indem er ihnen nähme, als sie beglückte, indem er ihnen gäbe, gesichtet haben, um eine Humanität zu fassen, die sich an der Zerstörung bewährt.«[25]

Die Zerstörung als einziges Residuum von Humanität und Hoffnung kommt aus einer Weltsicht, die weiter in die Geschichte zurückreicht als die von Karl Kraus. Ihr könnte der Titel ›Die letzten Tage der Menschheit‹, bezogen auf die Jahre 1914 bis 1918, wie ein Euphemismus erscheinen. In seinem Buche ›Ursprung des deutschen Trauerspiels‹ nennt Benjamin den Totenkopf das Sinnbild der Geschichte »in allem was sie Unzeitiges, Leidvolles, Verfehltes *von Beginn an hat*«[26]. Das Buch ist der Allegorie gewidmet, einem ästhetischen Verfahren der Barocktragö-

[23] II (1), S. 362.   [24] Ebd. S. 365.   [25] Ebd. S. 367.

[26] Ich zitiere des Zusammenhanges wegen aus Wolfgang Kraushaar, Auschwitz ante, in: Dan Diner (Hrsg.), Zivilisationsbruch. Denken nach Auschwitz, Frankfurt / M. 1988, S. 231; Hervorhebung von mir.

die, das Benjamin als destruktiv und eben auch als ein Zerstören von Zusammenhängen charakterisiert. Auch hier die Geste des Leidenden, des Verzweifelten, der jene Zusammenhänge zerstört (und wenn nicht sie, so doch ihre Idealität), in die sein Leid eingebunden ist. Für Benjamin war längst vollzogen, was Kraus über die Menschheit 1914 hereinbrechen sah. Benjamin hatte die Botschaft längst vernommen, er hatte das Schicksal Deutschlands und Europas aus den Bildern gelesen, die das deutsche Trauerspiel, die Barocktragödie für die conditio humana gefunden hatte. Die Barocktragödie aber ist das Medium des Versuchs, die Schrecken des Dreißigjährigen Krieges zu verarbeiten. ›Ursprung des deutschen Trauerspiels‹, das ist ein Titel, der auf zweierlei Weise gelesen werden kann.

»Shakespeare hat alles vorausgewußt«, zitiert Benjamin Kraus und setzt nach einem Gedankenstrich hinzu: »–ja.«[27] Nicht nur Shakespeare. Daß Benjamin die Botschaft schon vernommen hatte und die »neueste Zeitung« noch einmal die ganz alte war, ermöglichte es ihm, die »Instanz« Karl Kraus als Figur zu beschreiben und dem fast maßlosen Anspruch der Instanz sich weder unterzuordnen noch ihn abwehren zu müssen. Er konnte ihm recht geben und hatte doch schon alles vorausgewußt. Fast alles.

Daß er aber aus der Krausschen Stimme mehr hörte als den Refrain des Immergleichen, machte ihm die Rede von »der Autorität« möglich, die Kraus für das Denken Benjamins zwar nicht gewesen ist, doch hat er in ihm – als Figur – ihr »Geheimnis« verkörpert gesehen.[28] Das Geheimnis der Autorität von Karl Kraus aber war sein Schweigen. Das Schweigen im Textinnern, das der Fülle und Gewalt seiner Worte Gestalt gab, die eines immer erneuten Verstummens. Niemand hat vom Grauen, das die Menschheit in ihren letzten Tagen sich bereitete, so unermüdlich Zeugnis abgelegt wie Kraus, doch vom Grauen kann menschliche

[27] II (1), S 357.   [28] Ebd. S. 343.

Stimme nicht Auskunft geben: »Die Sprachlosigkeit im Grauen ist ein Urerlebnis«[29], heißt es in einem frühen Fragment Benjamins, und seit der Rede ›In dieser großen Zeit‹ ist das Verstummen immer wieder der eigentliche Inhalt der Rede von Karl Kraus, die hinter dem unkommentierten Zitat oft genug buchstäblich stumm bleibt –: »Die jetzt nichts zu sagen haben, weil die Tat das Wort hat, sprechen weiter. Wer etwas zu sagen hat, trete vor und schweige!« heißt es 1914, und 1933: »Ich bleibe stumm.« In ein wahrhaft grandioses Bild faßt Benjamin Kraus' Redeschweigen: »Diese Bewandtnis hat es mit allem, was Kraus schrieb: es ist ein gewendetes Schweigen, ein Schweigen, dem der Sturm der Ereignisse in seinen schwarzen Umhang fährt, ihn aufwirft und das grelle Futter nach außen kehrt.«[30] – Auch Benjamin hat zumindest mit dem Gedanken gespielt, ein Werk – das ›Passagenwerk‹ – ganz aus Zitaten zu montieren und hinter diesen stumm zu bleiben.

Das Schweigen als andere Seite der Rede, das Zitat als andere Seite der Phrase, die Befreiung durch das Instrument, das uns über den Kopf gewachsen ist, die Erlösung als andere Seite des Verhängnisses, der Bote in beiderlei Gestalt schließlich – das sind weniger dialektische Denkfiguren, das ist ein polares Bild der Welt und auf jeweils einen einzigen Punkt konzentriert. Daß das Gute aus dem Bösen so herausspringen könnte, wie der Magnet seine Polung ändert, wenn man mit dem Hammer auf ihn schlägt, ist eine so verzweifelte wie magische Vorstellung. Daß sein Denken in wesentlichen Zügen theologisch sei, hat Benjamin nie verschwiegen, selten getarnt. Doch hat sich sein Denken nie auf ein theologisches System bezogen. Wohl auf Traditionen jüdischer Theologie – besonders auch im Kraus-Essay –, doch nie auf ein systematisch Gefügtes. Daraus rührt der magische Zug seines Denkens, er ist eigentlich vortheologisch. Wenn Benjamin von »Erlösung«

[29] VI, S. 77. [30] II (1), S. 338.

spricht, so wirkt es, als solle diese Rede selbst, als wäre sie eine Zauberformel, die Katastrophe in Erlösung wandeln. Doch die Weltgeschichte ist keine Kippfigur. »Die Erschlagenen sind wirklich erschlagen«, schrieb Horkheimer an Benjamin.

Den magischen Zug haben das Schreiben Benjamins und Kraus' gemeinsam; der eine ist hier gleichsam des andern andre Seite. Die Stilgeste der ›Letzten Tage der Menschheit‹ ist letztlich der Versuch, das Grauen der Welt, das »Feldgrauen«, wie Kraus es einmal nannte, ins Papier zurückzubannen. Die Rede ›In dieser großen Zeit‹ enthielt einen Fluch: »Aber wenn ich zu Unrecht behaupte, daß in einer Epoche, die so leicht geneigt ist, die Extraausgabe für ein Ereignis zu halten, und die mit entzündeten Nerven sich von Lügen zu Fakten verleiten läßt – wenn es nicht wahr ist, daß aus Telegrammen mehr Blut geflossen ist, als sie enthalten wollen, so komme dieses Blut über mich!«, und die letzten Worte des Nörglers in den ›Letzten Tagen der Menschheit‹, eingeleitet mit den Worten der »neuesten Zeitung« aus Shakespeares ›Hamlet‹: »Und laßt der Welt, die noch nicht weiß, mich sagen, wie alles dies geschah«, nehmen diesen Fluch auf, zeigen, grandios blasphemisch wieder, seine »andere Seite«: »Und hörten die Zeiten nicht mehr, so hörte doch ein Wesen über ihnen! (…) Ich habe die Tragödie, die in die Szenen der zerfallenden Menschheit zerfällt, auf mich genommen, damit sie der Geist höre, der sich der Opfer erbarmt (…). Er lasse es als Erlösung gelten!«

Diese Passionsworte vom Blut, das über ihn kommen möge, und das vom Blute, das über ihn gekommen ist, damit die Menschheit erlöst werde, die Anrufung schließlich: »Und hörten die Zeiten nicht mehr, so hörte doch ein Wesen über ihnen«, entkleidet Benjamin ihres christlichen Kontextes und fügt das Bild vom »neuen Engel« an: »… um, nachdem sie vor Gott ihre Stimme erhoben haben, aufzuhören und in Nichts zu vergehen. Klagend, bezichtigend oder jubelnd? Gleichviel –«. An anderem Ort nannte er die Stimme von Karl Kraus »das heißeste Gebet um Erlösung (…) das heute über jüdische Lippen kommt«[31]. Es kam aber die Erlösung nicht, sondern – ein deutsches Wort: die »Endlösung«.

In Kraus' Stil gewinnt die Sprache ihre uralte Intention zurück, Bann und apotropäischer Zauber zu sein. Es heißt »Die letzten Tage der Menschheit«, damit die Menschheit fortdauere; »dies ist der Weltkrieg«, schrieb Kraus, aber es war erst der erste. In Kraus' Schrift über den Ersten Weltkrieg verwandelt sich die Gestalt des Knebelbart- und Pickelhaubenoffiziers in den Vorschein des SS-Mannes – damit der wirklich *nicht* werde. Und das Erschrecken der ›Dritten Walpurgisnacht‹ hat etwas von der Furcht, der apotropäische Zauber hätte das Höllenwesen erst gerufen. »Wenn jetzt die Offensive kommt«, sagt zu Beginn des vierten Aktes der ›Letzten Tage‹ ein Zeitungsleser zum andern, »dann paß auf – rrtsch obidraht!« Und ein anderer pflichtet bei: »Und nachher mit die Juden – ramatama!« Und im fünften heißt es in einem Gespräch zweier Deutscher: »Rechtsordnung? Wir haben Gas!«

Hatte Kraus mit dem Zitat der Phrase hinter der »mitgeschleppten Lebensform« das »veränderte Leben« sichtbar gemacht, so war es nun unübersehbar. Der »Knoten« war schon anders durchschlagen worden, als es der Stil Benjamins noch beschwor. Der »Unmensch« sei »der Überwinder der Phrase«, hatte Benjamin geschrieben, und sein »Un-mensch« war der Angelus, der Bote realeren Humanismus, als es der »Allmensch«, der an den überkommenen Idealen festhielt, sein konnte. Ach nein. Der Überwinder der Phrase war »der Unmensch« in einem ganz andern Sinne: der Nazi. »Es bleibt …«, schrieb Kraus in der 315seitigen Begründung ›Warum die Fackel nicht erscheint‹: »Es bleibt unvorstellbar; doch da es geschah, ist das Wort nicht

[31] II (2), S. 625.

mehr brauchbar. Oder: ›mit einem blauen Auge davon-
kommen‹. Nicht allen ist es jetzt im uneigentlichen Sinne
gelungen; manchen im eigentlichen. Es war eine Metapher
gewesen. Es ist nur noch dann eine, wenn das andere Auge
verloren ging; oder auch dann nicht mehr. Und etwas, was
wie die Faust darauf paßt, und was dem Maß der Men-
schenwelt abhanden kam, ist wieder Erscheinung, denn
die Faust hat so oft aufs Auge gepaßt, daß es nichts Un-
gemäßes mehr bedeutet. Die Floskel belebt sich und stirbt
ab. In allen Gebieten sozialer und kultureller Erneuerung
gewahren wir diesen Aufbruch der Phrase zur Tat. Sie hat
im Widerstreit mit dem technischen Fortschritt einen
Weltkrieg durchgehalten, zu dem man das Schwert zog,
um mit Gas bis aufs Messer zu kämpfen. Die Verluste dieser Revolution wird sie nicht überstehen. (…) Sie schreiten
über Leichen. Alles ist da, nur was wie ein Bissen Brot
fehlt, ist ein Bissen Brot. Sonst kann man sie getrost beim
Wort nehmen; sie halten es. Die Lesart freilich, daß ›keinem Juden ein Haar gekrümmt wurde‹, konnte sich behaupten, weil es nachweislich die einzige Form von Behandlung ist, die nicht geübt ward, während bei manchem
die Kopfhaut mitging und mancher geschoren wurde,
zwecks Einbrennung des Zeichens, in dem die Idee gesiegt
hat.«[32]

Das 890. Heft der ›Fackel‹, aus dem diese Worte sind,
machte die Probe auf Benjamins Satz: »Es gibt kein Ende
der Autorität als dieses: sie stirbt oder sie enttäuscht.« Dem
Anhänger Canetti starb mit dieser ›Fackel‹-Nummer, die
sich zu Dollfuß als der einzigen Rettung vor Hitler bekannte, Karl Kraus' Autorität zu Lebzeiten und so gründ-
lich, daß er das Begräbnis, als sei es vor Jahren schon gewesen, mied, als der Mensch Karl Kraus wirklich gestorben
war. Benjamin war enttäuscht und sprach von einem Gefallenen: »Zu den Einzelheiten der großen Darlegung der

[32] Kraus, Die Dritte Walpurgisnacht, München ²1955 (Werke, Bd. I,
hrsg. von Heinrich Fischer), S. 123 f.

Fackel kann ich mich noch nicht äußern, ja, ich muß dahingestellt sein lassen, ob ich es je werde tun können. Die Kapitulation vor dem Austrofaschismus, die Beschönigung des gegen die Wiener Arbeiter eingesetzten weißen Terrors (…) machen die Befassung (…) für mich zu einer unverbindlichen Sache, die – ob ich ihr nun nähertrete oder nicht – für mich sich in der Frage schon liquidiert hat: Wer kann eigentlich noch umfallen? Ein bitterer Trost – aber auf dieser Front werden wir keinen Verlust mehr haben, der neben diesem auch nur der Erwähnung wert wäre.«[33] Gleichwohl ist dies 890. Heft der ›Fackel‹ eine Analyse des Nationalsozialismus, der wenig Gleichrangiges an die Seite zu stellen ist. Und Kraus' Bekenntnis zu Dollfuß war kein »Umfallen«, sondern die verzweifelte Konsequenz eines Menschen, der die kommende Katastrophe genauer sieht als jeder um ihn, doch gerade in diesem Moment ihre Schilderung nicht das letzte Wort sein lassen will. Darum plötzlich der Sprung in die »realpolitische« Argumentation mit »kleinerem Übel« und was dazugehört. Gegenüber dem Sieg des Nationalsozialismus war Kraus' »realpolitische Wendung« wie Benjamins Festhalten an der »revolutionären Option«, wie er sie in ›Theorien des deutschen Faschismus‹ formuliert hatte, gleichermaßen realitätsfern. Daß diesmal Kraus alles vorausgewußt hatte, daß sein »Umfallen« vor Dollfuß Ausdruck äußerster Verzweiflung war, nicht wahrhaben zu wollen nämlich, was man nun weiß, wissen wir heute.

Was man nicht wissen kann, ist, ob Benjamin in der letzten Schrift gewordenen Meditation über Klees ›Angelus Novus‹ in den Thesen ›Über den Begriff der Geschichte‹ bewußt auf die Verschränkung dieses Bildes mit der von ihm entworfenen Figur »Karl Kraus« zurückkommen wollte. Vor der letzten Rede des »Nörglers« brechen in eine dunkle Straße Vorboten ein, alle die neueste Zeitung, voll

---

[33] II (3), S. 1085.

von Mordgeschrei und Weh, herausschreiend: »Extraausgabe!«, und der »Nörgler« spricht: »Das Echo meines blutigen Wahnsinns, und nichts mehr tönt mir aus der zerschlagenen Schöpfung als dieser Laut, aus dem zehn Millionen Sterbende mich anklagen, daß ich noch lebe, der Augen hatte, die Welt so zu sehen und *dessen Blick sie so getroffen hat, daß sie wurde wie ich sie sah.*« – Und lesen Sie dann doch noch einmal die Worte der neunten der Thesen ›Über den Begriff der Geschichte‹, die mittlerweile ähnlich ein Objekt der Kontemplation geworden sein dürften, wie es Klees Bild für den Verfasser dieser Worte gewesen ist: »Es gibt ein Bild von Klee, das Angelus Novus heißt. Ein Engel ist darauf dargestellt (…) Wo eine Kette von Begebenheiten vor *uns* erscheint, da sieht er eine einzige Katastrophe, die unablässig Trümmer auf Trümmer häuft und sie ihm vor die Füße schleudert.«[34]

Benjamins letzte Worte, die sich unzweifelhaft auf Karl Kraus beziehen, hat Hermann Schweppenhäuser den »Kraus gemäßesten Nachruf, der überhaupt geschrieben wurde«, genannt, sie stehen in einem Brief an Margarete Steffin und lauten: »Karl Kraus ist denn doch zu früh gestorben. Hören Sie die Wiener Gasanstalt hat die Belieferung der Juden mit Gas eingestellt. Der Gasverbrauch der jüdischen Bevölkerung brachte für die Gasgesellschaft Verluste mit sich, da gerade die größten Konsumenten ihre Rechnungen nicht beglichen. Die Juden benutzten das Gas vorzugsweise zum Zweck des Selbstmords.«[35]

Dieser Nachruf hat das Wort aus der ›Einbahnstraße‹: »Die Ehren seines Todes werden unermeßlich, die letzten sein, die vergeben werden«, in der wohl schrecklichsten denkbaren Weise eingelöst. Kraus' Tod, 1936, ersparte ihm das sonst sichere Schicksal der Deportation; Benjamin tötete sich, um ihm zu entgehen.

---

[34] I (2), S. 697. [35] II (3), S. 1086.

Generation ohne Abschied
Wolfgang Borchert als Angebot

»Ein Mann kommt nach Deutschland. Er war lange weg, der Mann. Sehr lange. Vielleicht zu lange. Und er kommt ganz anders wieder, als er wegging. Äußerlich (…). Innerlich – auch. Er hat tausend Tage draußen in der Kälte gewartet. Und als Eintrittsgeld mußte er mit seiner Kniescheibe bezahlen. Und nachdem er nun tausend Nächte draußen in der Kälte gewartet hat, kommt er endlich doch noch nach Deutschland. Ein Mann kommt nach Deutschland. Und da erlebt er einen ganz tollen Film. (…) Von einem Mann, der nach Deutschland kommt, einer von denen. Einer von denen, die nach Hause kommen und die dann doch nicht nach Hause kommen, weil für sie kein Zuhause mehr da ist. Und ihr Zuhause ist dann draußen vor der Tür.«[1] Der Name des Mannes: Beckmann.

Noch ein Mann, der nach Hause kommt, noch einer von denen, die dann doch nicht nach Hause kommen, weil für sie kein Zuhause mehr da ist. Das Zuhause des zweiten Mannes ist draußen vor der Stadt. Auch er hat sein Eintrittsgeld bezahlt mit vielen Narben, und auch er war lange weg. Sehr lange. Vielleicht zu lange. Und er kommt ganz anders wieder, als er wegging. Äußerlich – und innerlich auch. Seine Geschichte ist ein ganz toller Film. Der Film heißt: ›First Blood‹, der Name des Mannes: John Rambo.

Der Film ist in den USA ein großer Erfolg gewesen und zudem ein Welterfolg; Borcherts Theaterstück ›Draußen vor der Tür‹ war ein deutscher Erfolg. Geschrieben im Herbst 1946, wird es bereits am 13. Februar 1947 im NWDR als Hörspiel gesendet. Die Uraufführung findet, einen Tag nach dem Tode des Verfassers, am 20. November

---

[1] Wolfgang Borchert, Draußen vor der Tür, in: ders., Das Gesamtwerk, Reinbek 1991, S. 102.

1947 statt. In diesem Monat erscheint das Stück auch als Buch im Rowohlt-Verlag. Eine Verfilmung (unter dem Titel ›Liebe 47‹, Regie: Wolfgang Liebeneiner) folgt. Das Stück ist bis heute das meistgespielte Stück des Rowohlt-Verlags, wie die Borchert-Biographie von Claus B. Schröder angibt.[2] Jedenfalls erlebt das Stück zwischen 1957 und 1991 (Zahlen vor 1957 sind wegen des Brandes des Rowohlt-Archivs nicht verfügbar) über 120 Inszenierungen, das heißt: seit 1957 hat es alle 3 ½ Monate eine neue Inszenierung von ›Draußen vor der Tür gegeben‹. – ›Rambo‹ galt in Deutschland als das Dokument des erneut sich zu erkennen gebenden »häßlichen Amerikaners«, in Inhalt und Form. ›Rambo‹ war ein Action-Film, einer, der mit Pulver nicht, nicht mit Muskeln sparte und mit Lakonismen wie »Gib auf, du hast keine Chance« gespickt war. ›Draußen vor der Tür‹ war das Dokument des anderen Deutschlands oder Deutschen, des pazifistischen, antifaschistischen, später zusammen mit anderen Texten Borcherts auch das des gegen die Nachrüstung opponierenden anti-amerikanischen. Die Aufführungskonjunktur zeigt, daß ›Draußen vor der Tür‹ stets direkt und funktional mit entsprechenden politischen Entwicklungen verbunden war oder wurde. 1957, ein Jahr nach dem Beginn des Aufbaus der Bundeswehr: 11 Inszenierungen, also fast jeden Monat eine. Danach Durchschnitt bis zum Beginn der Nachrüstungsdebatte. 1979/80/81 finden insgesamt 22 Inszenierungen statt, mehr als eine jeden zweiten Monat. Seitdem ist es wieder etwas ruhiger.

Sehen wir uns die Stories der beiden Stücke an. In ›Rambo‹ sucht ein Veteran des Vietnamkrieges, John Rambo, den letzten überlebenden Kameraden seines Einsatzkommandos und erfährt, daß der an den Folgen von »agent orange« gestorben ist. Rambo wandert weiter, wird

---

[2] Vgl. Claus B. Schröder, Wolfgang Borchert. Die wichtigste Stimme der deutschen Nachkriegsliteratur, München 1988, S. 349.

25

in einer Kleinstadt wegen Landstreicherei verhaftet und als er zwangsweise rasiert werden soll, aktualisiert das Messer an seinem Hals das Erlebnis einer Folterung durch einen nordvietnamesischen Offizier. Rambo befreit sich. Zunächst wird er durch die lokale Polizei gejagt. Als einer seiner Verfolger durch eigene Schuld dabei umkommt, erfolgt eine größere Mobilisierung. Der ehemalige Ausbilder Rambos fliegt ein und macht einige sinistre Bemerkungen darüber, daß er »seinen Jungen da rausholen« wolle, weil er sonst um das Leben aller Beteiligten fürchte. Am Ende hat Rambo die Polizei des Landkreises außer Gefecht gesetzt und die nordamerikanische Kleinstadt fast ganz verwüstet. Dann ergibt er sich seinem ehemaligen Offizier Colonel Trautman. Er sagt, früher habe er einen Hubschrauber geflogen und Verantwortung für Gerät im Wert von einer Million Dollar gehabt, jetzt gebe man ihm nicht mal einen Job als Parkwächter; es sei nicht sein Krieg gewesen, er habe nur seinen Job tun und gewinnen wollen, aber man habe ihn und seine Kameraden nicht gewinnen lassen, und bei der Rückkehr habe man ihn als Kindermörder und Frauenschänder beschimpft. Schließlich überwältigt ihn die Erinnerung an einen in Saigon von einer als Schuhputzerkasten getarnten Vietcong-Bombe zerfetzten Kameraden, und er bricht weinend zusammen. Rambo wird verhaftet und den Behörden übergeben. Ende.

Die Dramaturgie des Films ist gradlinig, der Film ist spannend, es gibt exzellente Stunts, und für jeden, der das Dogma, kein Kriegsspielzeug im Kinderzimmer zu dulden, nicht allzu konsequent befolgt, ist er ein netter Anlaß, eineinhalb Stunden lang zu regredieren. Ein bißchen quer zu diesem Angebot steht die seltsam ambivalente »Botschaft« des Films, die »Aussage« der Story. Denn wenn man auch gerne mit John Rambo schießt, Fallen stellt und so weiter, so wird doch bald klar, daß es sich um einen handelt, der nicht ganz zurechnungsfähig ist. Als der ehemalige Vorgesetzte Trautman auftritt, tut er das auf das Stichwort des

Sheriffs hin: »Ich möchte mal wissen, was Gott sich dabei gedacht hat, als er sowas wie Rambo erschuf«, und erwidert: »Gott hat Rambo nicht erschaffen. Ich habe ihn erschaffen.« Rambo ist in einem Evolution-crash-course ein dem Krieg optimal angepaßtes Lebewesen geworden, das in Nachkriegszeiten dazu tendiert, ein extrem destruktiver – sagen wir: gemeingefährlicher – Irrer zu sein. Der Schluß des Films ist aporetisch. Alle Sympathie ist bei Rambo und alle Einsicht gegen ihn. So geht es bei aller Liebe ja nun wirklich nicht.

Was wäre die »unausgesprochene Botschaft« des Films? Daß man die Vietnam-Veteranen besser hätte aufnehmen sollen? Daß man den Krieg hätte gewinnen können und also sollen? Oder daß man sich nicht wundern soll, daß man Rambos im Land hat, wenn man einen Vietnamkrieg geführt hat? Meinen Sie nicht, letztere Interpretation wäre an langen Haaren herbeigezogen. Rambo führt Krieg in Oregon wie der Vietcong in Vietnam. Er hat zuerst nur ein Messer, seine Gegner sind in der Überzahl und haben Hubschrauber. Sein Überfall auf die Stadt ist ein Zitat der »Tet-Offensive« des Jahres 1968. Seine Gegner ähneln in dem, wie sie sich geben, durchaus den führenden Politikern im Vietnamkrieg. Irgendwas wie »die andere Wahrheit des Krieges« steht da gegen die bürgerliche Normalität. Rambo ist auch ein Hippie.

So, wie Beckmann eben ein »zorniger junger Mann« ist. Wie ist die Story von ›Draußen vor der Tür‹? Ein Kriegsheimkehrer, dessen Frau mittlerweile einen anderen hat, will sich in der Elbe ertränken, die ihn aber wieder ausspuckt. Eine junge Frau nimmt ihn mit nach Hause, dort hat er eine Erscheinung: einen Einbeinigen, dessen Vorgesetzter Beckmann vor Stalingrad gewesen war. Darauf spricht Beckmann bei seinem ehemaligen Vorgesetzten, einem Oberst, vor und will die ihm übertragene Verantwortung zurückgeben. Er berichtet von einem immer wiederkehrenden Albtraum, in dem ein blutiger riesiger General auf einem Xylophon aus Menschenknochen Märsche spielt. Beckmann verläßt den Offizier und läßt eine Flasche Schnaps mitgehen. Beckmann versucht bei einem Kabarett unterzukommen, vergeblich. Er kommt schließlich nach Hause und hört von einer Nachbarin vom Selbstmord seiner Eltern. Noch einmal passieren die Gestalten des Stückes Revue. Verzweifelter Schlußmonolog, endend mit den Worten: »Gibt denn keiner, keiner Antwort???« Im Laufe des Stückes, das mit dem Gespräch zwischen einem traurigen und machtlosen Gott, »an den keiner mehr glaubt«, und einem rülpsenden fetten Tod beginnt, gibt es einige Dialog-Szenen zwischen Beckmann und dem »Anderen«, der Beckmann Lebensmaximen vorhält wie die, daß man sich zusammenreißen müsse und die Menschen gut seien.

Was wäre die »unausgesprochene Botschaft« des Stükkes? Nun, so etwas wie daß der Krieg sinnlos ist, die Menschen kaputt macht und schlechter und daß bestimmte angenehme Vorstellungen und metaphysische Tröstungen über ihm zuschanden werden. Ungefähr in dieser Art würde man einen Oberstufenaufsatz über das Theaterstück anlegen. Ich persönlich war sehr angetan von dem Stück, damals, als ich es zum ersten Male gelesen habe, mit 15 oder 16 Jahren. Ich kenne viele, die sich diese Erinnerung bewahrt und das Stück seitdem weder gelesen noch angesehen haben. Das Ergebnis meines erneuten Lesens ist katastrophal gewesen. Der Ton des Stückes paßte so genau zu jener pubertären Neigung zum Kitsch in Gefühlen und Gedanken, daß ich mich in diese Gefühls- und Gedankenwelt direkt zurückexpediert fühlte. Unangenehm. Die Vorstellung, sowas als »bedeutsam«, gar »tief« angesehen zu haben und das begleitende Gefühl als Ausweis höherer Gesittung, ist schwer erträglich: »Wo bist du, Anderer? Du bist doch sonst immer da! Wo bist du jetzt, Jasager? Jetzt antworte mir! Jetzt brauche ich dich, Antworter! Wo bist du denn? Du bist ja plötzlich nicht mehr da! Wo bist du,

Antworter, wo bist du, der mir den Tod nicht gönnte! Wo ist denn der alte Mann, der sich Gott nennt? Warum redet er denn nicht? Gebt doch Antwort! Warum schweigt ihr denn? Warum? Gibt denn keiner Antwort? Gibt denn keiner Antwort??? Gibt denn keiner, keiner Antwort???« Dieser Schluß des Stückes ist ebenso schrecklich wie sein Untertitel »Ein Stück, das kein Theater spielen und kein Publikum sehen will« – falsch nämlich: tatsächlich, was Borchert wußte[3], und im Tone.

Man tut Borchert leicht unrecht. Entweder über- oder unterschätzt man ihn. Die Frage Beckmanns an den albernen, nicht einmal gut karikierten Gott: »Wann bist du eigentlich lieb, lieber Gott?« hat etwas hinterhältig Unschuldiges, das kaum zu übertreffen ist. Leider – und das erlebt man oft und viel zu oft in Texten Borcherts – geht der Text weiter: »Warst du lieb, als du meinen Jungen, der gerade ein Jahr alt war, als du meinen kleinen Jungen von einer brüllenden Bombe...« und so weiter. Mit diesem Nach-Text schrumpft die kindliche Anfangsfrage zur Rhetorik und ist nicht mehr »unschuldig«. Wer eine Anklage formulieren kann, ist kein Kind mehr, das fragt und mit einer Frage die Welt aus den Angeln heben könnte. Aber die Naivität wird in Anspruch genommen. Darum ist der Text weder kindlich noch erwachsen; er ist pubertär. Er verlangt, wie es der Pubertierende gerne tut, als Kind und als Erwachsener ernstgenommen zu werden. Dadurch werden beide Haltungen falsch, weil beide nur angenommene sind.

Ein anderes Beispiel. Borchert läßt seinen Beckmann dieses sagen: »Sei still. Das Leben ist so: 1. Akt: Grauer Himmel. Es wird einem wehgetan. 2. Akt: Grauer Himmel. Man tut wieder weh. 3. Akt: Es wird dunkel und es regnet. 4. Akt: Es ist noch dunkler. Man sieht eine Tür. 5. Akt: Es ist Nacht, tiefe Nacht, und die Tür ist zu.« Der Text geht, Sie ahnen es, noch weiter, aber er ist schon jetzt kaputtge-

[3] Peter Rühmkorf, Wolfgang Borchert, Reinbek 1987, S. 155.

gangen. Der grandiose Lakonismus der ersten Sätze verträgt keine Zugabe: »Sei still. Das Leben ist so: 1. Akt: Grauer Himmel. Es wird einem wehgetan. 2. Akt: Grauer Himmel. Man tut wieder weh.« Nichts weiter. Diese Sätze könnte ein Narr Shakespeares sprechen und gehen. Diese Sätze könnten sich bei Schopenhauer finden. Aber da stehen sie nicht, sondern bei Borchert, und darum muß es dann noch »dunkel« werden und »noch dunkler«, und nicht bloß »Nacht« muß sein, sondern »tiefe Nacht«, und »man sieht eine Tür« und die »ist zu«, und was kommt dann? So tönend wie tönern geht es weiter: »Man steht draußen. Draußen vor der Tür.« Und auch das ist nicht alles, denn »An der Elbe steht man, an der Seine, an der Wolga, am Mississippi.« Das klingt dann schon gleich wie in der ›Generation ohne Abschied‹ (»... wir begegnen uns unter der Kathedrale von Smolensk... wir begegnen uns eine Nacht am finnischen See...«) – aber ich greife vor.

Peter Rühmkorf hat in seiner Biographie Borcherts auf dessen stilistische Qualitäten hingewiesen, als hätte er Sorge gehabt, die könnten in der Begeisterung über die Inhalte aus dem Blick geraten. In der Tat kann man die Stellen der Texte Borcherts, in denen er wirklich gut ist, leicht deshalb übersehen, weil er sie seinem Bedürfnis, eine »Aussage« aus ihnen zu machen, recht gnadenlos überläßt. Der Beginn der Geschichte ›Die Hundeblume‹ hat auch das Thema der geschlossenen Tür und beginnt so: »Die Tür ging hinter mir zu. Das hat man wohl öfter, daß eine Tür hinter einem zugemacht wird – auch daß sie abgeschlossen wird, kann man sich vorstellen. Haustüren zum Beispiel werden abgeschlossen, und man ist entweder drinnen oder draußen.« Hier hätte Borchert einen Absatz machen müssen. Er schreibt weiter: »Auch Haustüren haben etwas so Endgültiges, Abschließendes, Auslieferndes.« Das ruiniert die voraufgegangenen Sätze vollständig. Nicht nur das »Abschließende« der Haustür ist ein leider ganz ungewollter Kalauer. Weil hier der Versuch gemacht wird, eine Aussage zu formulieren, mißrät die Assoziation zum bloßen Blödsinn: »Haustüren haben etwas Endgültiges.« Das Erlebnis, daß der Horizont der Welt sich zur Zellentür verengt, wird durch eine Reflexion auf die Tür-an-sich zerschwatzt. Ebenso gleich darauf: die Zellentür, so heißt es, »läßt sich auf nichts ein« – das ist gut und auf knapp berechnete Weise rätselhaft, ohne die Sinnsuche des Abendlands mit abzuliefern. Doch Borchert muß hinzusetzen: »…und die inbrünstigen Gebete rühren sie nicht«. Man denke sich eine Zellentür, die sich davon rühren ließe.

Es ginge noch an, würde gleich darauf ein Gottsucher beschrieben, aber keine Rede davon. Die »inbrünstigen Gebete« könnten ebensogut durch »heißes Flehen« oder »verzweifeltes Klagen« ersetzt werden. Damit zeigt sich eines der wichtigsten Stilmerkmale Borcherts, seine stete Bereitschaft zum Kitsch, die Bereitschaft, überall ersetzbare Phrasen einzusetzen, die nur einem Kriterium genügen müssen: ein standardisiertes Gefühl in einen undeutlichen oder lächerlichen Gedanken zu fassen. Das wäre nicht weiter bemerkenswert, wenn eben nicht der Befund verstörte, daß Borchert mit seinem Kitsch immer wieder gegen tatsächlich vorhandene und bemerkenswerte Qualität angeschrieben hat.

Zum Schriftsteller geboren war Borchert keineswegs. Mit achtzehn Jahren habe er nicht zu den geringsten Hoffnungen Anlaß gegeben, schreibt Rühmkorf, und mit neunzehn habe er keinen Hauch von Originalität erkennen lassen und sei als Epigone ohne jede Artistik gewesen, ja, einen »Allesversucher und Nichtskönner« nennt er ihn.[4] Von der Erzählung ›Die Hundeblume‹ aber schreibt Rühmkorf: »eine von Grund auf eigentümliche, auf Anhieb moderne, ohne jeden Umschweif und ohne Nachkorrektur meisterliche Erzählung (…). Was ist geschehen? Keine schrittweise Entwicklung formaler Fähigkeiten; keine

[4] Ebd. S. 33 ff.

Qualitätsverbesserung durch Schulung, Übung, Ausbildung; kein plötzliches Auftauchen neuer Vorbilder, Anregungen, Ratgeber – nichts von alledem, sondern die wider alle Vernunft und Erklärungsversuche unvermittelte Geburt des Vermögens. Was später den Mythos prägen half, Krankheit und früher Tod, politische Verfolgung und politische Hellsichtigkeit, all das erhält sekundären Belang und tritt zurück vor dem von Grund auf erstaunlichen Faktum, daß ein dürftiges Formtalent und eine mitnichten aufsehenerregende Ausdrucksbegabung auf einen Schlag alle Mittel zur Hand hat, alle Methoden beherrscht, über Stil nicht nachdenkt und den Satzbau nicht reflektiert (...), plötzlich ein Dichter ist.«[5] Das soll nicht bestritten werden, aber gleichfalls bleibt erstaunlich, daß da einer plötzlich alles Zeug vorweisen kann, das er zum Dichter hat, und doch derartig dissonant zum Vermögen sich vernehmen läßt, so spektakulär und allen Erfolg verbürgend danebenhaut. Den Sätzen mit der Tür folgt nämlich noch ein evangelisches Seminar über den Begriff der Einsamkeit: »Weißt du, wie das ist, wenn du dir selbst überlassen wirst, wenn du mit dir allein gelassen bist, dir selber ausgeliefert bist? Ich kann nicht sagen, daß es unbedingt furchtbar ist, aber es ist eines der tollsten Abenteuer, die wir auf der Welt haben können: Sich selbst zu begegnen.« Das ist der Ton, den man morgens im Radio hören kann, früher hieß die Sendung ›Morgenandacht‹, jetzt heißt sie ›Moment mal!‹.

Dabei wäre ›Die Hundeblume‹ – mit geringer Nachkorrektur – eine Erzählung, die Auszeichnung verdiente. Der Gang der Sträflinge im Kreis, der Blick auf den Vordermann und der Haß, der in diesem Blick ins Unermeßliche wächst, die miserable Gemeinheit, die einfach so aus dem Rundum und aus dem immergleichen Anblick zwanglos alles in ihre Gewalt zieht, auch noch die Blume und der durch den so plötzlichen wie grotesken Tod des Vorder-

5 Ebd. S. 118.

manns vereitelte Versuch, sie zu pflücken. Der Schluß allerdings – »er trug sie behutsam wie eine Geliebte zum Was-
serbecher« – und der reale oder phantasierte Tod dann zerstört viel von dem, was ohne das dagewesen wäre. Was
durch Verknappung und realistische Überschärfe aus dem
dokumentarischen Bericht ein Kunstwerk gemacht hat,
wird durch das Bemühen um einen kunstvollen Schluß
Talmi. Dieses »Gewollte«, das »gut Gemeinte«, um Benn
zu zitieren, ist einerseits natürlich auch wieder pubertär,
und man könnte es mit dem Hinweis auf die geringe ernst-
haftem Schreiben gewidmete Lebenszeit Borcherts gut
sein lassen und die sicherlich nicht ungerechtfertigte Mahnung beifügen, man solle bewundern, was an Bewunderns-
würdigem da sei, und nicht bemängeln, was nun eben noch
nicht da war oder vielleicht sein konnte.

Gewiß könnte eine Stilkritik hier enden. Aber wenn
ein Autor von einem seiner Biographen »die wichtigste
Stimme der deutschen Nachkriegsliteratur« genannt wird,
wenn dieser Autor zugleich ein Publikumserfolg gewesen
und anhaltend geblieben ist, so wird man zu Recht wenigstens einen Schritt weitergehen und fragen dürfen, ob der
Autor nicht eben trotz, sondern unter anderem *wegen* seiner ästhetischen Fehler ein Erfolg geworden ist. Ich zumindest kann rückerinnernd sagen, daß ich genau jene Stellen, die ich heute entsetzlich finde, attraktiv fand, daß
diese Stellen meinen Gefühlsbedürfnissen, jedenfalls im
Schwunge bestimmter Stimmungen, entsprachen. Sie kennen diese Stimmungen egozentrischer Larmoyanz, in denen man sich selbst als bestes Beispiel für das Unzureichende des Weltlaufs vorkommt, in denen gefühltes Leid
und Einzigartigkeit des Gefühls zusammengehören, wo
man die Zumutung, in diese Welt gestellt zu sein, ebenso
vehement zurückweisen möchte, wie man den Anspruch
erhebt, mit einem selbst fange alles neu an, allerdings nur
eine geringe Bereitschaft hat, für diese allfälligen Veränderungen irgendwas zu tun. Ich ironisiere das gar nicht so

sehr, wie es klingt. Es ist ja tatsächlich eine Zumutung, sich an die gesellschaftlichen Institutionen, die in dieser Welt sich finden lassen, anzupassen, und sei es, um sie zu ändern. Um unter dieser Zumutung nicht einzuknicken, muß sich das Selbstgefühl aufblähen. Solche verqueren Stimmungen und Gefühlsverbindungen sind notwendig, um mit dieser Anforderung fertigzuwerden. In der Adoleszenz wird der Mensch, der zuvor ein Familienmitglied gewesen war, ein Mitglied der Gesellschaft. Und sind die Anforderungen, ein Familienmitglied zu werden, nur zu oft hinter neurotischen Amnesien verborgen, so ist das bei den Krisen der Adoleszenz nicht selten ebenso. Allgemein kann man sagen, daß die Krise der Adoleszenz sich in zweierlei Weise äußert: in Stimmungen großer Larmoyanz einerseits, in denen der Realität extremer Abhängigkeit Rechnung getragen wird und der Unfähigkeit – bei gleichzeitig bestehendem Anspruch –, sie zu überwinden, und in Größenphantasien andererseits, die dazu dienen, genannte Unfähigkeit zu übertäuben, und gleichzeitig phantasierende Vorwegnahmen späterer Fähigkeiten sind, Individualität auszubilden. »Sie wissen nicht«, schreibt D. W. Winnicott über adoleszente Jugendliche, »was aus ihnen werden wird. Sie wissen nicht, wo sie sind, und sie warten. Denn alles ist in der Schwebe; sie fühlen sich unwirklich, und dies veranlaßt sie, gewisse Dinge zu tun, die sich für sie wirklich anfühlen und die in dem Sinn nur allzu wirklich sind, daß die Gesellschaft davon berührt wird. Tatsächlich werden wir sehr stark von dieser seltsamen Eigenschaft der Jugendlichen betroffen, der Mischung von Trotz und Abhängigkeit. Wer Jugendliche zu beaufsichtigen hat, wird es rätselhaft finden, wie Jungen und Mädchen zugleich so trotzig und so abhängig sein können, daß sie kindlich, ja infantil wirken und Verhaltensweisen der infantilen Abhängigkeit aus ihrer frühesten Kindheit an den Tag legen.«[6]

[6] D. W Winnicott, Familie und individuelle Entwicklung, Frankfurt/M. 1984, S. 124.

Wenn Sie bestimmte Passagen aus Texten Borcherts als Beschreibungen der Gefühlsproblematik der Adoleszenz lesen, erhalten sie einen überraschend einfachen Sinn: »Und nun hat man mich mit dem Wesen allein gelassen (...), vor dem ich am meisten Angst habe: Mit mir selbst. Weißt du, wie das ist, wenn du dir selbst überlassen bist, dir selbst ausgeliefert bist? Ich kann nicht sagen, daß es unbedingt furchtbar ist, aber es ist eines der tollsten Abenteuer, die wir auf der Welt haben können: Sich selbst zu begegnen.« Oder: »Und du – du sagst, ich soll leben! Wozu? Für wen? Für was? (...) Wohin soll ich denn? Wovon soll ich leben? Mit wem? Für was? Wohin sollen wir denn auf dieser Welt? (...) Gibt denn keiner, keiner Antwort?« Das sind die Standard-Fragen der Pubertät, und der Ton, in dem sie gesprochen werden, ist der Ton desjenigen, der noch mitten drin steckt und keine, keine Antwort weiß. »Ich habe«, schreibt Winnicott, »den Ausdruck ›Teenager-Stagnation‹ (adolescent doldrums) verwendet, um die wenigen Jahre zu bezeichnen, in denen kein Mensch einen anderen Ausweg hat als zu warten, und zwar ohne zu wissen, was vor sich geht. In dieser Phase weiß das Kind nicht, ob es homosexuell, heterosexuell oder narzißtisch ist. Es hat keine festgelegte Identität und keine bestimmte Lebensweise, die die Zukunft formt.«[7] Für Borchert wie für seinen Protagonisten Beckmann hat Peter Rühmkorf die sehr witzige Kennzeichnung des »Allround-Enttäuschten« gefunden.[8]

Daß Rühmkorf die Leistung betont, sich aus gänzlich unbedeutenden, plagiatorischen und sentimentalistischen Anfängen zur Prosa der Jahre 1946/47 auszuarbeiten, ist mehr als gerechtfertigt. »Borcherts gesamte literarische Produktion vor jenem plötzlichen Durchbruch im Jahre 1946 krankte an einem Mangel an Anschaulichkeit und

[7] D. W Winnicott, Reifungsprozesse und fördernde Umwelt, Frankfurt / M. 1988, S. 322 f.
[8] Rühmkorf, a. a. O. S. 45.

Versinnlichung. Sie versuchte Ideen rein darzustellen, und blieb immer in der Umschreibung stecken.«[9] Das ist die Kennzeichnung pubertären Fühlens und Schreibens: nicht das Einzelne soll gefaßt sein, sondern das Eigentliche, und das ist schon gleich nichts weiter als das geblähte Eigene. Da das aber unklar bleibt, wird nie deutlich, worauf das Ganze eigentlich hinauslaufen soll. Es läßt sich nicht daran rütteln, daß diese für alle menschliche Reifung so entscheidende Phase der Adoleszenz künstlerisch (was die produktive Seite angeht) eine reine Katastrophe ist. Nun ist Borchert dieser Katastrophe aber nur teilweise entronnen. Rühmkorfs Satz, »der hilflose Versuch, die Fragwürdigkeit der Welt in der Jammertirade auszudrücken«, sei »einer rabiaten Versachlichung gewichen«[10], trifft eben nur für Teile von Borcherts Prosa zu, und wenn Rühmkorf sagt, bei Borchert geselle sich zur »Darstellung des bösen Absurden (...) eine seltsame Sympathetik des Herzens«, er sei »rührselig bis zum Zerfließen – dann wieder herzenskalt und zu jähen Witzen fähig«[11], dann stimmt letzteres wieder so gut zum sentimentalen Jugendlichen, der sich eben auch mal von der abgebrühten Seite zeigt, daß man sich doch fragen muß, ob die Herzenswärme, die wir mit Rühmkorf »Rührseligkeit« nennen sollten, nicht allein einem Objekt gilt, nämlich dem Gerührten selbst.

Zu dem aber ist keine Distanz, und diese Distanzlosigkeit zu sich selbst verdirbt das Beste. Mit Recht zitiert Rühmkorf ein sehr schönes kleines Gedicht Borcherts, das gar keine große Geste nachstellen möchte, sondern »zu einer neuen Unschuld des Singens zurückgefunden hat«[12]: »Ich möchte ein Leuchtturm sein / in Nacht und Wind, / für Dorsch und Stint / und jedes Boot – / Und bin doch selbst: / Ein Schiff in Not!« Wie schön ist das, und doch: wie prahlend neben Dorsch und Stint und Boot das Schiff in Not, und wie briefmarkenplatt. Wie schön wäre eine

[9] Ebd. S. 70.   [10] Ebd.   [11] Ebd. S. 73.   [12] Ebd. S. 104.

kleine Änderung gewesen, die aus dem Schiff ein Lebewesen inter pares gemacht hätte, einen Fisch. Der Fisch in Not hätte noch mit der sachlichen Inkonsequenz spielen können, daß sich Fische in der Regel um Leuchttürme nicht kümmern, und die Phantasie vom Leuchtturm in ihr eigenes Licht setzen. Nur ist man adoleszent kein Fisch, der in seinem eigenen Element absäuft, sondern, erhaben genug, ein Schiff in Not, »umflattert von der Möwe Schrei«.

Verstehen Sie mich nicht falsch. Es macht Borcherts Texte nicht schlechter, daß er – ich verfüge nicht über das Material zu einer Psychobiographie – sich ein Stück adoleszenter Gefühlswelt bis zum 27. Jahr, dem seines Todes, bewahrt hat. Das haben viele. Und Borcherts Lebenslauf, der Zusammenprall eines intelligenten, sensiblen Naiven mit der Zivilisationskatastrophe dieses Jahrhunderts, inklusive Krieg, drohende Todesstrafe, Gefängnis, Siechtum zum Tode, war nicht dazu geeignet, irgendwelche Normvorstellungen von »Entwicklung« und »Reife« nachzustellen. Worum es mir geht, ist erstens, eine Formulierung für die seltsame Uneindeutigkeit im stilistischen Gestus zu finden, und zweitens, darüber nachzudenken, was es heißt, daß ein Teil jenes Kollektivs, das wir »die Deutschen« nennen, und zwar jener Teil, der von sich sagt, er repräsentiere »das andere Deutschland«, sich repräsentiert fühlt durch einen Dichter, der eine entscheidende, vergangenheitsdefinierende Erfahrung im Medium eines pubertären Gefühls abhandelt.

Man darf dabei allerdings nicht übersehen, daß pubertärer Trotz etwas ist, das durchaus zu einer Figur wie Beckmann paßt. Auch die Empörung darüber, mit einer Situation zurechtkommen zu müssen, die man selber nicht herbeigeführt hat, paßt zu einem Kriegsheimkehrer. Daß hier gleichwohl eine Verengung der Perspektive vorliegt, könnte zur Psychologie der Figur »Heimkehrer« gehören. Nun ist ›Draußen vor der Tür‹ kein psychologisches Stück.

Die Personen sind keine Charaktere, sondern Personifizierungen von Haltungen. Und da ist Beckmann keine Figur, die aufgrund von irgendwelchen Umständen sich benimmt wie ein Adoleszenter, sondern er personifiziert die adoleszente Ambivalenz. Beckmann weist das Realitätsangebot zurück (wer möchte es ihm verdenken) *und* besteht auf seiner fortbestehenden Abhängigkeit. Trotz *und* Abhängigkeit also, oder, wie Rühmkorf sagt: Beckmann, das »wandernde Paradox aus Bindungssucht und Bindungsfeindlichkeit«[13].

Beckmann ist ein »Anderer« beigegeben, der Beckmann gegenüber sozusagen »das Andere« repräsentiert, das Realitätsprinzip des Gesellschaftlichen: hier sind die Wirklichkeiten, du bist nie »draußen vor der Tür«, sondern mittendrin, also leb drin. Dieses Arrangement ist nicht ohne. Einerseits nämlich spricht der »Andere« nichts weiter als Banalitäten von einem postadoleszenten Standpunkt aus (»Beckmann: Wäre ganz leicht, dachte ich: vom Ponton runter. Plumps. Aus. Vorbei. / Der Andere: Plumps? Aus? Vorbei? Du hast geträumt. Du liegst doch hier auf dem Sand.« Später: »Bleib hier, Beckmann! Die Straße ist hier! Hier oben!«), also ungefähr sowas wie: streng dich an, Jammern nützt dir nichts, etwas Besseres als den Tod wirst du schon finden –, andererseits ist dieses erwachsene Gerede, in das Jahr 1945 hineingesprochen, blanker Hohn (»Beckmann: Ich halte es nicht aus! Ich halte es nicht aus! Ich halte es nicht aus! / Der Andere: Doch, Beckmann, doch! Man hält das aus. (...) Früher gab es Zeiten, Beckmann, wo die Zeitungsleser abends in Kapstadt unter ihren grünen Lampenschirmen tief aufseufzten, wenn sie lasen, daß in Alaska zwei Mädchen im Eis erfroren waren«), und sein Refrain am Schluß ist: »Hör nicht hin, Beckmann, hör nicht hin«. Dort, wo die Wirklichkeit so wenig Argumente auf ihrer Seite hat, ist die adoleszent-trotzige Haltung immer aller Ehren wert, auch wenn sie – nicht in ihren Hand-

---

[13] Rühmkorf, a. a. O. S. 146.

lungskonsequenzen und nicht in ihrer Kritik, aber – in ihrer Motivation unreif bleibt. Nun ist es aber so, daß Borchert die Gegenüberstellung hier Beckmann, dort der »Vitalist«, wie Rühmkorf ihn nennt, gar nicht durchhält. »Der Andere« widerspricht nämlich nur dem Trotz Beckmanns, nicht dem Bedürfnis nach fortdauernder Abhängigkeit, nach Regression, Infantilität. Zwar redet der »Andere« gegen Beckmanns Wunsch an, zu sterben, schlafen (»Wach auf, Beckmann, du mußt leben!«), aber er wirbt für das Leben, indem er mit Plätzen lockt, wo man unterkriechen kann, geborgen ist (»Überall gibt es Lampen: Sonne, Sterne, Frauen, Fenster, Laternen und offene Türen« – »Komm, Beckmann, irgendwo steht immer eine Tür offen«). Die scheinbar erwachsene Stimme lockt zum Eintritt in die Gesellschaft mit der Lüge, man sei in ihr geborgen. Beckmann will die Geborgenheit der Familie, weil er dem Eintritt in die Gesellschaft zu Recht mißtraut (»Ich habe Heimweh! Nach meiner Mutter!«). Beckmann »hat recht«, weil der »Andere« lügt, aber einig sind sie in dem Wunsch nach Infantilität.

Hier wird die Konstruktion schief. Beckmann kehrt aus dem Kriege heim, er steht nicht auf der Schwelle des familiären Heimes und zaudert vor dem Schritt in die Welt. Er hat die Leistungsfähigkeit der gesellschaftlichen Institutionen erfahren. Nichts wäre verständlicher als eine Regression – nur ist ›Draußen vor der Tür‹ wie gesagt kein psychologisches Stück. Der zum Eintritt in die Gesellschaft oder zum Weitermachen in ihr auffordernde »Andere« tut dies an zentraler Stelle des Stückes wie ein Verführer. Beckmann hatte im Hause des »Mädchens«, das ihn aufgenommen und in Kleider ihres toten oder vermißten, jedenfalls abwesenden Mannes gesteckt hat, die Erscheinung ebenjenes Mannes, der, einbeinig, seine Verwundung einem Befehl des Vorgesetzten Beckmann zu verdanken hatte. Da heißt es dann: »Der Andere: Komm, Beckmann. / Beckmann: Sag diesen Namen nicht. Ich will nicht mehr Beck-

mann sein. Ich habe keinen Namen mehr. Ich soll weiterleben, wo es einen Menschen gibt, wo es einen Mann
mit einem Bein gibt, der meinetwegen nur das eine Bein
hat? Der nur ein Bein hat, weil es einen Unteroffizier Beckmann gegeben hat, der gesagt hat: Obergefreiter Bauer, Sie
halten Ihren Posten unbedingt bis zuletzt. Ich soll weiterleben, wo es diesen Einbeinigen gibt, der immer Beckmann
sagt? Unablässig Beckmann! Andauernd Beckmann! Und
er sagt das, als ob er Grab sagt. Als ob er Mord sagt, oder
Hund sagt. Der meinen Namen sagt wie: Weltuntergang!
Dumpf, drohend, verzweifelt. Und du sagst, ich soll weiterleben? Ich stehe draußen. Wieder draußen. Gestern abend
stand ich draußen. Heute steh ich draußen. Immer steh ich
draußen. Und die Türen sind zu. (…) / Der Andere:
Komm, Beckmann. Wir wollen die Straße weitergehen.
Wir wollen einen Mann besuchen. Und dem gibst du sie
zurück. / Beckmann: Was? / Der Andere: Die Verantwortung. / Beckmann: Wir wollen einen Mann besuchen. Ja,
das wollen wir und die Verantwortung, die gebe ich ihm zurück. Ja, du, das wollen wir. Ich will eine Nacht pennen
ohne Einbeinige. Ich gebe sie ihm zurück. Ja! Ich bringe
ihm die Verantwortung zurück. Ich gebe ihm die Toten zurück. Ihm! Ja, komm, wir wollen einen Mann besuchen, der
wohnt in einem warmen Haus …« Es verfängt. Beckmann
und der »Andere« sind zu einem »Wir« zusammenge-
schlossen.

Beckmanns Rede hat zudem etwas Rauschhaftes, und es
ist seine einzige Äußerung von Freude im ganzen Stück.
Darum ist die Szene mit dem »Oberst« nicht einfach ein
Spiel mit dem Begriff »Verantwortung tragen« oder »über-
nehmen«. Beckmanns Anklage bekommt ihre Emotiona-
lität durch die Zurückweisung der Dimension Verantwortung schlechthin. »Haben Sie das ganz vergessen, Herr
Oberst? Den 14. Februar? Bei Gorodok. Es waren 42 Grad
Kälte. Da kamen Sie doch in unsere Stellung, Herr Oberst,
und sagten: Unteroffizier Beckmann. Hier, habe ich ge-

schrien. Dann sagten Sie, und Ihr Atem blieb an Ihrem Pelzkragen als Reif hängen – das weiß ich noch genau, denn Sie hatten einen sehr schönen Pelzkragen –, dann sagten Sie: Unteroffizier Beckmann, ich übergebe Ihnen die Verantwortung für die zwanzig Mann. Sie erkunden den Wald östlich Gorodok und machen nach Möglichkeit ein paar Gefangene, klar? Jawohl, Herr Oberst, habe ich da gesagt. Und dann sind wir losgezogen und haben erkundet. Und ich – ich hatte die Verantwortung. Dann haben wir die ganze Nacht erkundet, und dann wurde geschossen, und als wir wieder in der Stellung waren, da fehlten elf Mann. Und ich hatte die Verantwortung. Ja, das ist alles, Herr Oberst. Aber nun ist der Krieg aus, nun will ich pennen, nun gebe ich Ihnen die Verantwortung zurück, Herr Oberst, ich will sie nicht mehr, ich gebe sie Ihnen zurück, Herr Oberst.«

Es wäre mehr als albern, dem Autor Borchert oder seiner Figur Beckmann vorhalten zu wollen, daß man Verantwortung nicht zurückgeben kann. Doch andererseits geht es genau um das Problem. Von all den entworfenen Bildern in der Szene, dem auf Knochen Xylophon spielenden Blutgeneral aus dem Traum, von den fragenden Angehörigen der Toten, dem Wald bei Gorodok bleibt doch vor allem die Neufassung des Motivs »'s ist leider Krieg und ich begehre / nicht schuld daran zu sein« in Erinnerung. Anders gesagt: das Problem der persönlichen Verantwortung wird nicht über die Frage, wie man denn hätte anders handeln können, thematisiert, sondern nur über das Bedürfnis, kein Träger von Verantwortung zu sein. Noch einmal: angesichts einer auf das Theater gebrachten mörderischen Wirklichkeit ist nichts verständlicher und nichts per se weniger denunzierbar als ebendies Bedürfnis, kein Verantwortungsträger sein zu müssen in einer solchen Wirklichkeit. Nur ist eben die Artikulation dieses Bedürfnisses keine Antwort auf das Problem, in einer solchen Wirklichkeit *tatsächlich* Träger von Verantwortung gewesen zu sein.

Ich wiederhole mich: ein solches Ablehnen der Dimension der Verantwortlichkeit, ein Rückschritt in eine adoleszente Regression, ist als psychische Reaktion auf eine Situation »1945« nicht nur verständlich, sondern individuell wie kollektiv sehr wahrscheinlich. Aber gerade darum ist ›Draußen vor der Tür‹ ein solcher Erfolg geworden. Nicht daß ich sage, Borchert hätte einen anderen Beckmann erfinden sollen. Die Schaubühne ist keine moralische Anstalt. Aber in diesem Beckmann hat sich ein Publikum in seiner regressiven Haltung und seinem pubertären Geschmack wiedergefunden. Darin liegt das Problem des Erfolges von ›Draußen vor der Tür‹.

Und es liegt noch in einer weiteren Dimension des Stückes, und hier kann ich fast nicht umhin, von einer »Botschaft« des Stückes zu sprechen, einer nur teilweise ausgesprochenen, um so fataleren. Von der Kritik sei die Szene, in der Beckmann von dem »Mädchen« vor der Erscheinung ihres einbeinigen Mannes flüchtet, »bemängelt« worden, schreibt Rühmkorf. Er selbst nennt sie »vom Dramatischen her außerordentlich schwach (…) für die Beckmann-Borchert-Psychologie außerordentlich aufschlußreich«[14]. Rühmkorf betont dabei die psychologischen Triebkräfte, die jenseits aller politischen Empörung liegen, die, »wenn wir vom Nachkriegskostüm absehen«[15], privaten Dimensionen von Bindungsbedürfnis und Bindungsschwierigkeit des Autors Borchert: »Praktisch«, schreibt Rühmkorf über den Borchert des Jahres 1940, »liegt nämlich jetzt bereits fest, was einmal dem Heimkehrer Beckmann den Einstieg in die bürgerliche Geborgenheit verwehrt: die vollkommene Unfähigkeit, Glück und Bindung, inneren Frieden und Seßhaftigkeit miteinander ins Einvernehmen zu bringen.«[16] Und er fährt fort: »Zuerst einmal geht Beckmann überhaupt nur ins Wasser, weil seine Frau sich mit einem andern eingelassen hat; aber auch die nächste Liebesbezie-

[14] Rühmkorf a. a. O. S. 45.   [15] Ebd. S. 44.   [16] Ebd.

hung scheitert an der Existenz des anderen Mannes. Zwar erscheinen hier die Bedingungen ein wenig verändert, da sich Beckmanns Schuldgefühle der Bindung in den Weg stellen, aber letztlich ist doch er es, der aufbrechen muß und ohne Bleibe ist. (…) Nicht äußere, sondern innere Gründe sind es, die Beckmann forttreiben, innerer Unfriede, Ängste, Gesichte. Sie verdichten sich in der Vision des einbeinigen Riesen, der seinem ehemaligen Unteroffizier die Schuld für seinen Tod zuschiebt. So weit – so konstruiert (…) – wenn wir aber jetzt die vordergründige Argumentation auf ihren geheimen Kern prüfen, dann bemerken wir, daß Borchert vergeblich versucht hat, aus einem Modellfall erotischer Enttäuschung moralische Skrupel und moralische Verstörung abzuleiten.«[17]

Rühmkorf weist darauf hin, daß ein privat so überdeterminiertes Gefühl wie das »hat sie / sie hat einen andern« nicht gut taugt, ein politisch-moralisches Problem ästhetisch überzeugend zu konstruieren. Ich will dem nicht weiter nachgehen und auch die Frage unerörtert lassen, wie sehr das von Rühmkorf aufgespürte und benannte Motiv zum Thema Adoleszenz paßt, sondern auf eine interessante textliche Unschärfe hinweisen. Rühmkorf schreibt vom Zuschieben der Schuld für den Tod. Beckmann sagt: »(…) der nur ein Bein hat, weil es einen Unteroffizier Beckmann gegeben hat, der gesagt hat: Obergefreiter Bauer, Sie halten den Posten unbedingt bis zuletzt. Ich soll weiterleben, wo es diesen Einbeinigen gibt, der immer Beckmann sagt?« Das Stück sagt nichts über den Tod des Einbeinigen in Rußland.[18]

Rühmkorfs Hinweis, daß der politische Text den priva-

[17] Ebd. S. 45.
[18] In einer späteren Szene nennt der Einbeinige Beckmann tatsächlich seinen Mörder, aber er meint den Selbstmord in der Elbe als Reaktion darauf, daß Beckmann der andere bei seiner Frau gewesen sei und seine Kleider getragen habe. Rühmkorf aber bezieht sich eindeutig auf das erste Erscheinen des Einbeinigen.

ten nur löchrig überlagere, möchte jenem wenigstens nachsagen können, daß der – ästhetisch – konsistent sei. Aber das ist er nicht. Die Erscheinung des Einbeinigen nimmt nicht das Thema der Verantwortung für den Tod anderer auf. Der Einbeinige ist nicht tot. Darum ist er für Beckmann bedrohlich, denn er ist der sexuelle Vorgänger, der jederzeit wieder in seine ›Rechte‹ eintreten kann. Gerade das bannt ja die Szene in eine privat-erotische Problematik.[19] Nein, der, wie Rühmkorf sagt, »Modellfall moralischer Verstörung« bezieht sich nicht aufs Thema »Begehre nicht schuld daran zu sein«, sondern deckt sich mit dem Delikt der Wehrkraftzersetzung: »Was tust du hier? (…) Bei meiner Frau?«

So nannte man das ja wohl, wenn einer ein Verhältnis anfing mit einer Soldatenfrau, oder wenn die's tat. So nannte das Gericht auch Borcherts Delikt – eine Goebbels-Parodie in kleinem Kreise –, das ihn das Leben hätte kosten können. Man könnte nachdenken darüber, warum und wie sich das Delikt gegen den Versuch, eine Schuld zu benennen, behauptet hat. Aber auch dieser Frage will ich nicht nachgehen, sondern Rühmkorfs Verlesen ganz ernst nehmen: Wo liegt die eigentliche Indifferenz in der Präsentation des Themas Tod? Sie liegt darin, daß im ganzen Stück nur die eine Seite des Todes im Krieg erwähnt wird, die eigene, deutsche. Im Wald bei Gorodok sind nur Deutsche gefallen, der Einbeinige ist ein verstümmelter deutscher Soldat. Die Verantwortung ist nur dann ein Problem, wenn es um deutsches Leben geht, Schuld gibt es nur, wenn Deutsche verwundet werden oder sterben. Die fragenden Frauen und Kinder sind deutsche Frauen und Kinder, die nach dem Verbleib deutscher Männer fragen. Der blutige General des Albtraums ist ein deutscher General, der die Schuld am

[19] Rühmkorf verrät sein Verlesen im Wortfehlgriff »zuschieben«. Wer jemand etwas zuschiebt, weiß, daß es dort nicht hingehört. Wenn der Einbeinige Beckmann die Schuld für seinen Tod zuschöbe, hätte der ihn nicht verursacht.

Tode Deutscher trägt, und der Oberst wird allein nach seiner Verantwortung für den Tod deutscher Soldaten gefragt.

Auch hier gilt das oben Gesagte. Eine solche Haltung politisch kritisieren zu wollen, wäre von heute aus eine so wohlfeile wie langweilige Angelegenheit. Wieder interessiert mich nicht, zu zeigen, daß Borchert ein politisch fragwürdiges Stück geschrieben hat, noch geht es mir darum zu fragen, wie denn ein politisch sympathischeres Stück aussehen könnte. Für die Frage aber, was ein Theaterstück zu einem so plötzlichen wie anhaltenden Erfolg macht, ist es allerdings von Belang, was es auf welche Weise thematisiert, und wenn der Erfolg als Ausweis für die Existenz eines »anderen Deutschland« genommen wird, ist es gerechtfertigt, hier von einem Problem zu sprechen – und zwar mit Blick auf die, denen diese einseitige Thematik des Todes kein Problem gewesen ist.

Wird hier nicht eine Stelle überbewertet? Es ist nicht nur eine Stelle, sondern es zieht sich diese einseitige Thematisierung durch alle Szenen. Nur an dieser einen Szene wird das Problem besonders deutlich, da ihre ästhetische Brüchigkeit den Blick darauf freimacht, daß da thematisch allerhand nicht stimmt. Man könnte umgekehrt sogar erwägen, ob hier nicht das moralische Problem sich Gehör verschafft hat, indem es die ästhetische Form beschädigte, und diese Auffassung könnte dem Verfasser sogar eine größere, wenn auch sich nicht im Bewußtsein Geltung verschaffende Sensibilität zusprechen als seinen Verehrern. Ich möchte auch dies offenlassen, denn es scheint mir wichtiger, das politisch-moralische Problem mit dem Stil des Ganzen in Zusammenhang zu bringen. Auch wenn Beckmann die Verantwortung an der Verstümmelung eines Menschen und am Tode anderer zugeschrieben wird, so tritt er doch im Verein mit den deutschen Soldaten insgesamt – »einer aus der grauen Zahl« – in die Rolle des reinen Opfers zurück. Beckmann ist aus der Zahl derer, denen Leid und Unrecht geschehen ist, nicht einer von denen, die Leid und Unrecht zugefügt haben – und wenn doch, dann ist es Unrecht gewesen, weil es an einem »von uns« begangen ward. Und selbst dort ist Beckmann ein passiver Täter. Er hat einen Befehl ausgeführt. Erschossen haben seine Kameraden die anderen, die nicht einmal genannten, die weniger als gesichtslos bleiben, keine Farbe haben, nicht einmal grau sind, die keiner zählt, die es gar nicht gibt, obwohl ihre Wälder und Städte genannt werden: Gorodok, Stalingrad. Die »andere Seite« ist nur als Natur, genauer Schnee vorhanden: »Der viele viele Schnee« (so heißt eine Erzählung), und als Schuß aus dem Nichts: »Sie schießen bei Tag, sie schießen bei Nacht. Sie schießen – sage ich, denn das eigene Schießen hören wir nicht mehr, nur das Schießen der anderen.«[20] Das ist die einzige Stelle, wo durchscheint, daß etwas fehlt. Hierin finden wir die politische Seite der adoleszenten Regression, das Ableugnen von Verantwortlichkeit, das larmoyante Insistieren darauf, das Opfer zu sein. Das ist es, was Borcherts Stil zuweilen so unerträglich pubertär macht, und wohl auch das Geheimnis seines Erfolges.

Es ist dieser Aspekt, der es auch rechtfertigt, ›Draußen vor der Tür‹ und den Film ›Rambo – First Blood‹ zu vergleichen und als Ausdruck einer sehr ähnlichen kollektiven Mentalität zu sehen. Wenn Rambo am Ende des Films seinem Ausbilder gegenüber sein Leid ausweint, ist die Rede vom durch eine in einem Schuhputzkasten versteckte Bombe getöteten Kameraden und davon, daß Rambo keinen Job bekommt, obwohl er im Kriege verantwortlich für einen Hubschrauber und Ausrüstung im Werte einer Million Dollar gewesen sei. Daß dieser Hubschrauber nicht nur das Gift zerstäubt hat, dem weit mehr als einer der Kameraden Rambos zum Opfer gefallen sind, sondern auch beispielsweise als Kinderspielzeug getarnte Splitterbom-

---

[20] Borchert, Draußen vor der Tür, a. a. O. S. 82.

ben abgeworfen hat, ist sozusagen etwas anderes. Nicht, daß zu erwarten gewesen wäre, in einem Action- und Body-building-Film ausgerechnet die amerikanische Schuld-problematik des Vietnamkrieges erörtert zu finden – sicher-lich nicht. Hinweisen will ich nur auf die sich im Film wie im Theaterstück ausdrückende Art und Weise, wie ein mörde-risches Kollektiv wieder in die Normalität zurückfindet: durch Larmoyanz. Dem Erfolg des Filmes ›Rambo‹ hat der Umstand, daß am Ende der Protagonist als gefährlicher par-tiell Zurechnungsfähiger ins Gefängnis wandert, keinen Abbruch getan – aber immerhin. Auch ist – anders als bei ›Draußen vor der Tür‹, das nichts weiter ist als diese lar-moyante Klage – sein politisches Thema nur der Rahmen der eigentlichen erfolgverbürgenden Action-Szenen, die al-lerdings ihrerseits eine politische Botschaft tragen: daß man hätte gewinnen können, wenn »die Politiker« gewollt hätten. ›Rambo‹ ist etwas wie die ästhetische Fassung einer US-amerikanischen Dolchstoßlegende (und so setzt auch ›Rambo II‹, wo es um das Aufspüren von noch in Vietnam befindlichen POWs geht, das Thema fort).

Borchert ist da zweifellos pazifistischer, aber um diesen Grad auch larmoyanter. Nun könnte man sagen, die Lar-moyanz der Mörder sei, je mehr der Krieg als moralisches Problem wahrgenommen wird, ein Preis, der vorläufig zu entrichten sei, wenn man mit der Zivilisation weiterzu-kommen wünscht. Der larmoyante Mörder, so unappetit-lich seine Erscheinung auch immer sein mag, sei doch das Bindeglied zwischen dem von keinerlei Reflexion ange-kränkelten Krieger, der seine Wunden ebenso liebt wie die, die er schlägt, und demjenigen, der auf das Kriegführen verzichtet, ähnlich wie der Heuchler das Bindeglied zwi-schen dem unbekümmerten Sünder und dem Tugendsa-men sei. Könnte man nicht sagen, daß zuzulassen, erstmal das eigene, das hautnahe Leid zu erleben, auszusprechen, zu klagen, darzustellen, der erste wichtige Schritt zur Ächtung des Krieges sei? Führt nicht jeder Weg erstmal über das Eigene? Ist nicht unendlich viel damit getan, den Krieg wenigstens ein Übel zu nennen, auch wenn nur ein Übel für einen selbst, anstatt den Kult des Zähnezusammenbeißens zu pflegen? Sind nicht die Kitschmütter der Borcherts, Tucholskys, Kollwitze ein Fortschritt gegenüber den spartanischen Müttern, die ihre Söhne lieber auf dem Schild als ohne Schild wiedersehen wollten?

Ja und nein. Einerseits: natürlich. Und außerdem kann man von Menschen nicht zu viel verlangen, auch wenn die ja auch nur von Menschen gemachte Moral dazu nötigte. Der moralische Anspruch, der an der Realität dessen, was Menschen psychisch leisten können, vorbeisieht, wird ein ideologischer. Er macht sich nicht nur latent lächerlich, sondern lügt auch über die Wirklichkeit. Trotz aller Bitternis hat Adorno denn auch in einer Art Fazit im mit ›Schuld und Abwehr‹ überschriebenen fünften Kapitel des ›Gruppenexperimentes‹ geschrieben: »Angesichts der Schrekken, welche die Bevölkerung in den späteren Kriegsjahren durchmachte, Schrecken, die mit dem von den Nationalsozialisten Verübten zu einem Bild unartikulierten Grauens zusammengeronnen sind, ist es offenbar für viele unserer Teilnehmer, und keineswegs bloß für nationalistisch und faschistisch Gesonnene, außerordentlich schwierig, den Gedanken zu vollziehen, daß sie nun auch noch etwas wiedergutzumachen hätten. Es ist, als würde heute durch die Rede von der Schuld im Geist des Kollektivs die tief eingewurzelte Vorstellung von der Äquivalenz von Verbrechen und Strafe verletzt. Gegenüber diesem elementaren Tatbestand nimmt der Hinweis auf die deutsche Schuld oder die Entwirrung der Verantwortlichkeiten nur allzu leicht etwas Nichtiges und Ideologisches an. Man braucht die dabei wirksame psychische Energie – die Verdrängung von Schuld und den Narzißmus der Identifikation mit der eigenen Gruppe – nicht zu verkennen und wird doch einsehen müssen, daß es fast unmöglich ist, von der Bevölkerung, welche die Katastrophe durchmachte, zu erwarten, daß sie ein spontanes Schuldgefühl aufbringe…« Allerdings hat er hinzugefügt: »…während zugleich umgekehrt die krampfhafte Abwehr jeglichen Schuldgefühls das Symptom eines überaus gefährlichen sozialpsychologischen und politischen Potentials darstellt.«[21] – Ja und nein. Daß ein Schuldgefühl oder auch nur die Wahrnehmung der Dimension der Verantwortlichkeit sich nicht spontan einstellen, nicht einstellen können, ist das eine. Das andere ist das instistierende Vermeiden dieser Dimension und die Leugnung, daß es ein Schuldproblem geben könne.

Man kann die Larmoyanz auch als Rückschritt auf einem Wege hin zur neuen Akzeptierung der Barbarei verstehen. Entscheiden läßt sich das nicht. Wichtig ist, festzuhalten, daß sie ein ambivalenter Zustand ist, wie die Adoleszenz insgesamt. Voll von trotziger Ablehnung der vorgefundenen Welt, aber bereit zur Regression in Abhängigkeiten – beidemalen der Dimension der Verantwortlichkeit feindlich. Nur hebt sich die Ambivalenz bei einem Einzelmenschen, wenn alles gut geht, auf, es ist nur eine Frage der Zeit. Ist der pubertäre Status aber selbst Ergebnis einer Regression, ist vom »Mit der Zeit wird alles heil« allein wenig zu erhoffen. Das Risiko bei einer solchen Regression liegt u. a. in der tatsächlichen Chance, das Erlebnis der Kränkung ins Aggressive, ja Destruktive zu wenden. Diese mögliche Wendung demonstriert ›Rambo I‹, und jeder, der sich entspannt der mitfühlenden Regression ergeben hat, erlebt lustvoll mit, wie der Geschundene die Tankstelle in die Luft jagt und dem Büro des Sheriffs erst die Neon-Beleuchtung und dann sämtliche Scheiben wegpustet. Borchert erspart uns sowas, aber er erspart uns damit nur Allotria und Abfuhr. Um den Preis der Sichtbarmachung. Nur die Frau des »Oberst«, im Stück bezeichnenderweise als »Mutter« firmierend und ihrerseits den »Oberst« mit »Vater« anredend, merkt etwas, und mir scheint hier eine

[21] Theodor W. Adorno, Gesammelte Schriften, Bd. IX, 2, Frankfurt / M. 1975, S. 262 f.

Stimme zu sprechen und ein Wissen mitzuteilen, die und das dem bewußt raisonnierenden Borchert nicht zur Verfügung gestanden haben und sich nur in der Beschwörung des voradoleszenten Familienzusammenhangs artikulieren können: »Vater, bleib bei uns. Ich habe Angst. Ich friere von diesem Menschen.«

Was macht da frieren? Sehen wir uns die Szene an, in der Beckmann nach Hause kommt und an der Tür seiner Eltern (»Ich habe Heimweh! Nach meiner Mutter!«) steht: »Unser Haus steht noch! Und es hat eine Tür. Und die Tür ist für mich da. Meine Mutter ist da und macht mir die Tür auf und läßt mich rein.« Da ist dann ein anderes Türschild, »Kramer« steht drauf: »Wer ist denn dieser Kramer!?« Und nun öffnet sich die Tür, Regieanweisung: »Die Tür geht kreischend auf.« »Frau Kramer« – mit ein wenig übertriebener Kennzeichnung: »mit einer gleichgültigen, grauenhaften, glatten Freundlichkeit, die furchtbarer ist als alle Roheit und Brutalität« – steht in der Tür. Sie berichtet Beckmann herzlos und wurschtig vom Selbstmord seiner Eltern.

Nun ist es nicht uninteressant zu wissen, daß ein Ehepaar Kramer tatsächlich den Borcherts benachbart gewohnt hat. Dieses Ehepaar hat Wolfgang Borcherts Mutter, Verfasserin einiger Lokalpoesie, beim »Reichsverband deutscher Schriftsteller« wegen politischer Unzuverlässigkeit denunziert. Nun mag das soweit an Dante erinnern, und nie will ich einen tadeln, der die Lumpenhunde des Alltags nur in literarische Höllentöpfe steckt. Claus B. Schröder, von dem ich die Geschichte habe, meint gar: »Nebenbei ist diese Szene ein Beispiel dafür, wie wenig Borchert auf billige Gegenrache aus ist.«[22] Denn er hätte ja die Kramers als irgendwelche Nazis und nicht nur herzlose Nachbarn auftreten lassen können. Aber er läßt »Frau Kramer« explizit reden »furchtbarer als alle Roheit und Brutalität«. Was sagt sie?

[22] Schröder, a. a. O. S. 339.

Borchert hat die Szene umgearbeitet. ›Draußen vor der Tür‹ war zunächst ein Hörspiel. »Der Sender wird förmlich von Briefen überschüttet«, schreibt Schröder, und: »noch hat keiner die Möglichkeit, den Text nachzulesen – viele fragen danach, wo der Text zu haben ist, oder ob das Stück nicht wenigstens auszuleihen wäre. Überraschend, denn nach einer repräsentativen Umfrage der Engländer, die in Hamburg, Schleswig-Holstein und Lübeck veranstaltet wurde, veröffentlicht im Dezember 1946, stehen an der Spitze der Lesewünsche Ruhe und Entspannung. ›Draußen vor der Tür‹ ist weder ruhig noch entspannend – und wird ein Erfolg.«[23] Zwar sind erlaubte Regressionen entspannend – aber wie dem auch sei, jedenfalls wird ›Draußen vor der Tür‹ ein Erfolg, die Hamburger Kammerspiele werden es aufführen und viele andere Theater sich in Kürze anschließen. Borchert arbeitet das für den Rundfunk eingestrichene Manuskript wieder zum Theaterstück aus und um. Erhalten ist nur die Rundfunk- und die endgültige Theaterfassung.[24] Ob, was in dieser steht, in jener gestrichen worden ist oder in dieser hinzugefügt, was in jener noch gefehlt hat, kann man nicht wissen.

Im Radio sind Beckmann und »Frau Kramer« so zu hören: »Beckmann: Ja, aber er hatte doch seine Werft? / Frau Kramer: Das war es ja, hatte, Junge, hatte! 30 Jahre lang war er jeden Morgen um fünfe hoch und um sechs auf der Werft. Aber das war ja mit einemmal alles vorbei. / Beckmann: War er denn mit einemmal nicht mehr auf der Werft? / Frau Kramer: Ja, Mann, da ist keine Werft mehr. Aus. Vorbei. Blohm und Voss haben sie in die Luft gejagt und die Helgen verbogen und die Docks durchlöchert. Aus Vorbei. Und die Leute saßen da und haben geheult, sag ich Ihnen, geheult haben sie, die alten Männer...«[25] Die Theaterfassung, ob näher oder ferner dem ersten Entwurf,

[23] Ebd. S. 334.
[24] Erstere kann man als Toncassette (Rowohlt-Verlag) nachhören.
[25] Ebd. S. 338.

lautet so: »Die alten Beckmanns konnten nicht mehr, wissen Sie. Hatten sich ein bißchen verausgabt im Dritten Reich, das wissen Sie doch. Was braucht so ein alter Mann noch Uniform zu tragen. Und dann war er ein bißchen doll auf die Juden, das wissen Sie doch, Sie, Sohn Sie. Die Juden konnte Ihr Alter nicht verknusen. Die regten seine Galle an. Er wollte sie alle eigenhändig nach Palästina jagen, hat er immer gedonnert. Im Luftschutzkeller, wissen Sie, immer wenn eine Bombe runterging, hat er einen Fluch auf die Juden losgelassen. War ein bißchen sehr aktiv, Ihr alter Herr. Hat sich reichlich verausgabt bei den Nazis. Na, und als das braune Zeitalter vorbei war, da haben sie ihn dann hochgehen lassen, den Herrn Vater. Wegen der Juden. War ja ein bißchen doll, das mit den Juden. Warum konnte er auch seinen Mund nicht halten. War eben zu aktiv, der alte Beckmann. Und als es nun vorbei war mit den braunen Jungs, da haben sie ihm mal ein bißchen auf den Zahn gefühlt. Na, und der Zahn war ja faul, das muß man wohl sagen, der war ganz oberfaul. (…) An die Luft gesetzt haben sie Ihren Papa, ohne Pension, versteht sich. Und dann sollten sie noch aus ihrer Wohnung raus. Nur den Kochtopf durften sie behalten. Das war natürlich trübe. Und das hat den beiden Alten den Rest gegeben. Da konnten sie wohl nicht mehr. Na, dann haben sie sich dann selbst endgültig entnazifiziert. Das war nun wieder konsequent von Ihrem Alten, das muß man ihm lassen. / Beckmann: Was haben sie? Sich selbst – / Frau Kramer (mehr gutmütig als gemein): Entnazifiziert. Das sagen wir so, wissen Sie. Das ist so ein Privatausdruck von uns. Ja, die alten Herrschaften von Ihnen hatten nicht mehr die rechte Lust. Einen Morgen lagen sie steif und blau in der Küche. So was Dummes, sagt mein Alter, von dem Gas hätten wir einen ganzen Monat kochen können.«

Man muß die Transformation der Familie Kramer aus der Wirklichkeit in den Text nicht als Ausdruck irgendeiner politischen Haltung verstehen, und ich will darum auch keine diesbezüglichen Interpretationsangebote machen. Der biographische Hinweis soll nur zeigen, wie emotional aufgeladen die Szene ist – zusätzlich zu dem, was sie als reiner Text schon ist, die Heimkehr des Sohnes, der nun und endgültig draußen vor der Tür und dem die Rückkehr in die Familie versagt bleibt. Es ist darum auch nicht gleichgültig, was »Frau Kramer« als Grund des elterlichen Selbstmordes angibt, ob man nun in der Mitteilung bzw. ihrer Art und Weise die Fortsetzung des Denunziantentums der Kramers aus der Wirklichkeit sehen will oder nicht. Das Erstaunliche, ja wahrlich Frappierende ist, wie gleichgültig die beiden Textfassungen gegenüber dem Thema des Massenmordes an den Juden sind. Ob Borchert nun dieses Thema für das Hörspiel für ungeeignet hielt oder ob es ihm bei der Überarbeitung neu in den Sinn kam – daß mit ihm ein anderes als peripheres Problem angesprochen werden sollte, schließt ein solches Vorgehen aus. Andererseits bleibt es mit dem elterlichen Selbstmord verbunden und ist in dieser Verbindung – aber eben nur in dieser – durch das Textumfeld emotionell aufgeladen.

Auf der Ebene bloßer Plausibilität betrachtet, ist die zitierte Passage grotesk unbeholfen. Rühmkorf erwähnt sie gar nicht, fast hat man das Gefühl: wohlweislich. Schröder weist nur darauf hin, der »größere Gegenstand« kontrastiere besser mit der Schnoddrigkeit der »Frau Kramer«[26]. Daß ein Fabrikarbeiter, der wegen Demontagesprengungen seinen Arbeitsplatz verliert und sich ökonomisch vor dem Aus sieht, sich mit seiner Frau umbringt, das kommt vor. Aber verliert ein kleiner SA- oder SS-Mann 1946 seine Stellung, seine Pension, seine Wohnung wegen antisemitischer Äußerungen? Man »fühlt ihm auf den Zahn« – und? Hätte Borchert seinen Beckmann zuletzt auf das mörderische Deutschland, auch noch in Gestalt seiner Eltern, treffen lassen wollen, es müßte sich

[26] Schröder, a. a. O. S. 338.

im Text noch etwas anderes finden als nur das Gerede von »Frau Kramer«. Irgendwo im Text, in der Figur Beckmann oder anderswo, müßte doch irgendwas zu fühlen sein, wenn es hier darum ginge, die Situation des Kriegsheimkehreres mit der Tatsache der zivilen Massenmorde der Deutschen, ja nicht einmal zu konfrontieren, sondern in irgendeine Beziehung, oder sagen wir: in Szene zu setzen. Aber es bleibt nur die Empörung Beckmanns über die rohe Bemerkung, daß man von dem Gas noch eine Woche hätte kochen können, schade drum: »Beckmann (leise, aber furchtbar drohend): Ich glaube, es ist gut, wenn Sie die Tür zumachen, ganz schnell. Ganz schnell! Und schließen Sie ab!« Und später, als alle Figuren des Stückes noch mal an den Tanz müssen, läßt Borchert seinen Beckmann sagen: »Haben Sie ein Herz, Frau Kramer? Wo hatten Sie Ihr Herz, Frau Kramer, als Sie mich ermordeten? Doch, Frau Kramer, Sie haben den Sohn von den alten Beckmanns ermordet. Haben Sie nicht auch seine Eltern mit erledigt, wie? Na, ehrlich, Frau Kramer, so ein bißchen nachgeholfen, ja? Ein wenig das Leben sauer gemacht, nicht wahr?«

Auch die Eltern Beckmanns werden in die große Zahl derer, die Opfer sind, eingereiht, sonst nichts. Wäre Vater Beckmann nichts gewesen als ein bekennender Antisemit, nichts wäre ihm geschehen, da mag eine »Frau Kramer«, die dann auch allerhand zu verlieren gehabt hätte, nachhelfen wollen, wie sie will. Wäre aber die »Uniform« und das »ein bißchen doll sein« mehr gewesen, dann hätte »Frau Kramer« allenfalls einen Mörder angezeigt. Daß der Text sich hier nicht entscheidet und dadurch die beiden Möglichkeiten verschmilzt, damit die Beckmanns als Kollektiv der reinen Opfer emanieren können, ist ziemlich happig.

Es ist, wie im Falle des Vergessens der im Kriege getöteten anderen, der Versuch, Normalität zurückzugewinnen. Es ist natürlich nicht nur das Zitat einer populären Weise, Selbstmord zu begehen, wenn Borchert Beckmanns Eltern den Gastod sterben läßt. Und die Klage um das verschwendete Gas ist ein Nachkriegszynismus, der umlief, als die Wirklichkeit von Auschwitz bekannt wurde. Daß Borchert diesen Zynismus gewissermaßen seitenverkehrt in seinem Stück auftauchen läßt, zeigt, daß er selbst kein Zyniker gewesen ist, aber von einer erschreckenden Unbewußtheit. Wie sehr der Text eine Strategie ist, diese Unbewußtheit aufrechtzuerhalten, wird wenige Zeilen danach deutlich. Beckmann sagt: »Zwei alte Leute sind in die Gräberkolonie Ohlsdorf abgewandert. Gestern waren es vielleicht zweitausend, vorgestern vielleicht siebzigtausend. Morgen werden es viertausend oder sechs Millionen sein. Abgewandert in die Massengräber der Welt. Wer fragt danach? Keiner.« Sechs Millionen. Das Thema hat sich in der Erscheinung der grauenhaften Zahl Bahn gebrochen. Es wird weggeschoben: »morgen« werden es sechs Millionen sein. Es fragt: wer fragt danach? Es antwortet: keiner. – Das Stück ist ein sofortiger Erfolg geworden, und es ist einer bis heute.

In diesem Stück hat sich das »andere Deutschland« wiedererkannt. Es ist ein Anti-Kriegsstück und zahlt für diese Qualität den Preis doppelter Unbewußtheit: gegenüber dem Problem der deutschen Kriegsschuld und dem Massenmord an den europäischen Juden. Der Krieg, von dem es handelt, ist ein beliebiger. Nicht der zweite Weltkrieg. Das Land, in das Beckmann nach Hause kommt, ist ein beliebiges Land, nicht das postnationalsozialistische Deutschland. Wer sagt, daß das Stück doch »immerhin« ein pazifistisches gewesen sei, vergißt, daß wir an einem Stück wie ›Draußen vor der Tür‹ erkennen können, daß *dieser* deutsche Pazifismus eine der Möglichkeiten gewesen ist, das Bewußtsein zu betäuben, die Verbrechen zu vergessen, sich in ein Opferkollektiv umzulügen. Die Flucht aus dem Bewußtsein in die Larmoyanz hat den ganzen Pubertätskitsch mit sich gebracht, von dem ich eingangs gesprochen habe, und dieser Kitsch hat sich immer wieder gegen die ja durchaus auch vorhandenen Qualitäten Borcherts durchgesetzt. Das ist der ästhetische Preis, den Borchert bezahlt hat. Dem Erfolg war der Kitsch nicht abträglich, im Gegenteil. Er traf auf eine seelische Disposition zur kollektiven Regression, und Borchert avancierte zum Erfolgsautor der Pubertären.

Eine letzte Frage, die der Vollständigkeit wegen gestellt werden soll: wie verhält sich das hier entworfene Bild des Stückes ›Draußen vor der Tür‹ zum sich explizit politisch äußernden Borchert? Borchert war, wenn man abstreicht, was der Mythos hinzugetan hat, alles andere als ein politischer Mensch. Einen Komödianten hat Rühmkorf ihn genannt, einen romantischen Schwärmer. Was ihm die Nazi-Justiz angetan hat, hat sie keinem Oppositionellen, keinem Widerständler angetan, sondern einem Leichtsinnigen. Einem, der leichtsinnig – und redlich – genug gewesen ist, den weniger politisch reflektierten als vegetativ empfundenen Widerwillen gegen das NS-Regime deutlich werden zu lassen. Borcherts politische Haltung nach 1945 ist gleichfalls nicht die eines Menschen, der die Niederlage eines feindlichen Regimes überlebt hat. Es ist erstaunlich, wie ungebrochen Borchert, den die Nazis doch beinahe zerbrochen hatten, Deutscher und Patriot ist. »Denn wir lieben diese gigantische Wüste, die Deutschland heißt.« »Und die Helden, die Hölderlinhelden, für die kein Tag zu hell und keine Schlacht schlimm genug war – wir wollen sie lieben um ihren gebrochenen Stolz…«[27] Das sind schon wirklich fatale Töne.

Daß Borcherts Beschwörung des Neubeginns in vielen seiner Texte eine Arbeit für eine totale »Stunde Null« ist, sagt er selbst in völliger Offenheit: »Wenn es möglich ist, Vergangenheit zu tilgen, dann soll man es immer tun.«[28] Nein, das meint nicht den Bruch mit der Vergangenheit, sondern wirklich das eine: Schwamm drüber. In einem

[27] Schröder, a.a.O. S. 347.   [28] Ebd. S. 318.

Interview, kurz vor seinem Tode in der Schweiz gegeben, sagt er auf die Frage, ob er den Eindruck habe, »daß
Deutschland den Nationalsozialismus und Militarismus
überwinden wird«: »Solange an Deutschlands Grenzen
Paraden marschiert und nationale Sicherheiten gefordert
werden, kann man über die Frage nicht diskutieren.« Man
höre: solange die von Deutschland überfallenen und ver-
wüsteten Länder im Falle einer neuen Souveranität
Deutschlands auf Sicherheitsgarantien bestünden, könne
in Deutschland nicht die Frage der Überwindung des Militarismus diskutiert werden. Hier zeigt sich, wie ein bloß
deklamatorischer Pazifismus durchaus mit extremer na-
tionalistischer Aggressivität einhergehen kann. Man muß
auch den Gedanken versuchen, daß der nivellierende Pazifismus das Medium gewesen ist, in dem Nationalismus
sich langsam von oberflächlichen NS-Konnotationen befreien konnte, ohne an nun latent werdender Aggressivität
einzubüßen. Der Gedanke ist, so radikal gefaßt, wahrscheinlich falsch, aber er kann uns den Mechanismus deutlich
machen, daß aus der Phrase, daß die andern auch nicht
besser seien, schnell die Drohung werden kann, daß einem
dann doch auch keiner werde vorwerfen können, wenn
man sich in Kürze wieder benehmen werde wie vordem. –
Auf eine weitere Frage: »Wie definieren Sie die Begriffe
›Demokratie‹ und ›persönliche Freiheit‹?« antwortet Borchert so: »Solange die Zigarettenstummel fremder Militär-
mächte auf der Straße liegen (damit will ich nichts gegen
die Zigaretten gesagt haben) und solange ich 16seitige Fra-
gebogen ausfüllen muß, um in einer Zeitschrift gedruckt zu
werden, so lange ist es sinnlos, über Demokratie und persönliche Freiheit zu diskutieren.«[29] Das erste zur Außen-,
das zweite zur Innenpolitik. Hier wird die Larmoyanz und
das ewige Gerede, die anderen ließen einen nicht, unmittelbar bösartig, und Borchert, Pazifist und später zum Reprä-

[29] Rühmkorf, a.a.O. S. 160ff.

sentanten des »anderen Deutschland« erklärt, unterscheidet sich darin von keinem Schwadroneur an Stammtischen irgendwelcher Ex-Nazis und Frontschweine.

Einer hat noch zu Borcherts Lebzeiten auf diese Dimension seines Werkes reagiert – bei aller Sympathie für den jungen, auf den Tod kranken Mann. Es ist der Speditionsangestellte Martin F. Cordes, Theologe. Er besucht Borchert im Basler Krankenhaus, schreibt ihm auch. Es mag das literarische Urteil dieses Cordes konventionell sein, er mag Ansprüche stellen, die Borchert mit Recht zurückweist. In einem Brief aber geht er an die Substanz des Borchertschen Schreibens; er sagt es selbst: »Geben Sie acht: es geht an die Substanz!« Er lobt – lehrerhaft, zugegeben, und unempfindlich – einiges – »aber dann las ich ›Generation ohne Abschied‹, und das schlug dem Faß den Boden aus! Gemach: ich erkenne die negativen Feststellungen in dem Stück durchaus an – Ihr seid eine Generation ohne Gott. Das aber, was Ihr da erlebt habt, ist doch in einer Richtung gelebt, nämlich der Bindung an Euch selbst! Jeder sucht das Seine, nicht den oder die Anderen oder gar das Glück der Anderen. Ihr erlebtet Euer Ich ›unter der Kathedrale von Smolensk …, in der Normandie …, am finnischen See, auf einem Gut in Westfalen‹. Und nun? Was bleibt an Erkenntnis? Schuld? Nein. Selbstgefühl! ›Wir sind eine Generation der Ankunft … auf einem neuen Stern, in einem neuen Leben.‹ Ja, wird man denn dort wenigstens bleiben, beglückt und beglückend? Wohl kaum. ›Wir wissen, daß alle Ankunft uns gehört.‹ Das geht also ewig so weiter: ›Denn heute gehört uns Deutschland und morgen die ganze Welt‹ …« Man verkenne diesen Cordes nicht als plattsohligen, evangelisch-käsigen Moralisten. Er hat viel mehr ästhetisches und politisches Gespür als viele andere, deren Urteile weniger naiv wirken. Der Hinweis: »Was bleibt als Erkenntnis? Schuld?« ist ja nicht die Mahnung, Borcherts Texte seien hinter einem Plansoll an Zerknirschung zurückgeblieben. Cordes zeigt auf eine ästhetische

Figur, den Reigen der Begegnungen – Kathedrale von Smolensk, in der Normandie, am finnischen See, auf einem Gut in Westfalen –, und macht darauf aufmerksam, daß diese Orte, jedenfalls in einem solchen Reigen, nicht äquivalent sind den Linden, unter denen wir uns finden. Es sind, inklusive Finnland, aber vor allem mit Smolensk und der Normandie als West- und Ostfront, Orte des Zweiten Weltkrieges. Damit hat sich das Potential ihrer Konnotationen erweitert. Hier läge als Konsequenz der Politik eine ästhetische Aufgabe. Borchert erkennt sie nicht, sondern seine Kleinstadttheatralik schnurrt einfach ab: »Wir begegnen uns auf der Welt (…), wir sind eine Generation der Ankunft« und so weiter.

Aus den Wörtern »Smolensk« oder »Normandie« ihre politischen Konnotationen zu streichen bedeutet ein ziemlich gewaltsames Reklamieren neuer Unschuld. Dem entspricht die Verkürzung der politischen auf eine Generationenperspektive, und in dieser ist wiederum die Larmoyanz und potentielle Aggressivität der so ganz zu Unrecht Geschurigelten bestens aufgehoben. Cordes erkennt eine der möglichen politischen Konsequenzen des Wahrnehmungsversagens, das sich in solcher ästhetischen Verkümmerung zeigt: »Das geht also ewig so weiter.« Borchert antwortet völlig verständnislos und bestätigt Cordes' Kritik mit jedem Argument. Es habe im Lied ursprünglich »Denn heute hört uns Deutschland« geheißen und nicht »gehört«, auch die »Pfadfinderlieder und Lagerfeuersongs« der anderen Nationen enthielten Ähnliches. Wenn er aber »wir« schreibe, so meine er nicht Deutsche, sondern Angehörige einer Generation – das eben war es gewesen, worauf Cordes hingewiesen hatte: daß man als Angehöriger einer bestimmten Nation zu einem bestimmten Zeitpunkt nicht ohne weiteres davon absehen und bloß jung sein könne. Für Borchert hat eine Generation die andere in den Krieg geschickt, »fürs Vaterland!« und Borchert setzt in Klammern dazu: »(Für Deutschland, für Frankreich, für Amerika!)«.

Borchert hat das Problem einfach nicht gesehen, auf das Cordes – vielleicht hätte er es geschickter anstellen sollen – ihn hatte hinweisen wollen. Aber hätte Cordes, hätte er es geschickter angestellt, wäre er gar erfolgreich gewesen, nicht Borchert um seinen Erfolg gebracht? Gewiß, ›Draußen vor der Tür‹ war geschrieben, aber wäre Borchert der Lieblingspoet der deutschen Friedensbewegung geworden, wenn das ›Dann gibt es nur eins!‹ etwas anders gelautet hätte? Wenn es seinen pubertären Ton nicht gehabt hätte mit dem »morgen, morgen vielleicht, vielleicht heute nacht schon vielleicht heute nacht, wenn –– wenn –– wenn ihr nicht NEIN sagt« und seine regressive Sehnsucht, es möge doch bitte jemand anderes dafür sorgen, daß der Kelch vorübergehe: »Sagt NEIN! Mütter, sagt NEIN!«, als wäre es an den Gebärerinnen und nicht an den Geborenen, über ihr Leben zu bestimmen.

Es schlage dem Faß den Boden aus, schrieb Cordes nach der Lektüre der ›Generation ohne Abschied‹ – »Das geht also ewig so weiter«? Wer allen diesen Texten Borcherts wohlwill, kann sagen, der erste Satz hebe an mit »Wir sind die Generation ohne Bindung und Tiefe« und sei damit doch eine Absage an die Wörter des Unmenschen und den Jargon der Eigentlichkeit. Aber nein doch. Diese Wörter sind bloß trotzig und wissen dem Trotz nicht anders als mit Klischee ein Wortkleid zu machen. »Unsere Tiefe ist Abgrund«, heißt der zweite Satz. Und so geht es weiter. Es ist ein Ausriß aus dem Tagebuch eines Fünfzehnjährigen. Daß der Nationalsozialismus eine Volksbewegung gewesen ist, daß die Naziverbrechen kollektive Verbrechen der Deutschen gewesen sind, wird vielleicht erst wirklich klar, wenn man sieht, daß selbst so erfolgreiche Versuche, das »andere Deutschland« vorzustellen, nur in der Regression hinter die Stufe der sozialen Verantwortlichkeit zu unternehmen gewesen sind. Der Titel ›Generation ohne Abschied‹ sagt es in, ginge es um anderes, würde man sagen: rührender Hörbarkeit. Die von Borchert beschworene

Generation habe ja bloß keine Zeit zum Abschiednehmen und werde darum so genannt – sie sei »aber« eine »Generation der Ankunft«. Zur Generation der ewigen Ankunft hat Cordes das Seinige gesagt. Zur »Generation ohne Abschied« möchte ich hinzufügen, daß das nichts weiter heißt, als daß da eine deutsche Generation keinen Abschied nimmt von der ihr voraufgegangenen.

»Mensch bis du, giraffeneinsam ist dein Hirn irgendwo oben am endlosen Hals. Und dein Herz kennt keiner genau.«[30] Ach, doch. Es ist gar nicht so schwierig zu kennen. Sage mir nur, was du gern liest.

[30] Borchert, Das Gesamtwerk a. a. O. S. 64.

Deutsche Linke '91
Sozialpsychologische Gedanken zur Architektur einer Ruine

> Sie hatten die Spargel geopfert und da, wo
> sie standen, ein etruskisches Grab gebaut, das
> heißt ein Viereck aus schwarzem Gips, das
> sechs Fuß hoch war und aussah wie eine
> Hundehütte.«
>
> Flaubert, Bouvard und Pécuchet

Lassen Sie mich zunächst zu drei Wörtern des Titels und
des Untertitels etwas sagen: »deutsche«, »Linke« und »so-
zialpsychologisch«. Diese drei Wörter markieren drei Prämissen, die in den Text eingehen. Ich kann diese Prämissen
hier nur angeben und kurz erläutern, wirklich rechtfertigen kann ich sie aus Platzgründen nicht.

1. Ich sage »*deutsche* Linke« und meine doch »westdeutsche« Linke. Ich denke zwar, daß es nicht ganz falsch ist,
auf dieser Ungenauigkeit zu beharren, bitte Sie aber dennoch, es einfach so zu verstehen: Sagte ich »*west*deutsche
Linke« im Titel, hätte ich die Anschlußfrage zu gegenwär-
tigen: und wie ist es mit der ostdeutschen? Und das möchte
ich vermeiden.

2. »Linke«: Ich verwende diese Kennzeichnung hier
nicht normativ. Ich möchte als »die Linke« jene Anzahl von
Menschen bezeichnen, die sich selbst »links« nennen. Will
man diese Pluralität beschreiben, so wird das am besten
anhand eines Signalsystems geschehen, an dem ihre Mit-
glieder sich – d. h. den Anspruch, dazuzugehören – erkennen. Wahrscheinlich wird man dieses System gar nicht so
sehr anhand positiver Signale beschreiben können, denn
faktisch gab es ja nicht so sehr viel, über das sich Angehörige der Linken problemlos hätten verständigen können (wenn Sie an das ganze Spektrum denken von Teilen
der SPD bis zur RAF), sondern weit eher durch das, was

nicht gesagt wurde (das Signalsystem als ein Ausschließungsmechanismus), oder durch die Erwartbarkeit bestimmter Präferenzen (das Signalsystem als eine Art Sympathieverteilung). Z. B. war die Haltung zum Nationalsozialismus eindeutig negativ, aber nicht aufgrund einer gemeinsamen Analyse, sondern aufgrund bestimmter gemeinsamer Tabus, die von vornherein klar erscheinen ließen, was man zum »Historikerstreit« zu sagen hatte. Daß es sich hier nicht um ein Urteilen aus vorhergegangener politischer oder historischer Analyse handelte, sondern um ein Tabu, wird deutlich aus der beliebten Formulierung, man dürfe »Auschwitz nicht vergleichen«. Diese Formulierung ist an sich ganz unsinnig, denn um sagen zu können, daß es sich bei den zivilen Massenmorden der Deutschen um eine historische Singularität handelt, muß ich sie zuvor verglichen haben. Der Satz »Du sollst nicht vergleichen« (auf englisch nicht »You are not supposed to compare«, sondern »Thou shalt not compare!«) ist nichts weiter als ein Denkverbot.

Zwar will ich nicht leugnen, daß ein solches Tabu in der politischen Auseinandersetzung um den Naionalsozialismus auch einen einsehbaren Sinn hatte.[1] Gleichwohl steckt in ihm – und zwar an politisch zentraler Stelle – ein Stück Aufklärungsverweigerung. Ich denke, daß *dieses* Tabu (auf der Ebene dieses Signalsystems) die Linke wesentlich gestiftet hat. Dafür nur ein Indiz: Als der berüchtigte Enzensberger-Aufsatz vom ›Spiegel‹ mit der Gleichung »Saddam

---

[1] Nur eine grobschlächtige Aufklärung denunziert ein Tabu qua Tabu und fragt nicht weiter. Wenn ich nicht die Fähigkeit habe, andere Menschen zu zivilisiertem Benehmen zu überreden, oder die Macht, sie dazu zu zwingen, aber ein Tabu sie davon abhält, sich barbarisch aufzuführen, ist das Tabu immer doch das bei weitem kleinere Übel. Man kann die Tabuformel »Du sollst nicht vergleichen« als Versuch verstehen, die Deutschen davon abzuhalten, Grabschändungen zu begehen. Es wirft nur ein bezeichnendes Licht auf die deutsche Linke, daß sie sich ein solches Tabu auferlegen mußte oder – was dasselbe ist – meinte, es sich auferlegen zu müssen.

= Hitler« ausgelobt wurde, wurde damit ein analytisch schwacher Artikel zum großen Tabubruch stilisiert. So wurde er auch rezipiert. Aber um ihn so zu rezipieren, mußte sein Verfasser zum Enzensberger des frühen ›Kursbuch‹ umdesigned werden, denn ohne den Skandal, daß ein »Linker« so etwas gesagt hatte, wäre es ja keiner gewesen.

Aber wie dem auch sei – die Ausschließungen funktionierten auch auf weniger spektakulärem Niveau. Die Zeitung A las man nicht »wegen« irgendwas, sondern nur so, die Zeitung B brauchte eine Begründung. Jeder kennt so etwas. Nun will ich nicht darauf hinweisen, daß derlei ein wenig dümmlich sei. Das ist es natürlich, aber es scheint so etwas zum menschlichen Leben zu gehören, und ich habe die identitäts- und sinnstiftende Funktion der ›FAZ‹-Kommentare auf der ersten Seite bei Managern mehr als einmal beobachten können. Nur: Dort ist der Sinn einzusehen. Dort ist eine Gruppe, die solche Sinnstiftung dringend nötig hat. Die »Linke« aber ist / war keine Gruppe, und ihre Zusammengehörigkeitssignale gaben ihr auch keinerlei wirkliche Identität. Denn weder Tabus wie das erwähnte noch andere Ausschließungsmechanismen, noch eine bestimmte Menge von Präferenzen (nach dem Muster: »im Zweifelsfall ...« – selbst wenn ich Anhänger der Sozialfaschismustheorie bin, rede ich »im Zweifelsfall« lieber mit Peter Glotz als mit Heiner Geißler) machen ja eine Gruppe aus – können aber natürlich suggerieren, eine zu sein. – Ich breche hier ab und füge nur noch hinzu: 1991 funktionierte das Signalsystem nicht mehr. Während des zweiten Golfkriegs wußte die Linke nicht mehr, was die Linke tat bzw. was ein vordem links Gewähnter im nächsten Augenblick sagen würde. Einen »alte Freundschaften zerfetzenden Streit« hat Lothar Baier das in der ›Zeit‹ (Nr. 30 / 91) genannt, und was er da »Freundschaft« nannte, waren die »linken« Bindungskräfte. Worin haben sie bestanden?

Bevor ich versuche, darauf zu antworten, zum dritten der erläuterungsbedürftigen Titelwörter: Sozialpsychologie ist allerlei und kann noch mehr sein. Von seiten ihrer Methodologie hat sie sich mit einem Problem zu beschäftigen, das unsere Alltagssprache uns aufgibt: daß wir über Menschengruppen reden, als handelte es sich um Individuen. Manchmal ist das bloße Abkürzung, etwa wenn es um eine politische Entscheidung geht, die nicht nur ein Land in Mitleidenschaft zieht (»Deutschland hat den Krieg erklärt«), manchmal ist es das, was wir »Vorurteil« nennen (»der Italiener ist kinderlieb«). Während aber Vorurteilsforschung darauf gerichtet ist, zu zeigen, wann wir (und warum wir) zu Unrecht über Kollektive reden, als wären sie Individuen, kann es der Sozialpsychologie *auch* darum gehen, solchen Sprachgebrauch zu rechtfertigen. Das klassische Beispiel ist Freuds ›Massenpsychologie und Ich-Analyse‹: Es kann Fälle geben, in denen sich ein Kollektiv *tatsächlich* verhält wie ein Individuum.

Es geht hier um den Unterschied von gleichförmigem Benehmen (das Kopfwenden der Zuschauer beim Tennis) und einer Masse (die sich »wie ein Mann« erhebt und etwa den Schiedsrichter lyncht). Aber es wäre zu fragen, ob nur im Falle von Massenbildungen im Freudschen Sinne von Kollektiven geredet werden darf, als wären sie Individuen. Das Reden von einem »kollektiven Unbewußten« nennt der eben zitierte Lothar Baier »Küchenpsychologie« (wär's das nur – ich wünschte mir eine einzige Wissenschaft, in der es eine so klare Beschreibungssprache gäbe wie in der Kochkunst). Nun, man kann mit einem solchen Begriff ebenso viel Umfug anstellen wie mit anderen auch, sicherlich; zudem trägt er seine Herkunft aus Jungschem Kontext mit sich. Ich ziehe es daher vor, von »sozialem Unbewußten« zu sprechen. Die Rechtfertigung solchen Sprechens muß ich hier schuldig bleiben, obwohl ich denke, daß man sie geben kann und daß´sie für einen, der sein eigenes theoretisches Herkommen u. a. auf Freud zurückführt, selbstverständlich sein müßte: Die Instanz »Über-Ich« ist eine Repräsentanz des sozialen Unbewußten im Individuum.

Schließlich: »'91«. Mit dieser Zahl bin ich beim Thema. Die Zahl spielt zwar auf den zweiten Golfkrieg an, aber weder der Krieg noch die Reaktionen auf ihn sind mein eigentliches Thema. Es ist nur Anlaß für einige Beobachtungen, die in eine sozialpsychologische Spekulation hineinführen. Zwar hat, noch einmal, Lothar Baier recht, wenn er betont, daß heftige Reaktionen auf den zweiten Golfkrieg keine deutsche Spezialität gewesen sind – als ein besonderes, möglicherweise weltpolitisch neuartiges Problem oder Problembündel wurde er in den USA, in Großbritannien, in Frankreich angesehen. Aber der genannte »erbitterte, alte Freundschaften zerfetzende Streit« ist eine deutsche Spezialität gewesen. Er hat, so schien es, bewirkt, was andere, direkter erfahrbare Krisen nicht bewirken konnten, er hat eine Reihe von Selbstverständlichkeiten, die bisher, bei allem sonstigen Dissens, den (ich wähle das bequeme Wort) Diskurs »der Linken« bestimmt haben, aufgelöst oder zerstört. Das Gesprächsklima war in den Tagen vor und nach dem Beginn der alliierten Bombenangriffe bis zum Ende des Bodenkrieges wie ein Zustand permanenter Wachsamkeit. Es tat der Nachbar, was man im Leben nicht für möglich gehalten hätte: Er war auf einmal für Biermann oder Enzensberger oder gar Pohrt, und umgekehrt: Er verglich solche Haltungen mit der Zustimmung zu den Kriegskrediten 1914. Die Vertreter der jeweiligen Haltungen hielten einander gegenseitig vor, einen linken Minimalkonsens aufgekündigt zu haben, und behaupteten, der jeweils andere gehöre nunmehr zur Mehrheit, man selbst bleibe der Minderheitenposition treu.

Tatsache ist, daß der zweite Golfkrieg eine eminente Herausforderung an die politische *Urteilskraft* »der Linken« bzw. jedes einzelnen darstellte und daß nur wenige dieser Herausforderung einigermaßen gerecht geworden sind. Als Individuen – ob »als Linke«, möchte ich bezweifeln. Warum hat der Golfkrieg die Linke so außerordentlich überfordert? Nun, ich denke, daß nicht er es gewesen ist, er hat allenfalls als Katalysator gewirkt. Ober um ein anderes Bild zu gebrauchen: Er hat auf die (west)deutsche Nachkriegslinke so gewirkt wie das Theaterstück auf Hamlets Oheim bzw. der Anblick des gefesselten Dieners auf den ägyptischen König in der Erzählung bei Herodot. Er war eine symbolische Überforderung. Das eigentliche Ereignis lag ein Jahr zurück, es war die faktische Vereinigung der beiden Nachfolgestaaten des nationalsozialistischen Deutschen Reiches zu einer vergrößerten Bundesrepublik Deutschland. Der zweite Golfkrieg hat mit diesem Ereignis verbundene Gefühle symbolisch thematisiert und die Träger dieser Gefühle dazu gebracht, sie auf bizarre Weise auszuagieren.

Ich muß jetzt, um den Gehühlshaushalt der (west-)deutschen Linken zu beschreiben, sehr weit ausholen und eine Darstellungsform wählen, die vielleicht unangemessen deduktiv und gleichzeitig kursorisch wirkt. Man wird mir abnehmen, daß ich weiß, daß die Wirklichkeit meist ein wenig komplizierter ist als die Modelle, die wir von ihr entwerfen. Allerdings auch nicht so viel komplizierter, wie wir manchmal meinen. – Die Formierung einer »Neuen Linken« setzte in der BRD dort an, wo die Opposition der »alten« unmittelbaren Nachkriegslinken kraftlos geworden war: an der »einseitigen Westbindung« der Bundesrepublik und an der Anbindung der Politik der BRD an die der USA. Galt die Kritik am »Kanzler der Alliierten« noch explizit der auf längere Zeit aufgegebenen Option auf ein wiedervereinigtes Deutschland, so spielte dieser Aspekt bei der Formierung der Neuen Linken zunächst keine besonders große Rolle, wenn er auch bei einer Figur wie Rudi Dutschke stets ein wichtiges politisches Movens bildete. Deutschlandpolitisch agierte die Neue Linke erst, als sie nach dem Zerfall in einzelne Kleingruppierungen wieder einen großen, nämlich friedensbewegten Konsens einübte. Da wurden BRD und DDR auf einmal »besetzte Länder« genannt, und Hauptforderung war nicht mehr Abrüstung, sondern militärpolitische Eigenständigkeit (»Deutschland raus aus der Nato!«). Hieraus zu folgern, die Neue Linke wäre nur eine verkappte »nationale Erweckungsbewegung« gewesen, griffe zu kurz, denn es erklärte nicht zureichend die Verwirrung und Depression der Linken nach stattgehabter Wiedervereinigung.[2] Ich meine, die »Wiedervereinigung« hat ein auf politischer Bühne gegebenes psychisches Rollenspiel obsolet gemacht. Sie hat der Linken eine politische Realität entzogen, vor der ihr Rollenspiel einen scheinbaren Sinn machte. Der Realitätsentzug bewirkte ihre Rat- und Sprachlosigkeit[3], der zweite Golfkrieg gab ein Realitätssubstitut, an dem die gegenstandslos gewordenen Gefühle noch einmal durchlebt werden konnten.

Um das zu verstehen, muß man an die Gründungsvoraussetzung der Bundesrepublik Deutschland denken. Weder ist ja die Behauptung richtig, daß die BRD mit der NS-Vergangenheit radikal gebrochen habe (man denke an personale und ökonomische Kontinuitäten), noch ist es richtig, daß die BRD nur die Fortsetzung des NS-Staates mit anderen Mitteln sei. Es liegt die Wahrheit auch nicht irgendwo in der Mitte, sondern sie ist eine widersprüchliche Einheit aus beidem. Die BRD hat ein bei jeder genauen Untersuchung immer wieder erschreckendes Maß an Kontinuitäten mit NS-Deutschland, *und* sie ist tatsächlich der am meisten demokratische Staat, den es je auf deutschem Boden gegeben hat. Die Liste solcher »und« ist lang. Ent-

---

[2] Wenn dieser Befund der Diagnose auch nicht gänzlich widerspricht: Deutsche Einigungen sind immer Substitute gewesen, and no one is happy with a plastic spoon in his mouth.

[3] Daß Habermas in diesem Zusammenhang auf einen Aktenordner voller Zeitungsausschnitte verweist, um die Behauptung der linken Sprachlosigkeit zu widerlegen, ist wahrhaft komisch.

scheidend für die psychische Kondition der (West-)Deutschen scheint mir eines zu sein: die Verbrechen des Vorgängerstaates werden *erstaunlich einmütig* verurteilt, ja ähnlich einmütig für historisch, wenn schon nicht einmalig, so doch beinahe einmalig gehalten. Gleichwohl hat es keine dieser Dimension irgend entsprechende Ahndung der Verbrechen gegeben, wie wir wissen. Das wiederum ist eine weitere historische Einmaligkeit. Die mentale Gründungsbedingung der BRD wird von dem Eingeständnis eines zumindest säkularen Verbrechens und dem Dispens seiner Ahndung geprägt – und wenn dies auch 1948 noch nicht wirklich deutlich gewesen ist: es hat sich in dieser Widersprüchlichkeit durchgesetzt. Man achte diese Kombination nicht gering. Die in ihr sichtbar werdende Inkonsequenz hat mentale Folgen, die nicht zu unterschätzen sind und weit über das hinausgehen, worum es mir hier geht.

Der Westorientierung der BRD entsprach nach und nach eine politische, dann auch kulturell recht weitgehende Identifizierung mit den USA. Die ist leicht zu erklären, wenn man sie als auf autoritärer Grundlage erfolgt erklärt. Man identifiziert sich mit dem stärksten Sieger. Dieser aber ist zugleich der, der das Recht, oder besser: die Macht zu strafen hätte. Diese Strafe ist unterblieben. Hieraus folgt ein erstes Ambivalenzverhältnis im Seelenhaushalt der BRDeutschen: man liebte die Macht, die zu strafen das Recht/die Macht hatte und die man darum fürchtete.

Es kommt ein zweites (oder eine Modifikation des ersten) hinzu: die Teilung Deutschlands wurde als Teilexekution dieser Strafe rezipiert. Das ist historisch natürlich vollkommener Unsinn. Die »Teilung Deutschlands« (wenn man überhaupt so reden will) ist niemals als »Strafe für den Holocaust« ersonnen oder gar verhängt worden, aber sie ist deutscherseits weitgehend so aufgefaßt worden. Prominentestes Zeugnis dafür ist die Rede Willy Brandts, in der er die »Teilung Deutschlands« mit einer Zeitstrafe verglich, die nun abgebüßt sei. Aber auch sonst blüht die Resozialisierungsmetaphorik.

Gleichzeitig wurde die »Teilung Deutschlands« auch als Strafdispens verstanden. Die »eigentliche« Strafe – von der Nazi-Propaganda angedroht – wäre ja die Besetzung Ganzdeutschlands durch die »russischen Bolschewisten« gewesen. Insofern waren »die Amerikaner« auch – und vor allem in Berlin, diesem stadtgebliebenen Real- und Symboltheater – diejenigen, die den Strafdispens der Westdeutschen garantierten.

Die bundesrepublikanische offizielle Politik thematisierte die »eine Seite« dieser Ambivalenz: die USA waren sowohl als Sieger akzeptiert als auch als diejenigen, die für den Strafdispens standen – für den von 1945 ff. und den fortdauernden als Garanten der sicheren Ostgrenze. Die »Neue Linke« nahm nun die Kritik der »alten« wieder auf, aber sie kritisierte zunächst auch die mentale Grundierung des politisch Kritisierten. Sie nannte sich nicht von ungefähr »anti-autoritär«. Sie kritisierte damit die nicht bearbeitete deutsche Vergangenheit zugleich mit der USA-bezogenen Neu-Orientierung der BRD. Man erinnere sich an die – vor allem in Berlin – nahezu hysterischen Reaktionen auf die Kritik an der Vietnam-Politik der USA und ihrer Unterstützung durch die BRD.

Es ist wohl keine Nostalgie, wenn ich sage, daß hier eine Chance vertan wurde. Das »anti-autoritär« signalisierte eine wirkliche Aufkündigung der Gefühlsgemeinschaft mit der voraufgegangenen Generation, aber herausgekommen ist – wiederum nicht in jedem Fall, aber doch aufs Ganze gesehen – das Gegenteil: Camouflage und Rollenspiel. Denn es wurde letztlich nicht wirklich der Mentalitätskonsens in Frage gestellt, sondern nur die jeweils »andere Seite« der Ambivalenz thematisiert. Die »Linke« blieb den Inhalten des sozialen Unbewußten der BRD verhaftet, und zwar als abhängige Variable.

Die offizielle BRD war pro-, die Linke anti-amerikanisch; die Linke klagte die unterbliebene Aufarbeitung des Nationalsozialismus ein und forderte damit zumindest symbolisch die unterbliebene Bestrafung – mit beidem schien sie sich gegen die Mentalitätsgrundlage der offiziellen BRD zu richten, tatsächlich aber unterblieb dieser Angriff, man blieb in das Schema der Ambivalenz gebannt. Dasselbe wiederholte sich im Falle Israel. Israel war für die BRD stets gleichfalls ein hochambivalent besetztes Politikum. Einerseits fortlebende Anklage – andererseits Gelegenheit, sich wiedergutzumachen. Bekanntlich hat es lange gedauert, bis die BRD Israel diplomatisch anerkannt hat. Dann, und vor allem nach dem Sechstagekrieg, der es den Mehrheitsdeutschen noch einmal erlaubte, ihre Liebe zu Panzerschlachten in der Wüste am TV-Schirm auszuleben, war es klar, auf welche »Seite« der Ambivalenz die offizielle BRD setzte, und – prompt, ist man versucht zu sagen – wurde die Mehrheit der Linken anti-israelisch.

Wie sehr bei aller nur zu berechtigten Kritik an der Barbarei des Vietnamkrieges, bei aller auch berechtigten Kritik an der Politik Israels sowohl die anti-amerikanische wie die anti-israelische Haltung bewußtlos war, zeigt die Popularität von Parolen wie »USA-SA-SS«, »Begin ist / ein Mörder und Faschist«. Besonders Israel wurde, auch von Linken, deren theoretische Ausstattung das eigentlich nicht hätte zulassen dürfen, überaus gerne als faschistisches Land bezeichnet. Man kann so sagen: Trotz des Tabus »Thou shalt not compare!«, mit dem die offiziellen Relativierungen des Nationalsozialismus abgewiesen wurden, tat »die Linke« sehr fleißig genau das: überall »den Faschismus« entdecken, besonders gern in den USA und in Israel. All das sind Indizien dafür, daß der Gefühlskonsens mit der älteren Generation und der offiziellen BRD seitens der Neuen Linken nicht aufgekündigt wurde, wiewohl natürlich »innerhalb« seiner sich die furchtbarsten Auseinandersetzungen abspielen konnten. Und zwar gerade darum: Ist der Konsens einmal wirklich aufgekündigt, ergeben sich auch Gleichgültigkeiten. Innerhalb einer Ambivalenz aber geht's zu. Was Wunder, wenn nur eigenes im Spiele ist, ist das Engagement besonders groß.

Die Popularität von Faschismustheorien rein marxistischer Provenienz, d.h. solcher, die *alle* deutschen Verbrechen aus dem Klassenkampftheorem erklären wollten, zeigt, daß hier ein politischer Konflikt *inszeniert* wurde. Man spielte bis in die Germanistik hinein und ihre ganz trostlose Freude, etwa die Debatten der »Linkskurve« nachzulesen, das Spiel »links vs. rechts *vor* 1933«. Die – von seiten der Mentalität her gesprochen – wesentliche Aufgabe der Inszenierung war, *gemeinsam* mit denen, die, nicht ganz zu Unrecht, sowas als anachronistisch bezeichneten, sich einem Problem *nicht* zu stellen: den zivilen Massenmorden der Deutschen zwischen 1933 und 1945. Die offizielle BRD hatte, entgegen dem allgemeinen Sprachgebrauch, die NS-Verbrechen nicht *verdrängt*, was auf eine, wenn auch unzureichende, so doch vorhandene moralische Auseinandersetzung hätte schließen lassen, sondern verleugnet bzw. in jener Aura der Unwirklichkeit stehenlassen, die sich notwendigerweise aus dem Widerspruch zwischen ideologischer Ächtung und praktischer Nicht-Ahndung gebildet hatte. Die »Linke« wählte sich einen »Faschismusbegriff«, in dem der Massenmord an den europäischen Juden so etwas wie ein regionalspezifisches Beiwerk gewesen ist. Als grotesker Ausgleich wurde der Begriff »Völkermord« inflationiert.[4]

Warum wurde das nicht durchschaut? In erster Linie wegen eines »objektiven« politischen Umstandes. Durch die Lage der BRD und dadurch, daß ihre offiziellen politischen Optionen durch das Milieu des »Kalten Krieges«

---

[4] So habe ich erlebt, daß ein Teilnehmer an einer Tagung über Antisemitismus ganz wie selbstverständlich sagte, das Noriega-Kidnapping in Panama (das, es ist unbestritten, Leben, und auch sogenannte »unschuldige«, gekostet hat) sei »ganz klar Völkermord« gewesen.

bestimmt waren, wurde sehr leicht jede politische Auseinandersetzung mit Hilfe des Schemas »Ost-West-Konflikt«
gedeutet. Das begann mit dem »Geh doch nach drüben!«
(einer Aufforderung, der merkwürdigerweise nur ein Teil
der RAF gefolgt ist) und endete mit dem oberflächlich betrachtet rätselhaften Schock, den »die Linke« in der BRD
durch den Kollaps der nominalsozialistischen Regime
westlich der UdSSR erhielt. Politische Konflikte, die dem
klassischen Schema links-rechts folgten, wurden auf das
Schema Ost-West, mit dem sie oft gar nichts zu tun hatten,
übertragen; diese weltpolitische Vergrößerung *und* die Anstrengung, sie durch das Mittel zeitlicher Verschiebung als
unsinnig abzuweisen, verhinderte, ihre Binnendimension
zureichend wahrzunehmen.

Die Jahre 1989/90 haben die Realitätskulisse für das beschriebene Rollenspiel entscheidend geändert. Der »Kalte
Krieg« scheint beendet zu sein; der »Ost-Block« hat sich
aufgelöst, Deutschland ist neu-vereinigt. Die »Nachkriegszeit« ist beendet, die vergrößerte BRD weltöffentlich in die
Souveranität entlassen – *faktisch* ist ein Friedensvertrag
geschlossen worden. Die Strafe ist endgültig nicht vollzogen; die Substitut-Strafe der »Tilgung« und der »Besetzung« des halben Landes durch »die Russen« wurde beendet. Die USA waren aus ihrer Rolle entlassen, Objekt der
Furcht und der Dankbarkeit zu sein; der SU wurden plötzlich Sympathien entgegengebracht, und Spenden flossen
nach St. Petersburg. Und dann »passierte« der zweite Golfkrieg, und es ereigneten sich die mannigfaltigen Formen
der Verwirrung und des aufgeregten Unsinns innerhalb
»der Linken« bis hinunter zum bloß zahlenden Mitglied
der GEW. Es war aber die bundesrepublikanische Rechte,
und zwar in ihrer unverstellt pro-nationalsozialistischen
Ausprägung, die das Symbolangebot, das der zweite Golfkrieg machte, beim Namen nannte. »Der Irak sind wir«,
war der Nenner, auf den sich alles bringen ließ, die verlorene Provinz, die Einheitspartei, der Führer, die Front der

Alliierten. Aber diese Irak-Identifikationen blieben nicht auf die Rechte beschränkt, sondern gewannen in Form von Angst, durch Kriegshandlungen am persischen Golf in Hamburg, Dresden oder Krefeld zu Schaden zu kommen, Raum. Die Linke – jedenfalls soweit wir sie gekannt haben, seit sie als »Neue Linke« auftrat – hat das Überangebot an Symbolik nicht überlebt. Ihr Ende gab sie bekannt in der Fülle des Niedergeschriebenen und lauthals sowie stumm und kitschig Bekannten, vor allem aber in der Unfähigkeit, zu verstehen, daß nicht der Streit der Grundsätze, sondern die Schwierigkeiten, sie auf die Situation anzuwenden, das eigentliche Problem hätte sein müssen.

Aber nicht nur ihre Unfähigkeit zu urteilen wurde offenbar, sondern auch, daß ihre Rolle obsolet geworden war. Sie war es bereits seit der »Wiedervereinigung« gewesen. Für die Rolle der »anderen Seite der Ambivalenz« war keine Besetzung mehr nötig, weil die Ambivalenz produzierende Ausgangsbedingung sich geändert hatte. Da »die Linke« zwar keine politische Identität und keine psychische Eigenständigkeit hatte produzieren können, führte das Symbolangebot des zweiten Golfkrieges dazu, anstelle eines Versuches, Urteilskraft – the proof of the pudding – zu beweisen, auf Maximen zu beharren. Man war/blieb also entweder anti-USA und anti-Israel – um den Preis, sich mit einem Symboldeutschland in der Wüste zu identifizieren, was bekanntlich sehr weitgehend gelang, bis zu offen antisemitischen Äußerungen und dem »Stolz darauf, Deutsche zu sein« – oder gelangte dahin, so irgendwie im großen und ganzen den ersten Nord-Süd-Krieg gutzuheißen.

Warum wurde das Symbolangebot angenommen? Ich denke, daß die Antwort ganz unmittelbar auf die mentale Ausgangslage der BRD zurückführt: die unterbliebene Bestrafung, die, ich wiederhole mich, nur als solche psychisch wahrgenommen worden war, weil es Teil des offiziellen Selbstverständnisses geworden ist, die NS-Verbrechen als vor fast allen anderen bestrafenswürdig anzusehen, und es gleichermaßen öffentliches und offizielles Selbstverständnis ist, daß es gut und rechtens sei, diese Verbrechen nicht wirklich zu ahnden. Von sehr vielen Deutschen, quer durch die politischen Gruppierungen, wurde die Bombardierung Bagdads mit der von Dresden oder Berlin gleichgesetzt (in beiden Fällen waren es, geschichtswidrig, die »Amis«), nur auf seiten der extremen Rechten und auf seiten eines Teils »der Linken« wurde aufgrund dieser Parallele die Kriegspolitik der Alliierten kritisiert. Die bis in Buchtitel hinein sich exhibitionierende Irrealangst (›Ich will sprechen von der Angst meines Herzens‹, Luchterhand) bekannte es ein: Jetzt ist's passiert, jetzt trifft's uns! Die offizielle BRD mußte so nicht mehr reagieren (oder allenfalls in abgeschwächter Form), und wer auf seiten »der Linken« warum auch immer so nicht reagieren wollte, sah sich in unangenehme Nähe zu offiziellen Positionen gerückt. Die offizielle BRD hatte nach der »Wiedervereinigung« die Rechnung als beglichen, die Strafe als verbüßt angesehen. Die Modalitäten der Auflösung der Nachkriegssituation erlaubten es der offiziellen BRD, die von ihr besetzte »eine Seite der Ambivalenz« in eine vorläufige politische Normalität, zu der auch ein gewisses Maß an Uneindeutigkeit gehört, zu überführen. Die Linke blieb mit ihrer »anderen Seite« allein und wurde durch das symbolische Überangebot »Golfkrieg« mental überfordert. Ihr Code funktioniert nicht mehr, und da sie – insgesamt, von einzelnen spreche ich hier nicht – wohl mehr nicht war als dieser Code, gibt es sie nun auch nicht mehr. Um einen Verlust handelt es sich nicht. Ob – und für wen – ihr Verlust einen Gewinn darstellt, ist eine ganz andere Frage.

»Ära räki!«
oder Wie so etwas zustande kommt, da
kann man nicht dabeisitzen

>»Du mußt jetzt keinen Streuselkuchen es-
sen‹, sagte die Mutter und schob den Kuchen-
teller fast unmerklich näher. ›Du hast schon
als Kind lieber Salziges gegessen. Leider habe
ich heute früh keine Seelen mehr bekommen.‹ / ›Ich will aber Streuselkuchen essen‹,
erwiderte der Sohn heftig. ›Niemand ißt zum
Nachmittagskaffee Seelen.‹ / ›Du hast das
aber früher getan‹, versetzte die Mutter
lächelnd. / Der Sohn biß verbittert in den Kuchen.«   Robert Gernhardt

Daß Autoren, die zunächst gefallen haben, später mißfallen, kommt vor, und es muß, auch wenn das eine wie das
andere recht unisono erfolgt, nicht an den Autoren liegen, nicht einmal an wirklicher Einmütigkeit der Rezensenten, es kann sich um ein reines Konjunkturerfordernis
handeln, daß nun eben ein wenig gestürzt sein müsse, wo
einst erhoben worden war. Robert Gernhardts Erzählungsband ›Kippfigur‹ ist gelobt worden; Robert Gernhardts Erzählungsband ›Lug und Trug‹ ist nicht gelobt
worden, im Gegenteil. Die Titel der Rezensionen: »Bauchlandung mit abgelegten Witzen« / »Des fliegenden Robert
Bauchlandung« / »Leid des Feuilletonisten« / Lustlose
Lügen« / »Große Hose« (Untertitel: »Animierende Kurz-
weil«) / »Nichts zu lachen« (Untertitel: »Robert Gernhardt vergißt sich«) / »Lug und Trug« (Kopfzeile: »Der Erzähler auf der Mittelstrecke – ratlos«).

In den so betitelen Besprechungen wurde bedauert, daß
der Autor Gernhardt an Witz verloren habe, sich wiederhole und ähnliches. Als beispielhaft möge die Rezension
von Andreas Isenschmid in der ›Zeit‹ (Nr. 41/91) gelten,

die mit »Was kann Gernhardt eigentlich nicht?« beginnt, um dann nach Zeilen voll des Lobes über die Vielseitigkeit und Qualität seines früheren Œuvres fortzufahren, nun könne er sogar den Leser langweilen: »Ich las, alles war wieder da, der schlanke Anschlag, gleich bei der Sache, ich war entzückt, ich zuckte leise zusammen, ›der auch‹ (es ging um Mutter und Sohn), ich grinste, las laut vor (es ging um Mann und Freundin), ich sagte ›genau‹, ich staunte und lächelte, ich nickte und stutzte. Ich legte die Stirn in Falten, ich konsultierte Freunde und kratzte mich am Kopf, ja war denn das die Möglichkeit, ich rieb mir die Augen, ich las (und las wieder), ich ächzte, las weiter und stöhnte und las nochmals, aber kein Zweifel war möglich, es blieb dabei, Gernhardt hatte geschafft, was ihm noch nie geglückt war, er hatte mich gelangweilt.«

Eigentlich ein bemerkenswerter Gefühlsaufwand, der da geschildert wird, um endlich zu sagen: wie langweilig! Kann das stimmen? Wird einer, der sich, wenn auch wider Erwarten, langweilt, stutzen, wenn er sich langweilt? Wird er die Stirne runzeln, Freunde konsultieren wie Ärzte, weil er doch so schrecklich somatisiert mit Augenreiben, Kopfkratzen, Ächzen, Stöhnen, und lesen, wieder lesen und wieder? »Woran liegt's?« fragt der Rezensent und antwortet: »Nicht an den Anfängen. Gernhardt ist ein Meister der Eröffnung. Wie er die Mutter-Sohn-Verklemmtheit samt Familienfest-Atmosphäre inszeniert ... – da ist kein Wurm nicht drin.« Wo ist, nach dieser Negation, der Wurm drin? »Es ist, als traute sich Gernhardt, weil ja nun ernsthaft erzählt werden muß, witzmäßig nicht mehr richtig hinzufassen. Nur werden wir dafür leider erzählerisch nicht entschädigt.« Bemerkenswert. Der Rezensent sagt, daß er nichts zu lachen gehabt habe bei der Lektüre, und stellt Entschädigungsansprüche. Dazwischen wieder der saloppe, irgendwie »szenige« Ton: »witzmäßig«. »Witzmäßig hinzulangen« wäre korrekter Slang, der Rezensent sagt unangenehm-unmetaphorisch: »hinzufassen«. Fühlt er sich berührt, als er nichts mehr zu lachen hatte, und will er dafür eine Entschädigung?

So beschreibt der Rezensent, wie die Geschichte mit dem Sohn und der Mutter weitergeht: »Der Sohn muß, weil arbeitslos, einen Porno übersetzen, aus dem uns Gernhardt dann liebevoll hochgepäppelte, nicht enden wollende Kostproben vorsetzt. (Wohingegen er in der Schilderung des psychologischen Zwielichts zwischen Mutter und Sohn etwas faul war. Wann merkt die Mutter, daß der Sohn von seiner Frau verlassen wird und an einer Pornoübersetzung statt einem Roman schreibt? Man kann da die Spuren raffinierter auslegen, als der Autor es tut.)« Nun ja – wenn denn wirklich das der Plot der Geschichte wäre, dann würde ich mir auch vor allem Witz wünschen. Nur hat der Rezensent, der immerhin auf einigen Zeilen uns eine Beschreibung seiner allergischen Reaktionen schenkt, in Wahrheit einfach unterschlagen, worum es in der ersten der drei Geschichten – jener, die ihn zucken machte – eigentlich geht.

Mir geht es auch um diese Geschichte. Einmal, weil es eine ausgezeichnete, durchaus »exemplarische« Geschichte ist (im normalen wie im literaturgeschichtlichen Sinne), und weil, zweitens, an ihr – weil sie so exemplarisch ist – die Bereitschaft der anderen Rezensenten, auch nur ihren Inhalt in groben Worten anzugeben, verschwindet. Gernhardts Geschichte beweist ihre Qualität nicht nur in sich selbst, sondern gleichzeitig in den Wirkungen, die sie bei ihren Rezensenten hervorruft: Zucken, Jucken, Stöhnen, Ächzen und vor allem: Verschweigen des Inhalts der Erzählung.

»In der ersten Geschichte belügt ein Sohn seine Mutter. Das kann nicht klappen … Sohn, der einen Pornoschinken übersetzt und einen Roman zu schreiben vorgibt …« (Hubert Spiegel, ›taz‹, 16. 11. 91); »dem Sohn ist in ›Tübingen oder Belegte Seelen‹ die Liebe abhanden gekommen, die Freundin hat ihn für die Zeit ihres Exodus aus der gemeinsamen Wohnung vertrieben. Davon – und vom momentanen Broterwerb als Übersetzer von Porno-Schund darf die Über-Mutter nichts wissen. Weiß sie aber doch. Ein quälerisches Wechselspiel beginnt – von Blicken und Andeutungen, Interpretationen und Finten« (Rainer Finne, ›Deutsches Allgemeines Sonntagsblatt‹, 6.12.91); »ein Sohn täuscht seine Mutter, indem er vorgibt, an einem baltischen Familienroman zu schreiben; in Wirklichkeit übersetzt er Pornos« (Rüdiger Görner, ›FAZ‹, 23. 10. 91); »zum Beispiel der angeblich schriftstellernde Herr aus der Erzählung ›Tübingen oder Belegte Seelen‹. Der flunkert seiner Mutter vor, er würde an einem Roman arbeiten, während er tatsächlich und um Geld zu verdienen inzestuösen Pornoschrott aus dem Amerikanischen übersetzt. Dazu gibt es eine kaputte Beziehungskiste, Kindheits-Erinnerungen (autobiographisch?) und eine ironisch reflektierte Portion hausgemachter (Selbst-)Erkenntnisphilosophie« (Michael Becker, ›Nürnberger Nachrichten‹, 23./24. 11.91); »in der Erzählung ›Tübingen oder Belegte Seelen‹ geht es nur sehr am Rande um Kulinarisches im Sinne des regional beliebten Salzgebäcks, welches der Titel antäuscht. Gernhardt berichtet statt dessen gleichsam mit belegter Stimme von den Seelenqualen eines Übersetzers von pornographischen Heftchenromanen, der Ferien bei seiner Mutter verbringt und während ihrer Bemühungen, ihn mit traditioneller Kost zu mästen, so tut, als ob er an einem Roman über seine Kindheit in Posen arbeite« (Widmar Puhl, ›Welt‹, 11.1.92); »berichtet wird von einem Mann, der ›Sohn‹ heißt und in Tübingen lebt, heimkehrt zu seiner Mutter, weil er sie wohl länger nicht gesehen hat, und vorgibt, an einem Roman zu arbeiten, der seine Kindheitsgeschichte mit der Flucht aus dem Baltikum und seine Mutterbeziehung aufarbeiten soll. Es handelt sich bei dem Manuskript, das er mit sich schleppt, sich immer wieder vornimmt, in dem er vom Morgen bis in den Abend herumliest und an dem er offensichtlich fleißig arbeitet, um eine anrüchige

Lohnarbeit: die Übersetzung eines Pornos aus dem Englischen, was reichlich Gelegenheit gibt, aus diesem Werk zu zitieren ... Kommt hinzu, daß der Sohn gerade in Scheidung lebt – und auch dieses vor der Mutter zu verbergen sucht« (Karl Riha, ›Frankfurter Rundschau‹, 7. 12. 91); »die verkrachte Existenz eines brotlos gewordenen Redakteurs, der sich mangels besserer Ideen mit der Übersetzung amerikanischer Porno-Romane verdingt, seiner Mutter jedoch vorlügt, er arbeite derzeit an einem großen Familienroman« (Martin Jahrfeld, ›Kreiszeitung Oldenburg‹, 21./22. 12. 91); »der beruflich gescheiterte Sohn, der für einige Tage zu seiner stolzen Mutter heimkehrt, die ihn bei der Arbeit an einem Roman vermutet, während er an der Übersetzung einer Pornoschwarte arbeitet, weicht bei seinen Selbstgesprächen schließlich auch in die Handlungsebene seines Pornos aus unter Vorspiegelung von Übersetzungsproblemen natürlich, um den peinlichen Umstand zu kaschieren, daß er den stillen familienpolitischen Zumutungen der Mutter kaum gewachsen ist. Also erlebt er die Zeit des Besuchs bei ihr gleichsam auf zwei Ebenen: einmal als umsorgter und fügsamer Sohn, zum anderen als erotischer Anarchist, der es – zufällig – mit der Perversion familiärer Verhältnisse zu tun hat. Daß letztere seine Selbstgespräche ausfüllen, die Gegenwelt bilden gegen die aus Respekt eher schweigsame Beharrlichkeit der Mutter, ist dann wohl nicht zufällig. Das freilich läßt Gernhardt auf sich beruhen, denn wie so etwas zustande kommt, da kann man nicht dabeisitzen« (Jürgen Busche, ›Süddeutsche Zeitung‹, 12./13. 10. 91).

Kann man auch nicht verstehen, sowas. Also das mit der Mutter und dem Porno und der Lüge und der Trennung und dem Roman, das haben wir irgendwie begriffen, das mit der Perversion nicht so ganz. Außerdem waren da noch ein paar verlorene Zusatzinformationen: Der erlogene Roman sei ein Familienroman sive großer Familienroman, er behandle Kindheitserinnerungen (autobiographisch?), er handle von der Kindheit des Nicht-Verfassers in Posen, sei eine Kindheitsgeschichte mit Flucht aus dem Baltikum zur Aufarbeitung der Mutterbeziehung. Und »heimgekehrt« sei der Sohn. Dabei macht er in der Geschichte nur eine Art Wochenendurlaub.

Soweit die bundesdeutschen Rezensionen. In Wien las man es schon etwas anders: »In der ersten Geschichte möchte der Sohn von der Mutter endlich die Wahrheit über seine Kindheit während der Kriegsjahre in Posen wissen. Er schreibe an einem baltischen Familien- und Enthüllungsroman. ... In Wahrheit übersetzt er« – usw. (Franz Loquai, ›Die Furche‹, 9.4.92). Die Wiener ›Furche‹ hat immerhin das Zeug dazu gehabt, den Klappentext des Buches abzuschreiben: »Der Sohn möchte von seiner Mutter endlich die Wahrheit wissen über seine Kindheit während der Kriegsjahre in Posen. Er schreibe einen baltischen Familienroman. Woran er wirklich sitzt, ist die Übersetzung eines amerikanischen Pornos fürs Portemonnaie« – Klappentext, wie gesagt. Die ›Basler Zeitung‹ hat es so: »Nur in ›Tübingen oder Belegte Seelen‹ – einem Vorgriff auf seine Biographie? – präsentiert sich Gernhardt auf der Höhe seines zweideutigen Humors und seiner Erzählkunst. Der Pfingstbesuch bei Muttern konfrontiert den Sohn auf doppelte Weise mit seiner Familiengeschichte. Eigentlich wollte er ja nur auf dem Land eine einigermaßen peinliche Auftragsarbeit – die Übersetzung des Inzest-Pornos ›Horny Girls‹ – zu Ende bringen; aber dann setzen ihm Mama und Anverwandte derart mit ihrer fürsorglichen Belagerung zu, daß er eine verhängnisvolle Notlüge erfindet: Er schreibe gerade am Roman der Familie. Der Arbeitstitel des ostdeutschen ›Vergangenheitsbewältigungsromans‹ läßt schwäbische Tanten, Kusinen und Mutter nichts Gutes ahnen; sie helfen der Phantasie des Sohns mit subtilen Drohungen, Erinnerungskorrekturen und tyrannischer Liebe auf die Sprünge, bis das gefährliche Buch-Phantom selber eine ganz neue Familiengeschichte zeugt.« Zeugt?

Wie dem auch sei. Der Wiener ›Standard‹ (22.11.91): »…um an der Übersetzung eines pornographischen Buches mit dem Titel ›Horny Girls‹ zu arbeiten. Von der Mutter befragt, gibt er an, einen Roman über seine Kindheit schreiben zu wollen. Eine Familiengeschichte mithin, die den Titel ›Die Menschenfresser‹ tragen solle. Das ruft schließlich nicht nur die Mutter vom Typ Immer-nur-das-Beste-gewollt auf den Plan, sondern auch die gesamte Verwandtschaft, die zu rätseln beginnt, wer mit ›Die Menschenfresser‹ gemeint sein könnte. Etwa die Polen, in deren Wohnung man im Zweiten Weltkrieg in Posen einquartiert war? Oder die Familie selbst? Im Diskurs zu dieser Geschichte brechen schließlich alle Verlogenheiten der Familiengeschichte auf, die auch deutsche Geschichte ist. Schließlich nennt Gernhardt seine Erzählungen ›exemplarische‹ Erzählungen.« Es ist schon noch ein bißchen komplizierter mit dem Lug und Trug, als es mit dem Diskurs zu sein pflegt, aber hier hat der Rezensent doch wenigstens vermocht, »das Thema« der Geschichte zu benennen.

Man lasse die Zitate noch einmal Revue passieren. Von zwölf Rezensionen ist es allein dreien, und zwar solchen, die im Erstdruck nicht in der Bundesrepublik Deutschland erschienen sind, gelungen, zu sagen, daß Gernhardts »exemplarische Geschichte« vor allem von dem handelt, was die Wortmünze von der »jüngsten deutschen Vergangenheit« nicht kaufen kann. Die andern haben alle den Teil der Geschichte hererzählt, in dem es um den verschwiegenen Porno (die »Schwarte«, den »Schinken«) geht, die Mutter gewürdigt (»der auch«!), vielleicht von der »kaputten Zweierkiste« was mitzuteilen gewußt. Dann sind sie verstummt, d.h. haben geschwiegen, die Krätze bekommen oder das Gerede von der »Perversion familiärer Verhältnisse« und irgendwelchem »Ebenenwechsel« angestimmt.

Die Geschichte beginnt so: *Der Sohn sah hoch, da er den Blick der Mutter auf sich ruhen fühlte. Einen Lidschlag lang schauten die beiden einander an, dann hatte die Mutter ihre Augen bereits wieder auf ihr Strickzeug gesenkt. »Du willst keinen Kaffee«, sagte sie,* aber der Sohn kannte die Mutter gut genug, um ihren Satz als Frage zu begreifen. *Er erwog, sie wegen ihrer Ausdrucksweise zur Rede zu stellen, dann aber ging er wieder einmal – zum wievielten Mal? – den Weg des geringsten Widerstandes: »Doch, ich hätte gerne einen Kaffee.«* [*]

Kein Wunder, daß es den Rezensenten schaudert, und wir schaudern gerne mit ihm. Aber hätte Gernhardt uns nur Szenen jener alltäglichen Entwürdigung gezeigt, die darin besteht, daß sich Erwachsene immer noch wie Söhne benehmen, dann hätte man sich gefragt, ob die Idee, den Sohn heimlich ums liebe Bare einen Porno übersetzen zu lassen, während er von einem Roman, an dem er arbeite, flunkert, nicht ein wenig bemüht sei und vor allem unnötig, bringt doch der ganz normale Umgang von Müttern, die weiter nichts sind als Mütter, und sohngebliebenen Söhnen genug Grauenhaftes und Komisches mit sich. Aber der Sohn übersetzt nicht nur einen Porno, sondern er tut das auch mit unzureichenden Mitteln: ›Cassell's New German Dictionary‹ (vor dem mit Recht gewarnt werden kann). Das Lexikon enthält eine Reihe von Wörtern nicht, ohne die man nun mal keinen Porno übersetzen kann, zumal bei der Übersetzung sowohl Eindeutigkeit und Drastik als auch eine gewisse Fülle an Synonymen gefragt ist. Der Sohn läßt darum Leerstellen, und das sieht so aus: *Wallace gab ihrem   eine fachmännische Behandlung, doch Jody wollte mehr. Sie wollte seine Finger in ihrem   , seinen harten, dicken   . »   meinen   !« seufzte sie. Sie entzog Wallace zart ihren   und spreizte die   auseinander. »Siehst du, Daddy? Siehst du das kleine   ? Es will deinen   spüren.   meine   !«*

[*] Alle kursiven Passagen sind Zitate aus: Robert Gernhardt, Lug und Trug. Drei exemplarische Erzählungen, Zürich 1991.

Im übrigen ist die Mutter diplomierte Übersetzerin aus dem Englischen.

Diese Auslassungen des »Eigentlichen«, dessen, »worum es geht«, kennzeichnen das Verhältnis von Sohn und Mutter. Eine längst fällige Aussprache – was ihr Gegenstand sein soll, wird gar nicht erst gesagt, es handelt sich um die Aussprache, die immer fällig ist und nie stattfindet – findet nicht statt. Früher war er zu jung, jetzt ist sie zu alt. Seine Erinnerungen an die eigene Kindheit kommen gegen den Anekdotenschatz der Mutter nicht an. Den Grund seines Aufenthaltes – er hat sich von seiner bisherigen Lebensgefährtin getrennt bzw. sie sich von ihm, und er möchte nicht dabei sein, wenn sie mit seinem Nachfolger die bisher gemeinsame Wohnung leerräumt – verschweigt er. Seinen Job bei einer Zeitung hat er verloren und verdient sich Geld wie angegeben. Daß er gekündigt habe, um einen Roman zu schreiben, sagt er. *»Ich bin froh, daß du wieder schreibst«, sagte die Mutter, während sie ihr Strickzeug aufnahm (…) »Es gehört bestimmt Mut dazu, eine solche sichere Existenz aufzugeben. Aber du hast schon immer deinen eigenen Kopf gehabt. Worum geht es denn in deinem Roman?« Der Sohn machte eine vage Handbewegung.*

Die Frage wird ihm noch mal gestellt. Die Mutter hat vor der ebenfalls zu Besuch in Tübingen weilenden Kusine und deren Tochter vom Roman gesprochen, und die sind neugierig. *»Sei so gut, Poiken, und gewähre uns einen Einblick in deinen Schaffensprozeß«, bat Gudrun und unterstrich die derbe Ironie ihrer Worte durch ein noch derberes Lachen. Um so ernster schaute die Mutter von der Belustigten zum Sohn, als wolle sie ihn zu vergleichbarer Ernsthaftigkeit anspornen. ›Bring sie zum Schweigen‹, las der Sohn aus ihrem Blick, ›beweise, daß du wirklich ein Schriftsteller bist!‹ So kam viel zusammen, doch war es wohl vor allem der Spitzname seiner Kindheit, »Poiken«, der den Sohn dazu veranlaßte, sich als ernstzunehmender, erwachsener Mann des Wortes beweisen zu wollen. (…) »Irgendwie kommt ihr, kommen wir alle in meinem*

Roman vor, ich meine, wir Balten«, sagte er aufs Geratewohl, da er lauter Balten um sich wußte. »Im Mittelpunkt steht die Geschichte eines Heranwachsenden, der im Bewußtsein der Überlegenheit seiner Herkunft erzogen wird und der erkennen muß, daß ... na ja ...« – er bricht ab, denn ihm fällt weiter nichts ein. *Der Sohn versuchte seinen vagen Worten durch entschiedene Handbewegungen mehr Eindringlichkeit zu verleihen, doch hätte er wohl von seinen Flunkereien abgelassen, wäre ihm die Kusine nicht mit grobem, baltisch breit dahinrollendem Geschütz in die Parade gefahren: »Aber Poiken! Du schreibst doch hoffentlich keinen Vergangenheitsbewältigungsroman?!«*

Es ist also bloßer Zufall, daß das Thema »Vergangenheit« zur Sprache kommt – aber dieses Thema ist das eigentliche der Erzählung. Genauer: sie ist eine Studie über die vielen kleinen Zufälle, ihr Arrangement, ihre Schichtung, die jenes Zwangssystem ausmachen, das wir »unser Leben« zu nennen uns angewöhnt haben. So wie der Spitzname den Sohn dazu bringt, die »gemeinsame Vergangenheit« als Romanthema auszugeben, so hat ebendiese gemeinsame Vergangenheit, wiewohl unisono verschwiegen, alles Erinnern bereits zuvor determiniert, wie die ausgelassenen Wörter im Porno allein »den Sinn des Ganzen« deutlich machen. Der Porno selbst zum Beispiel, eine derbe Inzestgeschichte, bringt den Sohn dazu, in der Erinnerung nach ödipalen Gefühlen zu suchen, und er landet beim Kriegstod des Vaters. Wenn der Sohn darüber nachdenkt, welches der vielen möglichen Wörter er wohl für »cock« einsetzen soll, fällt ihm der kindische Name ein, mit dem die Mutter früher sein Genital zu bezeichnen pflegte, ihm fallen die rutschenden, weil von der Mutter zuvor sorglich aufgeknöpften Hosen auf dem Weg zum Klo ein, vorbei an der Küche, in der die polnische Köchin werkte, und die diffuse Scham des hilflos Blicken Ausgesetzten. Kinderängste zudem, Ängste vor einem verrufenen Haus, in dem »Menschenfresser« hausten. *»Kannst du*

dich noch an die Menschenfresser erinnern?« fragte er die Mut-
ter, die ihr Strickzeug sinken ließ. »Welche Menschenfresser?«
»Die in Posen.« »In Posen gab's doch keine Menschenfres-
ser!« »Und warum hatte ich dann Angst vor ihnen?« »Du?« Ja
ich, dachte der Sohn gekränkt. (…) »Du hast schon als Kind
gerne nachgedacht. Immer bist du mit neuen Fragen gekommen.
Einmal hast du gefragt, wo der Speerbär wohnt und ob ein Bär
überhaupt mit einem Speer kämpfen kann.« Der Sohn, der die
Geschichte kannte, tat erstaunt. »Der Speerbär?« »So hast du
das Wort Sperber ausgesprochen.« Die Mutter lächelte, und der
Sohn lächelte zurück. (…) »Kommen auch Tiere in deinem Ro-
man vor?« fragte die Mutter.

Also Tiere weniger, aber was dann? Das *»doch hoffentlich
keinen Vergangenheitsbewältigungsroman?!«* der Kusine nötigt
dem Sohn ein *»Genau das!«* ab. Es folgt, was zu folgen
pflegt. Der Sohn macht Andeutungen, weil er über »die
Vergangenheit« natürlich auch nichts weiß, und die angesprochene Kusine wehrt sich gegen Vorwürfe, die explizit
gar nicht erhoben worden sind. Von baltischem Standes-
dünkel spricht der Sohn, von aus ihren Wohnungen vertriebenen Polen. *»Ganz zu schweigen von den Juden.«* *»Aber
wir Balten hatten doch nie etwas mit den Juden zu tun!«* Die
Kusine schaute regelrecht gekränkt in die Runde. *»Ihr? Im
Osten?«* fragte der Sohn gedehnt. Man geht dann essen. An-
geheitert verfällt die Kusine vom Baltischen ins Schwäbische: *»I bin ganz arg gespannt auf doi Vergangenheitsbewäl-
tigungsromänle.«* Auch die Mutter äußert sich vor dem
Schlafengehen: *»So ein Roman«, begann die Mutter, als sie
sich bereits gute Nacht gewünscht hatten und jeder sein Zimmer
aufsuchen wollte. »Ja?« »Ach nichts.« »Also dann nochmals
gute Nacht.« »Ja, schlaf gut.«*

Am nächsten Tag kommt eine Tante zu Besuch, die hat
es schon gehört und ist angetan. Ein Schriftsteller in der
Verwandtschaft, und er schreibt den Roman der Familie.
Wie Thomas Mann. Wie der Roman denn heiße? Der Sohn
muß nicht lange nachdenken. *»Die Menschenfresser«, log er.*

Das gefiel der Tante, schien aber die Mutter derart zu äng-
stigen, daß sie ungewohnt deutlich wurde: Hinterher sei man
immer klüger. Auch sei das keine Leistung, alles negativ zu
sehen (...) »Wir waren keine Menschenfresser, damals in Posen.
Wir haben die Polen immer anständig behandelt.« Da erst begriff der Sohn und eilte sich richtigzustellen. Menschenfresser –
das sei doch bloß eine Metapher!

Und er erzählt das bißchen, was er an Erinnerungen hat,
her: die kindlichen Ängste, die verlassenen Wohnungen,
aus denen die Polen vertrieben worden seien – *»Hat nicht*
Onkel Walter sogar etwas erzählt von aufgedeckten Kinderbet-
ten und zurückgelassenen Puppen?« – *»Die Wohnung, in die*
wir kamen, war leer«, sagte die Mutter hastig. Aber die Tante
fühlt sich durch den Titel des erlogenen Romanes anders
angesprochen. Sie widerspricht der Mutter: *»Nein, nein. Ihr*
hattet doch zwei Wohnungen in Posen, Erich und du. Über die
erste habt ihr euch doch damals auf Tuttis Geburtstag so be-
klagt. Im Haus war doch noch diese Frau mit dem stechenden
Blick, und der Besitzer, dieser feine, gebildete Herr, mußte ins
Souterrain seines eigenen Hauses umziehen. Danach erst be-
kamt ihr die Wohnung in der Göringstraße, und in eure erste
wurde dieser Rechtsanwalt reingesetzt, der Syndikus bei der
AEG war.« Je abwehrender die Mutter die Hände hob, desto si-
cherer wurde die Tante ihrer Sache: *»Ja, ich erinnere mich ge-*
nau! Den haben die Polen doch dann 45 an seiner – also eurer
früheren – Wohnungstür gekreuzigt. Menschenfresser! Ein
guter Titel!«

Die Tante schwelgt noch weiter in derartigen Erinnerungen an die mörderischen Polen, der Sohn verfällt in so
stumme wie aufgeregte Ratlosigkeit, und ihm gelingt, was
oft gelang, die Identifizierung mit den Opfern deutscher
Verbrechen über das Gefühl, selber ein Opfer zu sein, und
weiter geht es mit der Regression: *daß er eigentlich ganz an-*
dere mit diesem Wort meine, erwog der Sohn zu sagen, die Älte-
ren, die Erwachsenen, die Autoritäten. Auf keinen Fall aber die
Polen, die doch selber Opfer gewesen seien, Opfer wie er. Doch

die Tante macht weiter: »*Erzähl auch die Geschichte deines Bruders!*« *beendete sie eine längere Aufzählung polnischer Fahrlässigkeiten, Verfehlungen und Missetaten.* »*Erzähle, wie sie ihn fast umgebracht haben!*« Hier nun mag die Mutter nicht mehr: »*Ära räki!*« *sagte die Mutter so unverbindlich und unvermittelt, daß der Sohn unvorbereitet, ja ungläubig wahrnahm, wie diese Worte ihn und den Rest der Tafelrunde unversehens aus dem behaglich verschatteten Wohnzimmer an die kargen Orte und die harten Zeiten der ersten Nachkriegsjahre versetzten. Da hatte er das* »*Ära räki!*« *häufig gehört, zwei estnische Wörter, die Sprich nicht weiter! bedeuteten und besagten, daß es für die erwachsenen Gesprächspartner an der Zeit sei, der Kinder wegen die Sprache zu wechseln.*

Man spricht aber weiter. Über die polnische Köchin, an der der Kleine mit schleifenden Hosen vorbei mußte, zum Beispiel: (...) *da habe ein Mädchen noch von Glück sagen können, wenn es, anstatt für die Waffenproduktion zwangsverpflichtet zu werden, in einem deutschen Haushalt habe arbeiten dürfen.* »*Bei uns zum Beispiel?*« *fragte der Sohn.* »*Zum Beispiel bei uns*«, *antwortete die Mutter.* Ein polnisches Kindermädchen sei an Tuberkulose gestorben. »*Wie mordsgefährlich für den Jungen!*« *fiel die Tante ein.* »*Wie leicht hätte er sich anstecken können!*« Mordsgefährlich. Und die Sprecher zeigen auf einmal einen gewissen Hang zum Worte »Blut«. Natürlich hat die Lungenkranke Blut gespuckt, der Bruder war, nachdem er im Krankenhaus fast verhungert sei, nur durch eine *Mutterblutinfusion (*man beachte das dreifach unkende u!) zu retten gewesen, und die polnischen Dienstmädchen – wie alt seien die gewesen? Achtzehn und vierzehn? *Die Mutter überlegte kurz, dann nickte sie. Ja – beide blutjung!*

Den Abend verbringt der Sohn allein vor dem Fernsehapparat. Er gerät in eine Sendung, Genre »Wissenschaftsreport«. Man sieht anatomische Präparate. Das Telefon läutet, ein unangenehmer Anruf der Mutter seiner Ex-Lebensgefährtin, auch der muß irgendwas vorgelogen werden, aber auch sie lügt ihm was vor, wie sich später herausstellt, inzwischen geht der Film weiter, und da er nicht weiß, worum es geht, zerfällt der wie die Erinnerung in einzelne merkwürdige Bilder: *Zugleich schaute er auf die Fernsehbilder, erst geistesabwesend, dann immer teilnehmender, ohne doch lange Zeit zu wissen, woran er da eigentlich Anteil nahm. Farbige Sequenzen, die weitere Präparate zeigten, (...) waren durchsetzt von bewegten und stehenden Schwarzweißbildern, deren anheimelnd entrückte Aura fast das Grausige der Motive überstrahlte, die da gezeigt wurden: Wannen voll abgetrennter Arme und Beine, Köpfe gestapelt und immer wieder selbstbewußt in die Kamera blickende Autoritäten in weißem Kittel (...) Das lächelnde Gesicht rückte näher, doch als es sich bereits in nicht mehr deutbare Hell-Dunkel-Felder aufzulösen begann, fuhr die Kamera nach unten (...) Dann war da wieder eine Helligkeit, eine Kugel, die zum Kopf wurde, je weiter sich die Kamera entfernte und enthüllte, daß der Schmunzelnde hinter einem Leichnam stand, einem nackten Kind, dessen bleicher Körper sich kaum von der weißgekachelten Wand und der hellen reflektierenden Tür abhob (...) Was er bereits beim zerstreuten Dechiffrieren der sprachlosen Bildfolgen gedacht hatte, wurde rasch bestätigt – nicht um Ruhmesblätter, sondern um Leichen im Keller der Wissenschaft ging es in diesem Report, um Nazi-Opfer, über deren Reste deutsche Wissenschaftler immer noch verfügten. Als Organ- und Knochenpräparate wurden sie bis auf den heutigen Tag in deutschen Schulen, Universitäten und Museen aufbewahrt.*

Während er das sieht, phantasiert der Sohn sich weiter in die Rolle des Opfers unter Opfern hinein, *als der flackernde Film einer Hinrichtung ihm unmißverständlich den Unterschied zwischen ihm und denen da vor Augen führte: Die waren alle tot, und er lebte.* Der Sohn ißt dabei einen Teller Sahnebonbons leer, den ihm die fürsorgliche Mutter hingestellt hat. Auch möchte er den Titel seines Romanes nun in *Der Sohn des Menschenfressers* ändern, dann aber fällt ihm ein, daß ihn auch nichts berechtigt, sich eine so besonders kenntliche Stellung zu geben: *Warum dann nicht der Sohn von Himmler, dachte der Sohn, warum nicht gleich der von Hitler? Lag die Schuld seiner Eltern etwa darin, nicht schuldig genug geworden zu sein? Nun war die Scham vollständig, jetzt gabe es kein Halten mehr, hastig leerte der Sohn Teller und Flasche.* Eine Familienanekdote, in der ein futterneidisches Kind einer Tante, die viel Kuchen nimmt, zuzischt *»Fiß, fiß, bis du patzt«,* fällt ihm ein, und als er sich beim Zubettgehen vor dem Badezimmerspiegel wiederfindet, *regten sich noch einmal Widerstandsgeist und Überlebenswille, als er (…) sich prüfend in die ein wenig blutunterlaufenen Augen schaute: Ihn derart mit Speis und Trank vollzustopfen, wo sie es doch selber gewesen war, welche ihn in der schweren Zeit dazu abgerichtet hatte, rundweg alles zu essen, was auf den Tisch kam! Wer, wenn nicht sie, mußte wissen, daß er eher platzen würde, als einen Rest auf dem Teller zu lassen!*

Am nächsten Tag reist er ab. Die Mutter begleitet ihn auf den Bahnsteig. Erinnerungen an die Flucht in den Westen teilt sie ebenso nachsichtig mit, wie sie in letzter Minute ein Photo aus des Sohnes Kindheit überreicht. Auf der Fahrt wird der Sohn dann herausfinden, daß die Mutter ein Telephongespräch mit der die Wohnung räumenden Ex-Lebensgefährtin belauscht und seine Papiere durchstöbert hat, also rundum »Bescheid weiß«. – Der Schluß der Erzählung hat dann etwas aufs erste Lesen hin beinahe unpassend sowohl Dramatisches als auch Lebenshilfehaftes. Draußen gewittert es. *Und da, in einem leeren Zweiter-Klasse-Abteil der Bundesbahn, das sich mit mittlerer Geschwindigkeit durch eine Landschaft bewegte, der ihrerseits grell aufzuckender Lichtschein und ungestüme Böen den Anschein heftigster Bewegtheit gaben, überkam den Sohn eine Erkenntnis, die ihm blitzartig einleuchtete: Daß den Heranwachsenden die Forderung »Erkenne dich selbst« in Atem hielt, der Erwachsene jedoch dort seinen Anfang nahm, wo an die Stelle ichverfallenen Selbsterkenntnisstrebens das weltzugewandte Postulat »Erkenne die Lage« trat. Daß die Kinderfrage »Wer bin ich?« lediglich weiter Fragen nach sich zog – »Warum bin ich so?«, »Wer hat mich zu dem gemacht, was ich bin?« –, die Erwachsenenfrage aber »Was will ich?« lautete und zwingend Taten zur Folge hatte. Wie zum Beweis folgte grellem Aufleuchten und krachendem Donner prasselnder Regen, der die Scheibe erblinden ließ und das Abteil in gänzliche Finsternis tauchte. Noch ganz ergriffen schaltete der Sohn die Beleuchtung ein.* Er beschließt, den Porno nicht weiter zu übersetzen, sondern einen Roman zu schreiben. Den Titel *Die Menschenfresser* bringt er auch gleich zu Papier. Dann betritt eine junge Kanadierin das Zugabteil und der Sohn beschließt, mit ihr anzubändeln. Ende der Geschichte.

Vom Nachteil der Historie für das Leben? Und carpe diem? Hier empfiehlt es sich, auf Gernhardts Stil zu achten. Gernhardt erzählt seine Geschichte nicht, er berichtet. Nicht »trocken« im Assoziationssinne von »staubig« oder »unlebendig«, sondern »dry« wie ein Wodka-Martini, bei dem das Überflüssige, der Martini nämlich, weggelassen ist. Der Gefahr, das eine mit dem andern zu verwechseln, entgeht Gernhardt durch Präzision der Wortwahl wie der Komposition des Ganzen. Wenn eingangs, wie zitiert, Mutter und Sohn »einen Lidschlag lang« einander ansehen, hat Gernhardt das Wort »Augenblick« einerseits nur durch ein Synonym ersetzt. Andererseits wird durch den »gewählteren« Ausdruck die Distanz zum Berichteten größer, die Personen werden gleichsam mit bewaffnetem Auge angeschaut. Schließlich setzt mit dem offensichtlich Physischen des *Lidschlags* das Thema der niedergeschlagenen Augen, der heimlichen Beobachtung, des Wegsehens ein. Wie das Thema, immer auf das der verschwiegenen, verleugneten Vergangenheit hinspielend, durch die Erzählung hindurchgeführt wird, mit den anderen verbunden – das nun kann das Referat nur, wie bisher geschehen, andeuten. Es gelingt Gernhardt dabei, alles zu vermeiden, was nach Tragik aussieht. Die Geschichte bleibt alltäglich, in ihrer Alltäglichkeit banal bis an die Grenze des Erträglichen und in fataler Koexistenz mit ihrem eigentlichen Thema stets konsequent lächerlich. So zwanghaft sich auch Gernhardts Figuren in ihrem System von Schweigen, Assoziationen, wechselseitgen Abhängigkeiten bewegen, so scheut man sich doch, hier von Verkettungen, gar schicksalhaften, zu sprechen, oder von »Verstrickungen«, und nicht nur, weil gerade die immer gleich zur Schreibhand sind, wenn über die »jüngste Vergangenheit« Wörter gemacht werden sollen. Die Zwänge setzen sich in Zufällen durch, und Gernhardt schreibt so, daß man das nicht vergißt.

Um so mehr könnte der Schluß im Eisenbahnabteil verwundern. Ein Gewitter zur Illustrierung einer Erkenntnis zu verwenden ist ein derartig naives Stilmittel, zudem eines, das so gar nicht zum sonstigen Stil der Erzählung paßt, daß hier Naivität als letztes angenommen werden kann. Man muß allerdings genau lesen, und der Rezensent, der berufsmäßig zum Überfliegen von Texten angehalten ist, kann sich leicht blamieren. Von *grell aufzuckendem Lichtschein* ist da die Rede, und von einer Erkenntnis, die dem Sohn – na was?: *blitzartig einleuchtete.* Und wie geht es weiter?: *Wie zum Beweis folgte grellem Aufleuchten und krachendem Donner prasselnder Regen, und es wird finster. Noch ganz ergriffen schaltete der Sohn die Beleuchtung ein.* Theaterdonner und das »Es werde Licht!« der Aufklärung als Anknipsen der Abteilbeleuchtung. Anstatt weiter zu fragen, woher er komme, nimmt der sich nun erwachsen wähnende Sohn sich vor, zu fragen, was er eigentlich wolle, und beschließt, einen Roman zu schreiben. Den Roman, den er der Mutter vorgelogen hat. Der Roman aber soll nichts weiter sein als eine Antwort auf die Frage: Woher komme ich? Ganz am Ende ist der Sohn dort angelangt, wo alles Fragen anfängt, und was er will, ist die eine Frage stellen: Mama, wo kommen die kleinen Kinder her? Und Gernhardt inszeniert draußen vor dem Abteilfenster Schöpfungsdonner.

Noch ein Wort zum Unisono der Rezensionen? Ich denke, ich kann es mir schenken. Statt dessen zum Schluß meine Lieblingsstelle in der Geschichte. Man erinnere sich an Lichtenbergs Satz von dem, der so sehr den Homer gelesen habe, daß er statt »angenommen« stets »Agamemnon« las. Bei Gernhardt macht der Sohn einen Mittagsschlaf im Garten der Mutter: *Kaum hatte er sich mit seinem Notizbuch auf die Luftmatratze gebettet, mitten im Garten, und der geradezu mütterlich wärmenden Sonne ausgesetzt, da fiel er auch schon in Schlaf. Das letzte, was er sah, war der rötliche Kater, der angespannt zitternd gegen den hölzernen Gartenzaun urinierte, und das letzte, was ihm einfiel, war ein wirrer Gedankengang, der beim Kater begann und bei jemandem endete, der derart konsumorientiert war, daß er stets »Colgate« las, statt »Golgatha«.*

Gedanken über den Gebrauch der ersten
Person Singular bei Jean Améry

Ich weiß nicht mehr, welches der erste Text von Jean Améry gewesen ist, den ich gelesen habe; ich weiß nicht mehr, was mich auf welche Weise beeindruckt hat. Wenn ich versuche, mich mittels meines Gefühls zu erinnern, bleibt zwar ein alles andere als vager Eindruck, den zu benennen ich gleichwohl Schwierigkeiten habe. Am ehesten trifft das blasse Wort »Genauigkeit«. Sicherlich nicht in dem Sinn, in dem es die schätzenswerten Eigenschaften eines Rechners bezeichnet, sondern eher angewendet auf einen Bereich, mit dem zusammen es weniger häufig genannt wird, den Gefühlen. Vielleicht noch »Klarheit«, wenn das nicht schon gleich das Klischee von der »französischen clarté« streifte. Ist es »Klarsinn«, nach dem von ihm ein paar Mal zitierten Vers Schnitzlers »Tiefsinn niemals die Welt erhellt, / Klarsinn schaut weiter in die Welt«?

Während ich so nach Wörtern suche, tritt immer wieder das Gesicht Amérys in den Vordergrund, legt sich über den Text oder scheint durch ihn durch. Ich bin kein Anhänger Lavaters und werde auch nicht vergessen, daß der Ausdruck »Physiognomie des Stils« eine Metapher ist. Es kommt zuweilen vor, daß sich die Erinnerung an ein Gesicht, an den Klang einer Stimme und die Erinnerung an gelesene Texte verbinden – alltäglich kommt das vor, und nicht nur im Alltäglichen, sondern auch, wo es um Literatur geht, auch dort, wo man dem Autor nie begegnet ist. Ich habe Améry nie gesehen (außer auf Photographien), nie im Fernsehen beobachtet, nie im Radio gehört, die Stimme erst vor vielleicht einem Jahr auf einer Toncassette. Sie werden sagen, es liege an den von Améry behandelten Themen. Da spreche einer von sich, eindringlich – kein Wunder, wenn das sogenannte »innere Auge« seine Physiognomie vergegenwärtige. Aber viele sprechen von sich; viele auch, deren Gesichter man gesehen hat, sprechen, was das Berichtete angeht, von ähnlich Persönlichem. Es ist die Art, *wie* Améry das tut. Es ist – Sie verzeihen mir das scheinbar kaltsinnige Deuten auf die grammatische Figur – der Gebrauch der ersten Person Singular.

Viele – zu viele oft, zu wenige manchmal – sagen »ich«. Walter Benjamin sagte, der Gebrauch der ersten Person Singular verderbe den Stil. Arno Schmidt hat nicht wenige seiner Leser über lange Lesezeiten angezogen, gefesselt, gebannt, zuweilen entmündigt durch seinen Einsatz des Wortes »ich«. Aber die Quantität tut es nicht – nicht bei Benjamin die Seltenheit, sondern die Stilfigur, die das »ich« vermeidet, nicht bei Schmidt die Häufung, sondern das Tempo der Sätze und der Subjektivitätsgehalt der untereinander verbundenen Metaphern. Wie ist das bei Améry?

»Man war da in halbwegs wacher geistiger Verfassung, als Zeuge und Täter, so rund vier Jahrzehnte lang. Was dahinter im archäologischen Raum individueller Vergangenheit sich schwach nur noch abzeichnet, hat den bar persönlichen Charakter von Kindheit und früher Jugend, eine zu enge Welt, als daß man sie beschwören dürfte. Man war da. Ich war da. Wenig Sinn hat es, ein anonymisierendes Fürwort zu wählen, wo doch unweigerlich ein sehr bestimmtes schließlich sich vordrängen wird.«[1]

Stimmt das? Wird es sich vordrängen? Oder ist es vielmehr so, daß auch, vielleicht gerade, das Autobiographische es der ersten Person Singular besonders schwer macht? »Wie ist es eigentlich gewesen?« fragt Améry, und die Erinnerung gibt den Vers eines gewissen Wilhelm von Scholz frei: »›Daß ich der Wanderer bin, / Der diesen Weg gegangen, / Sind Worte, die verklangen / Und haben keinen Sinn ...‹. (...) Er war der Wanderer und ging diesen Weg, keinen anderen. Man wanderte damals nicht aus-

[1] Jean Améry, Unmeisterliche Wanderjahre, Stuttgart 1977, S. 9.

schließlich metaphorisch, konnte vielmehr…« Da ist es wieder, das »man«, aber ihm steht jetzt die dritte Person Singular gegenüber. Die kann man ansehen, ja anreden, in die zweite Person fassen: »Wie konnte es geschehen, daß du nicht hinsahst auf die gesellschaftliche Wirklichkeit?« Wie heißt die Antwort? »Ich weiß es nicht mehr genau.«[2]

Ich. Amérys ›Unmeisterliche Wanderjahre‹, aus denen ich zitiert habe, spielen mit diesem Stilmittel. Hier wird eine Person in ihren Facetten, d. h. auch ihren grammatischen Emanationen vorgestellt von einem schreibenden »Ich«, das verfügt, arrangiert, deutet, zeigt und verbirgt, Auskunft gibt und verweigert. Ein sehr souveränes »Ich«, scheint es, aber doch kein Souverän; eines, das seine Selbstgewißheit nicht aus einer transzendentalen Verfügungsgewalt bezieht, sondern nur im Verein mit den grammatischen Kollegen gewinnt. – ›In den Wind gesprochen‹ heißt ein Aufsatz von 1978; er beginnt mit einem »man«: »Zorn erhält jung, sagt man.« Was »man« da sagt, wird aber bestritten: das gelte nicht, wenn der Zorn mit Ohnmacht verbunden sei, mit Resignation. Von solchem Zorne wolle er sprechen, und: »Da fordere ich zunächst die Erlaubnis an, in der ersten Person sprechen zu dürfen, da es nämlich einen Grad der persönlichen Betroffenheit gibt, der jeden Versuch einer Distanznahme zur Fälschung des psychologischen nicht nur, sondern auch des moralischen und politischen Sachverhalts machen muß.«[3]

Haben Sie bemerkt, daß die erste Person Singular zur Formulierung der Bitte, sie hinfort gebrauchen zu dürfen, verwendet wurde? Das wäre ja auch anders gegangen: »Hier wäre zunächst zu fordern…«, oder nur halbherzig »ich« sagend und darum nicht fordernd: »Man möge mir also verstatten…« Nein, es heißt: »Da fordere ich zunächst –« ich / zunächst. – Wie geht es weiter? »1945, auf-

[2] Ebd. S. 9 ff.
[3] Dieses und die folgenden Zitate aus: ders., Weiterleben, aber wie?, Stuttgart 1982, S. 279 ff.

erstanden von den Toten, wie es im apostolischen Glaubensbekenntnis heißt, den Kopf noch schwer von den Prügeln und dem eigenen vergeblichen Grübeln, bildete ich mir ein, die Welt gehöre uns: den Geschlagenen, die zu Siegern geworden waren …« Da heißt es nicht: »mir und allen andern, die gleich mir …«, oder »denen, die waren wie ich«, oder bloß »allen denen, die …«, sondern: »Ich bildete mir ein, die Welt gehöre uns.« Die erste Person Singular wird in der ersten Person Plural aufgenommen. Wenn wir den Bereich der Grammatik verlassen, heißt das, je nachdem, Gemeinschaft, Solidarität, Heimat. Améry schreibt im Plural fort: wir, uns, unser. Aber er hatte geschrieben: »Ich bildete mir ein«, und also wird, was Einbildung war, noch nicht am »wir«, aber am Besitz der Welt wieder ins »ich« zurückgenommen, obwohl es vielen andern ähnlich ging.

»Was mich angeht, so war ich 1945 nach meiner Befreiung aus zweijähriger KZ-Haft ganz unfähig, wohl auch gar nicht willens, die realen Kräfteverhältnisse zu erkennen« – der Blick zurück von heute aus. Dort, wo er auftrifft, sieht er wieder das »wir«: »während sich schon ganz neue Fronten formierten (…) und viele (…) meinten (…) lebten wir noch im Vorstellungsschema der Résistance.« Es gibt dieses »wir« nicht mehr, das zeigt sich in den Worten, noch bevor die Gemeinschaft gekündigt wird: »Wir waren, hoffe ich, nicht dumm.« Nicht: »Waren wir dumm? müssen wir uns heute fragen.« Doch das »wir« bleibt, solange es währte und dem einzelnen nicht die Notwendigkeit deutlich machte, nunmehr vor allem »ich« zu sagen, auch da, wo der, der heute »ich« sagt, vor allem sich selber meint: »Wir hatten vielleicht nichts getan, als ebenso blödsinnig konzipierte wie wirkungslose Flugblätter zu verteilen.« Und der da schreibt, hält, was eine bestimmte Art der Bewertung der Vergangenheit anlangt, am real längst fiktiv gewordenen »wir« fest, wenn es auch nur die erste Person Singular ist, die dieses Festhalten verbürgt und bezeugt: »Über solchen Unsinn dürfen wir heute lachen: aber ich untersage auch nur das leiseste Schmunzeln denen, die nicht mit uns im Abgrund waren, sei es, weil sie zu jung, sei es, weil sie zu vorsichtig waren.«

Dort, wo Améry die Aufkündigung politischer Gemeinschaft thematisiert, verläßt er auch das erinnernde »wir«: »(…) wir (projizierten) unsere unbefriedigte und von den uns umgebenden Menschen überhaupt nicht geteilte revolutionäre Utopie hinaus in die Dritte Welt. Ich erinnere mich, wie ich mit inständiger Zustimmung Sartres Vorwort zu Fanons Buch ›Die Verdammten dieser Erde‹ las. Darin hieß es, wenn ein Kolonisierter einen Kolonisator erschlägt, stürben gleich zwei: ›der Unterdrücker und der Unterdrückte‹. Ich glaubte dem Meister aufs Wort. Aus revolutionärer Violenz, aus Blut und Tod ersteht der neue, der sozialistische Mensch. Jahrzehnte danach war ich zufällig in Rom am Tag, als man in einem abgestellten Wagen den Leichnam Aldo Moros fand, war Zeuge, wie ein ganzes Volk in tiefster Trauer und Empörung den Mord verurteilte. Inzwischen hatte ich noch manch anderes erfahren. Zum Beispiel das unableugbare Faktum, daß nach den nationalen und vorgeblich sozialistischen – oder sagt man nicht gleich besser: den nationalsozialistischen – Revolutionen in den Entwicklungsländern nichts weniger sich geboren hatte als der neue Mensch, die neue brüderliche Gesellschaft. Diktaturen entstanden, theokratische Fanatismen brachen auf, namenloses Elend suchte die befreiten Völker heim, das – und hier denke ich an Kambodscha, aber auch an Uganda – weit schlimmer war als die kolonialistische Unterdrückung.«

Hier erscheint die dritte Person Singular: »sie« –: »Die Linke war präsent zum Protest, glücklicherweise, wenn es galt, eingestandene Rechtsdiktaturen zu bekämpfen (…) Sie schwieg sich aus, wenn gründliche und verläßliche Berichte nicht nur von den Greueln in Kambodscha sprachen, sondern von dem Unterdrückungsregime in Vietnam, für das man sich die Kehle heiser geschrien hatte.« Mit der dritten Person setzt die Distanzierung ein, es folgt der Sarkasmus: »Die Linke schweigt. Wahrscheinlich handelt es sich auch dort um die berüchtigten ›Kinderkrankheiten des Sozialismus‹.« Doch plötzlich ist da wieder der Gebrauch der ersten Person Plural: »Wenn wir heute da sind, wo wir sind, bedrängt, wenn auch noch nicht direkt bedroht, dann haben wir zu einem großen Teil die Schuld uns selber zuzuschreiben: Es fehlte uns nicht an ›Anstrengung des Begriffs‹, wohl aber an jener Luzidität, die man nicht herabwürdigt, wenn man ihr den Namen des sehr zu Unrecht arrogant als ›banal‹ verschrieenen gesunden Menschenverstandes gibt.« Man lese genau. Das ist kein vom souveränen Ich gewähltes »wir«; der Plural ist an eine Außenbedingung gebunden: »bedrängt, wenn auch noch nicht direkt bedroht.« Die Identitätsbildung erfolgt von außen. Sie ist Resultat einer Bedrängnis, gar einer Bedrohung.

»Langsamerhand«, schreibt Améry in seinem Aufsatz ›Über Zwang und Unmöglichkeit, Jude zu sein‹, »kam ich in den zwei Jahrzehnten, die seit meiner Befreiung hingingen, zur Erkenntnis, daß es nicht ankommt auf positive Bestimmbarkeit einer Existenz.«[4] Die minutiöse Genauigkeit, in der sich eine solche Einsicht *zeigt*, und zwar an einer Stelle, die diese selbst gar nicht thematisiert, bewirkt die eigentümliche Verbindung von Stil und Physiognomie, von der ich eingangs gesprochen habe.

Amérys Stil zeigt die Schwierigkeit, am Ende des zwanzigsten Jahrhunderts »ich« zu sagen, wenn man damit mehr meint als den bloßen Gebrauch der ersten Person Singular. Sein Mittel, das zu zeigen, ist der skrupulöse und subtile Gebrauch dieser grammatischen Form. Wenn ich nur die Texte aufsuche, in denen sich das Genannte nicht nur zeigt, sondern in denen darüber gesprochen wird, so werde ich vor allem Berichte von Erfahrungen finden, die

---

[4] Ders., Jenseits von Schuld und Sühne, Stuttgart 1980, S. 146 f.

den Gebrauch der ersten Person Singular scheinbar als unproblematisch voraussetzen. Berichte also, die auf der anderen Seite aufgrund dieses Umstandes eine zu schmale Basis abzugeben scheinen für so weitreichende Schlußfolgerungen wie die angedeuteten. Die Frage nach den Einsichten, die »hinter« der genannten stilistischen Genauigkeit stehen, führt auf die Erfahrungen, die Ursachen der Einsichten waren, und wieder auf die Frage, was es denn gewesen ist, das die Mitteilung der Erfahrungen diese mehr sein ließ als bloße Ursachen und damit die Stileigentümlichkeit Amérys so viel mehr denn bloße Virtuosität.

Im folgenden werde ich mich auf die unter dem Titel ›Jenseits von Schuld und Sühne‹ 1966 erschienenen fünf Aufsätze ›An den Grenzen des Geistes‹, ›Die Tortur‹, ›Wieviel Heimat braucht der Mensch?‹, ›Ressentiments‹ und ›Über Zwang und Unmöglichkeit, Jude zu sein‹ beziehen. Améry hat in der Vorrede von 1966 seine fünf Aufsätze eine »Wesensbeschreibung der Opfer-Existenz« genannt. Wenn ich sage, daß sie in gewissem Sinne »mehr« sind, kann man das leicht, zu leicht, mißverstehen. Wenn ich etwa sagte, Améry leiste einen Beitrag zur philosophischen Anthropologie des zwanzigsten Jahrhunderts, so will ich weder damit sagen, daß Améry die Erfahrungen von KZ und Folter auf öde philosophische Allgemeinbegriffe ziehe, noch daß ich etwa vorhätte, das zu tun. Gleichfalls will ich alles andere tun als den Riß zwischen denen, die in diesem Jahrhundert auf solche Weise zu Opfern wurden, und denen, die es nicht wurden (aus was für Gründen, Ursachen oder Zufällen auch immer), übersehen oder überbrücken. Aber die Erfahrung dieses Risses prägt die, die zu beiden Seiten stehen, übrigens auch dort, wo sie geleugnet wird. Wieder: auf sehr andere Weise, aber doch eine Gemeinsamkeit, eine negative Gemeinsamkeit bildend.

Améry war nie ein Philosoph, wenn wir dem Wort nicht eine von akademischen Kontexten ganz gereinigte Bedeutung geben. Zwar ist da die lange Beschäftigung mit Sartre, das Bekenntnis zum kritischen Rationalismus, aber letztlich bleibt doch das Philosophische daran blaß. Es wirkt immer sehr wenig notwendig, daß Améry speziell *diese* philosophischen Begriffe benutzt und keine anderen, die zwei Seiten über Bataille im Aufsatz ›Die Tortur‹ könnten fehlen, ohne daß ein Gedanke fehlte – das gilt für keine andere Seite darin. Ein »Kleid« hat Christian Schulz-Gerstein nicht unzutreffend Amérys Übernahme Sartrescher und anderer Phraseologie genannt. Auf mich wirkt das so, als habe Améry der selbstgewählten Sprache doch nicht ganz getraut, als habe er doch gezweifelt, ob sie fertigbrächte, in der radikal individuellen Erfahrung die Katastrophe, die das Ganze heimgesucht hat, zu zeigen und zu analysieren. Dabei gelingt das Améry gerade dort, nur dort, wo er nicht die Sprache schlechter Allgemeinheit spricht, die sich zum Erlebnis, zum Leid des einzelnen doch nur wieder instrumentell verhält. Améry spricht gerade dort nicht nur über sich, wo er »ich« sagt. Möglich wird das dadurch, daß er über Erfahrungen berichtet, die die Fähigkeit, »ich« zu sagen, im Kern treffen und beschädigen.

Was meine ich, wenn ich über die »Fähigkeit, ich zu sagen«, spreche und nicht nur eine grammatische Fertigkeit bezeichnen will? Was meine ich mit »Individualität«? Ich meine die Fähigkeit zur Abgrenzung und zur Kontinuität. Die Fähigkeit der Abgrenzung eines »eigenen Raumes« gegenüber dem, den die andern einnehmen; einer »eigenen Zeit«, in der meine, von allen anderen Geschichten unterschiedene Geschichte spielt. Die Fähigkeit, diesen eigenen Raum und diese eigene Zeit wahrzunehmen als *ein Leben*. Die Fähigkeit zur Reflexion darüber, wie ich zu dem geworden bin, was ich bin, und die Fähigkeit, sich in die Zukunft anders zu entwerfen. Die Fähigkeit, Veränderungen wahrzunehmen nicht nur als »es hat sich etwas geändert«, sondern als »ich habe mich geändert«.

Die drei Aufsätze ›Wieviel Heimat braucht der

Mensch?‹, ›An den Grenzen des Geistes‹ und ›Die Tortur‹ beschreiben drei zerstörerische Angriffe auf einen Menschen, Angriffe, die nicht nur Angriffe auf den einzelnen sind, sondern auch, und darauf kommt es Améry an, auf eine wesentliche Eigenschaft des Menschen: Individuum sein zu können. »Ich spürte es zum ersten Mal durchdringend, als ich mit fünfzehn Mark fünfzig am Wechselschalter in Antwerpen stand, und es hat mich so wenig verlassen wie die Erinnerung an Auschwitz oder an die Tortur oder an die Rückkehr aus dem Konzentrationslager, als ich mit fünfundvierzig Kilogramm Lebendgewicht und einem Zebra-Anzug wieder in der Welt stand, noch einmal überaus leicht geworden nach dem Tode des einzigen Menschen, um dessentwillen ich zwei Jahre lang Lebenskräfte wach erhalten hatte. Was war, was ist dieses Heimweh der aus dem Dritten Reich zugleich wegen ihrer Gesinnung und ihrer Ahnentafel Vertriebenen? Ungern bediene ich mich in diesem Zusammenhang eines gestern noch modischen Begriffes, aber es gibt wahrscheinlich keinen treffenderen: mein, unser Heimweh war Selbstentfremdung. Die Vergangenheit war urplötzlich verschüttet, und man wußte nicht mehr, wer man war. In diesen Tagen führte ich noch nicht das Schriftstellerpseudonym französischen Klanges, mit dem ich heute meine Arbeiten zeichne.«[5]

Es geht hier darum, daß das, was zuvor Heimat gewesen, dadurch, daß es die Ausstoßung vollzog, sich selbst radikal verändert hat. Es ist nicht mehr, was sie einmal war. »Ich war ein Mensch, der nicht mehr ›wir‹ sagen konnte und darum nur noch gewohnheitsmäßig, aber nicht im Gefühl vollen Selbstbesitzes ›ich‹ sagte. (…) Ich war kein Ich mehr und lebte nicht in einem Wir. Ich hatte keinen Paß und keine Vergangenheit und kein Geld und keine Geschichte. Nur eine Ahnenreihe war da, aber die bestand aus traurigen Rittern Ohneland, getroffen vom Anathem.

[5] Ebd. S. 77.

Man hatte ihnen noch nachträglich ihr Heimatrecht entzogen, und ich mußte die Schatten mitnehmen ins Exil.«[6] Der Schlüsselsatz des Aufsatzes ist: »Heimat ist, reduziert auf den positiv-psychologischen Grundgehalt des Begriffs, *Sicherheit*.«[7] Nicht: Geborgenheit. Es geht hier um keine Kätnerei, sondern um gewisse Minimalgarantien des Sozialverbandes, in dem man lebt.

Die Themen der drei Aufsätze durchdringen einander: Es geht um Lebensrecht, um das Recht auf körperliche Unversehrtheit – und darum, daß ein Sozialverband akzeptiert, daß einer ein Individuum ist, das heißt, ihn nicht identifiziert mit andern, denen er sich nicht zugehörig fühlt, und daß ihm ein eigener Raum und eine eigene Zeit gehört. Das jeweilige Individuum muß nicht gemocht werden. Der Sozialverband mag es – in Grenzen – schmähen und verfolgen. Solange er das tut um dessen individueller Eigenarten willen, so lange greift er den einzelnen nicht in seiner Eigenschaft an, Individuum sein zu können. »Um dieser oder jener zu sein, brauchen wir das Einverständnis der Gesellschaft. Wenn aber die Gesellschaft widerruft, daß wir es jemals wären, sind wir es auch nie gewesen.«[8]

Das mag einer bestreiten. Er mag darauf verweisen, daß sich der Wille des einzelnen behaupten könnte gegen die Definitionsmacht des Kollektivs. In der Tat gibt es viele, die dieses Schicksal, man wird nicht sagen können: »gewählt« haben. Für sie baut man u. a. Psychiatrien. Im einen wie im andern Fall zeigt sich, worauf Améry hier insistiert: daß das Individuum in seiner Individualität sich nicht selbst schafft, sondern von einer vorauszusetzenden Eigenschaft des Kollektivs, dem es zugehört, abhängig ist. »Ist aber das Individuum ein Entsprungenes«, schreibt Adorno in seinem ›Offenen Brief an Rolf Hochhuth‹, »so wacht keine Seinsordnung darüber, daß es nicht ebenso wieder vergehen könnte. (…) Bei Hegel heißt die Stufe der Individua-

6 Ebd. S. 78.   7 Ebd. S. 101.   8 Ebd. S. 78.

tion Selbstbewußtsein, weil Individualität nicht einfach das biologische Einzelwesen ist, sondern dessen durch Vernunft sich als ein Besonderes erhaltende Reflexionsform.«[9]

Jean Amérys Bericht über Auschwitz heißt, und es ist ja zunächst irritierend genug, ›An den Grenzen des Geistes‹. »Ich will hier nicht von Auschwitz schlechthin erzählen, will keinen Dokumentarbericht geben, sondern habe mir vorgenommen, über die Konfrontation von Auschwitz und *Geist* zu sprechen.«[10] Améry schreibt von der Zerstörung jener Reflexionsform, die das Einzelwesen zum Individuum macht. Was er in diesem Aufsatz tut, ist mißverstanden worden. Es handelt sich nicht nur um den Bericht eines Menschen mit einem bestimmten Bildungshintergrund, der feststellen muß, daß ihm der in vielen Lebenslagen helfen kann, nicht aber in der Hölle. Das wäre als Erkenntnis nicht überraschend. Es handelt sich auch nicht um das Hervorheben eines besonderen Leids, das dem Bildungsbürger zusätzlich zu dem, was allen andern angetan wurde, widerfuhr. Amérys Definition des »Intellektuellen« ist auch nicht die Verabsolutierung eines bestimmten Bildungsideals, sie ist eine Selbstbeschreibung: »Einen solchen Intellektuellen also, einen Mann, der Strophen großer Lyrik auswendig weiß, der die berühmten Gemälde der Renaissance und die des Surrealismus kennt, dem die Geschichte der Philosophie geläufig ist und die der Musik – einen solchen Intellektuellen werden wir dort stellen, wo es für ihn darauf ankam, die Wirklichkeit und Wirkungskraft seines Geistes zu erhärten oder für nichtig zu erklären, an einer Grenzsituation: in Auschwitz. Damit aber stelle ich natürlich mich selbst. (...) Es wird (...) hier das Wörtchen ›ich‹ öfter vorkommen müssen, als mir lieb ist, überall dort nämlich, wo ich das persönliche Erlebnis nicht ohne weiteres auch andern unterstellen kann.«[11]

[9] Th. W. Adorno, Noten zur Literatur IV, Frankfurt / M. 1974, S. 138.
[10] Améry, Jenseits von Schuld und Sühne, a.a.O. S. 18.
[11] Ebd. S. 19 f.

Hierbei geht es wenig um die Frage, was in einer solchen Extremsituation eine bestimmte Bildung »nütze«, denn »nützlich« ist die Kenntnis eines Dichters auch diesseits des Stacheldrahtes nicht, und die an ihre Söhne gerichtete Ermunterung aus Kriegsgefangenschaft heimgekehrter Nazi-Väter, man solle in der Schule nur fleißig ›Zauberlehrling‹ und ›Türmer‹ lernen, weil derlei aufsagen zu können in der Gefangenschaft die Zeit kürze, legt von nichts weiter Zeugnis ab als davon, daß es mittlerweile egal geworden war, ob man Goethe oder das Adreßbuch auswendig lernte. Und doch fragt auch Améry nach einem scheinbar ganz unmittelbaren Nutzen: »Haben Geistesbildung und intellektuelle Grunddisposition einem Lagerhäftling in den entscheidenden Momenten geholfen? Haben sie ihm das Überstehen erleichtert?«[12], und er zitiert den holländischen Schriftsteller Nico Rost, der, erfolgreich, eine Innenwelt der Bildungsgüter und der Intellektualität gegen das zerstörerische Außen aufbot. »Als ich diesen Sätzen nachging und sie mit meinen eigenen Lagererinnerungen konfrontierte, war ich tief beschämt, denn nichts habe ich Nico Rosts bewundernswerter, radikal geistiger Haltung an die Seite zu stellen (...) bis es mir schließlich gelang, mich einigermaßen zu diskulpieren. Dabei dachte ich vielleicht nicht so sehr daran, daß Nico Rost in vergleichsweise bevorzugter Position als Pfleger in einer Krankenbaracke arbeitete, während ich selbst zur anonymen Masse der Häftlinge gehörte, als an die entscheidende Tatsache, daß der Holländer sich in Dachau befunden hatte, nicht in Auschwitz.«[13]

Der Unterschied, auf den Améry hier aufmerksam macht, ist, daß es in Dachau wenigstens Rudimente eines Kollektivs gegeben habe, dessen Wirklichkeit in einem wie auch immer beschädigten, so doch wenigstens vorhandenen Bezug zu den europäischen geistigen Traditionen ge-

[12] Ebd. S. 23 f.   [13] Ebd. S. 24.

standen habe. »In Dachau lag die innere Verwaltung zum größten Teil in den Händen politischer Häftlinge, in Auschwitz gaben deutsche Berufsverbrecher den Ton an. In Dachau gab es eine Lagerbibliothek, in Auschwitz war für den gewöhnlichen Häftling ein Buch etwas kaum noch Vorstellbares. Grundsätzlich bestand in Dachau – so wie auch in Buchenwald – für die Häftlinge die Möglichkeit, dem SS-Staat, der SS-Struktur eine geistige Struktur entgegenzustellen: damit aber hatte der Geist eine *soziale Funktion*, auch wenn diese wesentlich politisch, religiös, ideologisch in Erscheinung trat und nur in seltenen Fällen, wie etwa bei Nico Rost, zugleich auch philosophisch und ästhetisch. In Auschwitz aber war der geistige Mensch isoliert, war ganz auf sich selbst gestellt.«[14]

Wie ein Individuum, um eines sein zu können, das Kollektiv braucht, das die Individualität anerkennt, kann es als Reflexionsform seiner selbst nur bestehen, wenn die Reflexion des einzelnen Teil einer kollektiven ist: »In Auschwitz war der Geist nichts als er selber, und es bestand keine Chance, ihn an eine noch so unzulängliche, noch so verborgene soziale Struktur zu montieren. Der Intellektuelle stand also allein mit seinem Geist, der nichts war als barer Bewußtseinsinhalt und sich nicht aufrichten und erhärten konnte an einer gesellschaftlichen Wirklichkeit.«[15]

Wenn Améry mitteilt, was ihm widerfuhr und was er als Beispiel für diese Sätze anführt, so kann ein anderer, wie es etwa Primo Levi getan hat, zu Recht behaupten, daß andere dies anders erlebt hätten. Auch hat es sogar in Auschwitz Bereiche gegeben, die so etwas wie eine »Gegenstruktur« gegen den SS-Staat aufwiesen. Diese Feststellungen sind aber keine Einwände gegen das, was Améry geschrieben hat. Auschwitz zeigte, zeitlich wie räumlich, das Nach- und Nebeneinander aller der Dimensionen, die die Einrichtung des »Lagers« im nationalsozialistischen Herrschaftsbe-

[14] Ebd. S. 25.   [15] Ebd.

reich hatte: politischer Terrorismus, Arbeitskräftereservoir, Vernichtung. Das und die Größe des Lagers – wer die Luftaufnahmen von Birkenau betrachtet, hat eine Stadt vor Augen – macht »Auschwitz« zu einem Namen, der alle Dimensionen nationalsozialistischer Herrschaft bezeichnet, die Dimension der planmäßigen, bürokratisch observierten, leidenschaftslosen Vernichtung aber macht das Besondere nicht nur dieses Lagers aus, sondern der deutschen Verbrechen der Jahre 1933 bis 1945. Amérys Bericht ist deshalb nicht »bloß subjektiv«, weil in ihm sich die Dimension des Lagers erschließt, die seine entscheidende historische Besonderheit gewesen ist. Amérys Selbstbeschreibung als Intellektueller ist deshalb mehr als bloße Selbstbeschreibung, weil sie ein Allgemeines bezeichnet, das in und mit Auschwitz zerstört wurde. Die »geistigen Werte«, die »Bildungsgüter«, die er erwähnt, gehören zu jenen individuell erzeugten und kollektiv rezipierten Selbstverständigungsversuchen der Individualität.

Das Geistige nahm, schreibt Améry, in Auschwitz »eine zwiefach neue Gestalt an: es wurde einerseits, psychologisch, zu etwas ganz und gar Irrealem und andererseits, sofern man es in sozialen Begriffen definiert, zu einer Art von unerlaubtem Luxus. Manchmal erlebte man diese neuen Tatsachen in tieferen Schichten, als jene es sind, in die man beim Schlafstrohgespräch gelangen kann: dann verlor der Geist urplötzlich seine Grundqualität, die Transzendenz.«[16]

Diese Aussage zu erläutern ist dem Nachgeborenen fast untersagt. Die Sprache, die Améry hier wählt, um über Auschwitz zu sprechen, kann dem, dem nichts Vergleichbares widerfahren ist, nur mißlingen. Und doch liegt gerade in diesem Mißlingen der Befund, um den es geht. Améry nutzt das »rational-analytische Denken«, von dem er sagt, es sei »im Lager und speziell in Auschwitz nicht nur

---

[16] Ebd. S. 26.

keine Hilfe« gewesen, sondern habe »geradenwegs in eine tragische Dialektik der Selbstzerstörung« geführt, um sein Scheitern vor der Realität von Auschwitz zu beschreiben. Dan Diner hat den Ausdruck der »Gegenrationalität« geprägt für jene »Logik der Vernichtung (…), die in sich ebenso folgerichtig operierte wie draußen die Logik der Lebenserhaltung«[17], deren Verständnis aber zu keinem andern Ergebnis führen konnte als das achselzuckende Sichdreingeben. »Ne pas chercher à comprendre«, habe ein Mithäftling in den Boden seiner Eßschale gekratzt, berichtet Primo Levi.

Die nachträgliche Analyse dieser Gegenrationalität wirkt wie eine Wiederauferstehung der Rationalität. Dennoch mißlingt die Analyse, wenn sie den Bericht als bloßes Beispielmaterial benutzt. Es ist mehr als wahrscheinlich, daß alles, was ich dem Bericht und der Analyse Amérys hinzufügen könnte, nur läppisch wäre. Es steht mir der Gebrauch der ersten Person Singular in diesem Zusammenhang nicht zur Verfügung. Es kann die Ratio ihre eigene Zerstörung beschreiben, indem das Ich, das ihr Träger ist, von dieser Zerstörung spricht. Améry beschreibt diese Zerstörung in vielen Facetten, ruhig, distanziert, als blickte er durch ein Mikroskop auf etwas Fremdes. Aber er sieht in den Spiegel und berichtet, was er sieht. Die Ruhe und Unbeirrbarkeit der Stimme, die da »ich« sagt, ist aus der Distanz gewonnen. Aus der Beschädigung gewinnt sie eine paradoxe Kraft.

Daß dem Geist die Kraft zur Transzendenz genommen wurde, soll heißen die Möglichkeit, sowohl die Situation zu überschreiten als auch die Vereinzelung in bezug zu realen oder imaginierten Kollektiven der Tradition als Individualität aufzuheben, ermöglicht den Blick auf die Voraussetzung solchen »Geistes«: das Individuum. Dem der Gebrauch der Wörter »wir« und »ich« nicht mehr selbst-

[17] Ebd. S. 26.

verständlich war, konnte aus dem kalkulierten Einsatz der ersten Person Singular und Plural ein Stilmittel gewinnen, das Verständigung dort noch möglich macht, wo ihre Voraussetzung eigentlich zerstört ist.

Zu den beiden geschilderten Angriffen auf die Individualität – der Aufkündigung ihrer Möglichkeit durch das Kollektiv und der Zerstörung jener realen oder idealen Kollektive, die seine Wirklichkeit und Tradition bewahren könnten – tritt der dritte, den Améry in seinem Aufsatz ›Die Tortur‹ beschreibt. Die Folter ist der Angriff auf die Möglichkeiten des Einzelwesens selbst, sich als Individuum zu behaupten. Auch hier ist es kaum statthaft, von einem »Erlebnis« zu sprechen. Améry beschreibt einen Raum. Und fügt hinzu: »Dort geschah es mir: die Tortur.«[18]

Was er beschreibt, brauche ich nicht zu wiederholen; es hat sich in der Welt abertausendfach wiederholt seitdem, und viele, die über die Folter geschrieben haben, haben Amérys eindringliche Worte zitiert und es sich dabei oft ein wenig zu leicht gemacht. »Die Tortur ist das fürchterlichste Ereignis, das ein Mensch in sich bewahren kann. / Ich weiß (…) nicht, ob die Menschenwürde verliert, wer von Polizeileuten geprügelt wird, Doch bin ich sicher, daß er schon mit dem ersten Schlag, der auf ihn niedergeht, etwas einbüßt, was wir vielleicht vorläufig das *Weltvertrauen* nennen wollen. / Mit dem ersten Schlag der Polizeifaust (…), gegen den es keine Wehr geben kann und den keine helfende Hand parieren wird, endigt ein Teil unseres Lebens und ist niemals wieder zu erwecken. / Wer der Folter erlag, kann nicht mehr heimisch werden in der Welt.«[19]

Man hat es sich zu leicht gemacht mit dem Zitat dieser Sätze, weil man sich auf die Klarheit ihrer Formulierung verlassen hat. Man hat sie zitiert, als wäre damit alles schon klar. Aber im isolierten Zitat hat man sie, obwohl in ihr die

[18] Ebd. S. 47.   [19] Ebd. S. 48, 55 f., 57, 73.

erste Person Singular keine auffällige Verwendung findet, auf den Erfahrungsbericht reduziert. Wer so zitiert, kann die eigene Angst vor Schmerz, Qual und Überwältigung in die Worte eines andern kleiden und so die Phantasie und das Denken stillstellen. Was hat es denn auf sich mit dem verlorenen Weltvertrauen, dem Nicht-mehr-heimisch-Werden? Was wird da unwiederbringlich zerstört? Wenn Améry von der »Gewißheit« schreibt, »daß der andere aufgrund von geschriebenen oder ungeschriebenen Sozialkontrakten mich schont, genauer gesagt, daß er meinen physischen und damit auch metaphysischen Bestand respektiert«[20], so klingt das beinahe unzulässig naiv. Woher käme, in welchem Jahrhundert auch immer, solche Gewißheit? Gemeint ist hier aber nicht die Gewißheit, die aus einer Überschätzung der statistischen Wahrscheinlichkeit, ungeschoren davonzukommen, entsteht, sondern die Gewißheit, die das konstituiert, was Améry »meinen metaphysischen Bestand« nennt. Der wird nämlich nicht durch die Möglichkeit der physischen Unterwerfung beschädigt, sondern durch die Wirklichkeit: »Nichts ereignet sich in der Tat so, wie wir es erhoffen, noch so, wie wir es befürchten. Aber nicht darum, weil etwa, wie man so sagt, das Geschehnis ›die Vorstellungskraft übersteige‹ (es ist keine quantitative Frage), sondern weil es Wirklichkeit ist und nicht Imagination.«[21]

Ob der Mensch in ein Weltvertrauen hineingeboren wird, ist zu bezweifeln. Wahrscheinlicher ist nicht das »Urvertrauen«, sondern ein »Urmißtrauen«. Aber der Mensch ist diesem nicht ausgeliefert. Hier scheint mir die Freudsche Beschreibung der psychischen Differenzierung das Verständnis am weitesten zu fördern, nicht nur, weil auch hier das Wort »Ich« eine entscheidende Rolle spielt. Das Kind lernt als wichtigste Unterscheidung, als Basis aller anderen Differenzierungen, die zwischen sich und dem Rest der

<hr>

[20] Ebd. S. 56.   [21] Ebd. S. 52.

Welt, aufgrund von Unlust und Schmerz. Den Schmerz »draußen zu halten«, ihn als fremd empfinden zu können, dient diese Unterscheidung, und sie ist zugleich die Unterscheidung zwischen den eigenen Trieben nach Lust und dem diese nur zuweilen befriedigenden Außen. Freud nennt die psychische Instanz, die diese Unterscheidung trifft, ja die, so könnte man sagen, wesentlich diese Unterscheidung *ist*, das »Ich«. Das Ich ist bei Freud die Vermittlungs- und Steuerungsinstanz. Das Ich koordiniert das psychische Geschehen, und das Ich ist die Wahrnehmung der Außenwelt.

Wenn wir im Sinne Freuds vom »Ich« sprechen, sprechen wir noch nicht von Individualität. Wir sprechen nur von der Fähigkeit, als menschliches Einzelwesen sich ausbilden zu können. Die Individualisierung des menschlichen Einzelwesens ist, wie gesagt, ein Vorgang, zu dem ein besonderes Spannungsverhältnis zu einem Kollektiv mit besonderen Eigenschaften unabdingbar ist. Gleichwohl ist die Basis der Individualisierung die Existenz als einigermaßen unbeschädigtes Einzelwesen. Freud nennt das Ich auch ein »Körper-Ich«, weil die primäre Unterscheidung, die zwischen Ich und Außen, an die Körperoberfläche gebunden ist. Die Körperoberfläche ist Grenze nach außen und Kommunikation mit dem Außen. Daß sie in dieser Funktion intakt bleibt, ist Voraussetzung eines intakten Ich. Das ist mit dem »Weltvertrauen« gemeint: Ich kann mich zurechtfinden in der Welt und werde mich dabei in ihr nicht verlieren. »Die Grenzen meines Körpers sind die Grenzen meines Ichs«, schreibt Améry, als habe er auf die Freudsche Terminologie anspielen wollen. »Die Hautoberfläche schließt mich gegen die fremde Welt: auf ihr darf ich, wenn ich Vertrauen haben soll, nur zu spüren bekommen, was ich spüren *will*.«[22]

Améry schließt die Psychologie und die politische Philosophie so eng zusammen, daß sie fast ununterscheidbar

[22] Ebd. S. 56.

werden. Die oberste Garantie eines jeden Sozialvertrags muß im Schutz vor körperlichen Übergriffen bestehen. Ist der nicht gewährleistet, bricht in der physischen Überwältigung auch jedes soziale Verhältnis zusammen: »Der andere (...) zwingt mir mit dem Schlag seine eigene Körperlichkeit auf. Er ist an mir und vernichtet mich damit. Es ist wie eine Vergewaltigung.«[23] Zwar ist das Sozialverhältnis wiederherzustellen – in der Gegenwehr, sei diese nun direkt oder indirekt, wenn der Übergriff geahndet wird und ich den ungleich schwierigeren Versuch mache, mich über die ja immer nur partiell mögliche Identifikation mit einer Institution zu restituieren. Wo aber Gegenwehr unmöglich ist, Hilfe nicht gewährt wird und später keine Ahndung des Übergriffes erfolgt, zerbricht das Sozialverhältnis. »Vom Gemarterten« zum Peiniger »gibt es keine Brücke (...) Der Folterknecht ist für den Gefolterten nur noch der andere.«[24]

Dieses Zerbrechen des sozialen Verhältnisses zum anderen folgt aus der Verletzung der Körperoberfläche als primärem Mittel zur Kommunikation mit dem Außen. Die Hilflosigkeit, die Passivität, die Überwältigung durch den Schmerz schließlich wird auch jene psychische Instanz beschädigen, die nichts weiter ist als die Repräsentanz dieser Grenze, das Ich. Diese »Widerlegung« der ersten psychischen Leistung zur Selbstbildung als Einzelwesen kann nicht mehr geheilt werden, nicht wiedergutgemacht. Unter Umständen ist eine Restituierung auch der psychischen Kräfte möglich, doch bleibt wohl in der Regel wahr, was Améry den »Charakter indelibilis« genannt hat: »Wer gefoltert wurde, bleibt gefoltert.«[25]

Das kann, medizinisch gesprochen, bis zum völligen Zusammenbruch der Ich-Grenzen gehen und zu einer exogenen Psychose führen. Das kann auch nur – doch was ist das für ein »nur«! – in dem nicht im intellektuellen Vorrat, sondern in der Gefühlsbasis vorhandenen untilgbaren Wissen

23 Ebd. S. 56.   24 Ebd. S. 64 f.   25 Ebd. S. 64.

darum bestehen, daß *alles möglich* ist. Selbst in diesem »nur« ist der »metaphysische Bestand« beschädigt, da jedwede Metaphysik – insofern Abbild der Körperoberfläche – die Unterscheidung zwischen »möglich« und »unmöglich« ist. Wollten wir philosophischen Jargon, könnten wir von der Unfähigkeit sprechen, zwischen Schicksal und Kontingenz oder zwischen Absicht und Ursache zu unterscheiden. Amérys Beobachtung, daß die Verse Hölderlins »Die Mauern stehn sprachlos und kalt, / Im Winde klirren die Fahnen« auf dem Marsch von der Arbeit ins Lager ihre metaphorische (und metaphysische) Kraft einbüßten – »Das Gedicht transzendierte die Wirklichkeit nicht mehr. Da stand es und war nur noch sachliche Aussage: so und so, und der Kapo brüllt ›links‹, und die Suppe war dünn, und im Winde klirren die Fahnen«[26] –, mag man auf die anderen, ebenso bekannten, übertragen: »Es schwinden, es fallen / Die leidenden Menschen / Blindlings von einer / Stunde zur andern, / Wie Wasser von Klippe / Zu Klippe geworfen, / Jahr lang ins Ungewisse hinab.« So und so, und die leidenden Menschen fallen blindlings. Weil es Wirklichkeit ist und nicht Imagination. Weil es gelang, die Urangst davor, daß »alles möglich« sein könnte, politische Wirklichkeit werden zu lassen. Davor wird das Ansinnen, dieser Angst metaphorischen Ausdruck zu verleihen, läppisch.

Améry hat der Berechtigung des Versuchs, seine Beschreibungen und (Selbst-)Analysen in das Vokabular der Psychologie zu kleiden, in seinem Aufsatz ›Ressentiments‹ widersprochen. »Wir alle seien, so lese ich in einem kürzlich erschienenen Buch über ›Spätschäden nach politischer Verfolgung‹, nicht nur körperlich, sondern auch psychisch versehrt. (...) Wir sind, so heißt es, ›verbogen‹. Das läßt mich flüchtig an meine unter der Folter hinterm Rücken hochgedrehten Arme denken. (...) So habe ich denn die

[26] Ebd. S. 26.

Ressentiments nach zwei Seiten hin abzugrenzen, vor zwei Begriffsbestimmungen zu schirmen: gegen Nietzsche, der das Ressentiment moralisch verdammte, und gegen die moderne Psychologie, die es nur als einen störenden Konflikt denken kann.«[27]

Es liegt nahe, den Gebrauch eines Vokabulars, das doch etwas mit Medizin, mit Wörtern, die auf -iatrie enden, mit Krankheiten und Abweichungen zu tun hat, so zu verstehen, wie Jean Améry das getan hat. Oft kann man es nicht anders verstehen. Wenn ich es dennoch verwende, so deshalb, weil ich hoffe, daß es mir zur Verdeutlichung jenes Anliegens dienlich ist, das Améry zu Recht gegen die Psychiatrisierung politischer Erfahrung stellt: »(...) die Aufgabe, unsere Verbogenheit neu zu definieren: und zwar als eine sowohl moralisch als auch geschichtlich der gesunden Geradheit gegenüber ranghöhere Form des Menschlichen.«[28]

Was Améry in seinem Aufsatz ›Ressentiments‹ beschreibt, ist die andere Seite dessen, was Hans Keilson mit dem Wort von der »sequentiellen Traumatisierung« beschrieben hat. Ein Trauma entfaltet oft erst dann seine zerstörerische Kraft ganz, wenn die Gesellschaft oder Gemeinschaft sich weigert, das Leiden zu erkennen und anzuerkennen und, im hier in Rede stehenden Fall, die Verbrecher zur Rechenschaft zu ziehen. »Er trug auf seiner feldgrauen Uniform die schwarzen Aufschläge der SS, aber man sprach ihn mit ›Herr Leutnant‹ an. (...) Aber warum soll ich eigentlich seinen Namen verschweigen, der mir später so geläufig wurde? Es geht ihm vielleicht gut zur Stunde, und er fühlt sich wohl in seiner gesund geröteten Haut, wenn er vom Sonntagsausflug im Auto heimkehrt. Ich habe keinen Grund, ihn nicht zu nennen. Der Herr Leutnant, der hier die Rolle eines Spezialisten für Folterungen spielte, hieß Praust – P-R-A-U-S-T.«[29]

[27] Ebd. S. 110.   [28] Ebda.   [29] Ebd. S. 62.

Es geht ihm vielleicht gut zur Zeit; er hat vielleicht noch bei bester Gesundheit den Freitod dessen überlebt, dem er damals die Arme ausrenkte und den er mit dem Ochsenziemer auspeitschte. Hat eigentlich ein deutscher Staatsanwalt ein Ermittlungsverfahren eingeleitet, nachdem der Aufsatz über die Tortur veröffentlicht worden war? Ist der Gedanke, diese Frage zu stellen, in einer der Rezensionen des Bandes ›Jenseits von Schuld und Sühne‹ zu finden? Wie kam es zu dem Titel des Buches, das doch eigentlich ›Ressentiments‹ hatte heißen sollen und im Buchhandel so angekündigt worden war?[30]

»Wenn ich zu meinem Ressentiment stehe, wenn ich einräume, daß ich beim Durchdenken unseres Problems ›befangen‹ bin, so weiß ich doch, daß ich der Gefangene bin der *moralischen Wahrheit* des Konflikts. Die Forderung nach Objektivität erscheint mir (…) als logisch sinnlos. Es hat die Untat als Untat keinen objektiven Charakter. Massenmord, Folter, Versehrung jeder Art sind objektiv nichts als Ketten physikalischer Ereignisse, beschreibbar in der formalisierten Sprache der Naturwissenschaften: Es sind Tatsachen innerhalb eines physikalischen, nicht Taten innerhalb eines moralischen Systems. (…) Die moralische Wahrheit der mir noch heute im Schädel dröhnenden Hiebe besaß und besitze ich nur selber und bin darum in höherem Maße urteilsbefugt, nicht nur als der Täter, sondern auch als die nur an ihren Bestand denkende Gesellschaft. Die Sozietät ist befaßt nur mit ihrer Sicherung und schert sich nicht um das beschädigte Leben: Sie blickt vorwärts, im günstigsten Fall, auf daß dergleichen sich nicht wieder ereigne. Meine Ressentiments aber sind da, damit das Verbrechen moralische Realität werde für den Verbrecher, damit er hineingerissen sei in die Wahrheit seiner Untat. (…) es handelt sich, wenn ich mich recht erforscht habe, nicht um Rache, auch nicht um Sühne. Das Erlebnis

[30] Man kümmere sich überhaupt einmal um die Editionsgeschichte des Améryschen Werkes und die Editionspraxis Gisela Lindemanns.

der Verfolgung war im letzten Grunde das einer äußersten *Einsamkeit.* Um die Erlösung aus dem immer noch andauernden Verlassensein von damals geht es mir.«[31]

Es ist nicht gut, die Fragen der Moral und die der Psychologie allzusehr auseinanderzuhalten. Améry selbst führt sie im eben Zitierten eng zusammen. In der Reaktion der Sozietät auf das Verbrechen und das Trauma liegt eine Chance. Nicht die der Wiedergutmachung, die es nicht gibt. Aber die der Anerkennung, daß es sie nicht gibt und daß daraus keine Entschuldigung für moralische Untätigkeit folgt, sondern Verpflichtung. Verpflichtung, die Mordbefehle zu widerrufen; Verpflichtung, die Mörder zur Rechenschaft zu ziehen; Verpflichtung, Garantien für das Leben der zu Opfern Gemachten auszusprechen. Verpflichtung zur Befreiung aus dem sonst immer noch andauernden Verlassensein. Es geht um die Sicherheitsgarantien der Gemeinschaft, über die Améry unter der Frage, wieviel Heimat der Mensch brauche, geschrieben hat. Eine Rückkehr zu zivilisierten Umgangsformen ist nicht möglich, wenn man weitermacht, als wäre nichts geschehen. Aber auch wenn sie sich wirklich dem Geschehenen, dem Verübten stellt, so ist noch nichts garantiert. Was zerstört worden ist, läßt sich nicht einfach kitten, weder die zivilisatorischen Standards noch die individuellen Verletzungen. Umgekehrt aber gilt: Wenn eine Sozietät ihre Indolenz an beidem übt in dem, wie Améry es nannte, »unisono rundum erhobenen Friedensruf, der da aufgeräumt vorschlägt: Nicht rückwärts laßt uns schauen, sondern vorwärts, in eine bessere, gemeinsame Zukunft!«, dann wird sie mit dem Zerstörungswerk fortfahren.

Machen wir uns nichts vor. Das Zerstörungswerk ist getan. Die deutsche Politik nach 1945 läßt sich auf den von Ralph Giordano geprägten Begriff von der »zweiten Schuld« bringen. Und Jean Améry starb nicht im Konzen-

[31] Ebd. S. 112 ff.

trationslager, sondern in Österreich und an der Bundesrepublik Deutschland, nicht zuletzt übrigens an ihrer politischen Linken und, nota bene, nicht in ihr.

Die Sozietät, die erst den Bestand des Individuums angegriffen hat, gewährt den Wiedereintritt um den Preis der gänzlichen Selbstaufgabe. Sie macht das Angebot einer neuen gemeinsamen Verwendung der ersten Person Plural um den Preis, daß die Fähigkeit, »ich« zu sagen, endgültig zuschanden wird: »Wer seine Individualität aufgehen läßt in der Gesellschaft und sich nur als Funktion des Sozialen verstehen kann, der Stumpffühlige und Indifferente also, vergibt in der Tat. (...) Entindividualisierter, austauschbarer Teil des Gesellschaftsmechanismus, lebt er mit diesem im Einverständnis und verhält sich, vergebend, so wie der französische Strafverteidiger Maurice Garçon im Zusammenhang mit der Verjährungsdebatte die soziale Reaktion auf das Verbrechen beschrieben hat: ›(...) Das Verbrechen verursacht Unruhe in der Gesellschaft; sobald aber das öffentliche Bewußtsein die Erinnerung an das Verbrechen verliert, verschwindet auch die Unruhe. Die vom Verbrechen zeitlich weit entfernte Strafe wird sinnlos.‹ Dies ist richtig bis zur binsenwahren Offenbarkeit, sofern es sich um die Gesellschaft handelt, beziehungsweise um das Individuum, das sich selbst moralisch vergesellschaftet und sich auflöst im Konsensus. Es ist ohne jede Relevanz für den sich moralisch als einzigartig begreifenden Menschen.«[32]

Den Preis, den die Gesellschaft fordert, nicht zahlen zu wollen, bedeutet aber, seine Stärke aus der Verletzung, die Leistung, sein Ich gegen das Wir der anderen zu stellen, aus den Beschädigungen, die das Ich erfahren hat und erneut erfährt, wo ihm noch einmal Individualität verweigert wird, gewinnen zu müssen. »Es ist meinem Nachdenken nicht unentdeckt geblieben, daß das Ressentiment nicht-

---

[32] Ebd. S. 114 f.

nur ein widernatürlicher, sondern auch ein logisch wider-
sprüchlicher Zustand ist. Es nagelt jeden von uns fest ans
Kreuz seiner zerstörten Vergangenheit.«[33] Denn es verlangt nichts weniger als die Umkehrung der Zeit, das Un-
geschehenmachen. Das Individuum beharrt auf seinem
Recht auf den Zustand vor seiner Beschädigung und verlangt von der Gesellschaft seine Anerkennung als Individuum. – Aber hat Améry nicht selbst gesagt, daß man keines sein kann gegen ein Kollektiv – »um dieser oder jener
zu sein, brauchen wir das Einverständnis der Gesellschaft«?

Auf diese Frage schließlich antwortet der letzte der fünf
Aufsätze: ›Über Zwang und Unmöglichkeit, Jude zu sein‹.
Dort heißt es: »Als ich 1935 die Nürnberger Gesetze las und
mir bewußt wurde, nicht nur, daß sie auf mich zutrafen,
sondern daß sie der juridisch-textlich zusammengefaßte
Ausdruck waren des schon vorher von der deutschen Gesellschaft durch ihr ›Verrecke!‹ gefällten Urteilsspruches,
hätte ich geistig die Flucht ergreifen (…) können (…) ich
hätte (…), selbst unter Verzicht auf die Illusion sowohl
eines deutschen pays réel als auch einer gegen die deutsche Geistesstörung immunen Welt, mir zusprechen können: Was immer man von mir auch sage, es ist nicht wahr.
Wahr bin ich nur, als der ich mich selber im Innenraum
sehe und verstehe; ich bin, der ich für mich und in mir bin,
nichts anderes. Ich will nicht sagen, daß ich nicht bisweilen
solcher Versuchung unterlag. Ich kann nur bezeugen, daß
ich ihr schließlich widerstehen lernte.«[34]

Denn wer auf der eigenen Wirklichkeit in Opposition zu
der kollektiven besteht, ist bloß verrückt. Was aber kann
der tun, der sich der Verrücktheit des Nichtakzeptierens
der Wirklichkeit genausowenig überlassen will wie ihrer
affirmativen Hinnahme? »Langsamerhand kam ich in den
zwei Jahrzehnten, die seit meiner Befreiung vergingen, zur
Erkenntnis, daß es nicht ankommt auf positive Bestimm-

---

[33] Ebd. S. 111. [34] Ebd. S. 140 f.

barkeit einer Existenz. Daß Jude ist, wer von den anderen als Jude angesehen wird, hat einst schon Sartre gesagt, und hat später Max Frisch in ›Andorra‹ dramatisch dargestellt. Es ist nicht korrekturbedürftig, doch darf man es vielleicht ergänzen. Selbst dann nämlich, wenn mich die andern nicht als Juden bestimmen, wie sie es mit dem armen Teufel in ›Andorra‹ taten, der gerne Tischler geworden wäre und den sie nur Kaufmann sein lassen wollten, bin ich doch Jude durch die bloße Tatsache, daß die Umwelt mich nicht ausdrücklich als Nichtjuden fixiert. Etwas sein kann bedeuten, daß man etwas anderes *nicht* ist. Als Nicht-Nichtjude bin ich Jude, muß es sein und muß es sein wollen. Ich habe es anzunehmen und in meiner täglichen Existenz zu bekräftigen (…) Da Jude sein aber nicht nur meint, daß ich eine gestern geschehene und für morgen nicht ausschließbare Katastrophe in mir trage, ist es jenseits der Aufgabe auch *Furcht*. Täglich morgens kann ich beim Aufstehen von meinem Unterarm die Auschwitznummer ablesen; das rührt an die letzten Wurzelverschlingungen meiner Existenz, ja ich bin nicht einmal sicher, ob es nicht meine ganze Existenz ist. Dabei geschieht es mir annähernd wie einst, als ich den ersten Schlag der Polizeifaust zu spüren bekam. Ich verliere jeden Tag von neuem das Weltvertrauen. Der Jude ohne positive Bestimmbarkeit, der Katastrophenjude, wie wir ihn getrost nennen wollen, muß sich einrichten ohne Weltvertrauen.«[35]

»Ich« – »wir«. »Täglich morgens kann ich beim Aufstehen …« – erste Person Singular. »Der Katastrophenjude, wie wir ihn getrost nennen wollen …« – erste Person Plural. Beide grammatischen Formen sind alles andere als zufällig oder (was dasselbe wäre) routiniert verwendet. Sie sind Zeichen einer negativen Individualität und einer negativen Kollektivität. Das Individuum – »ich bin nicht einmal sicher, ob es nicht meine ganze Existenz ist« – erkennt sich in der

[35] Ebd. S. 146f.

Nummer 172364, die gleichzeitig Symbol seiner Auslö-
schung und totalen Eingliederung in das Kollektiv der zu
Ermordenden ist. Das Individuum erkennt seine Zu-
gehörigkeit zum Kollektiv, in dem es sich nun aufhält, im
Gleichklang des Wissens um sein Nichtdazugehören. *So*
sind die Voraussetzungen, die erste Person zu gebrauchen.
»Ich muß das Fremdsein als ein Wesenselement meiner
Persönlichkeit auf mich nehmen, auf ihm beharren wie auf
einem unveräußerlichen Besitz.«[36]

Jean Améry sprach von sich, beschrieb sich, und je deutlicher seine Physiognomie erschien, desto deutlicher
wurde auch der Blick, den sie auf den Leser richtete. Die
Versuchung ist groß für den, der das Glück hatte, so nicht
sprechen zu müssen, durchs Zitat seiner Worte eine Gemeinsamkeit zu erschleichen, die es nicht gibt. Flink
könnte man auch im einen Jargon von der Conditio humana, im andern von der Condition postmoderne sprechen.
Das Riskante ist, daß man es nicht ganz zu Unrecht täte.[37]
Die Ketten, die die Greuel einer Gesellschaft an ihre Normalität binden, sind massiv, oder anders gesagt: die Barbarei, der sich eine Zivilisation überläßt, trägt die Merkmale
dieser Zivilisation. Die Mörder, die ihren Opfern die Individualität aberkannten, haben selber freudig darauf verzichtet und als triftigste Verteidigung ersonnen, daß, was sie getan, hätten sie's nicht, ein andrer getan hätte. Als wäre
nicht die Basis der Moralität eben, daß *ich* etwas nicht tue.
So besteht der zum Opfer Gemachte auf seiner negativen
Individualität und fordert vom Mörder, daß der seine eigene, die eben in der verübten Tat besteht, nicht verleugne.
Die Barbarei, der sich eine Zivilisation überläßt, trägt die
Merkmale dieser Zivilisation, ich wiederhole das. Und so
sagt Jean Améry, wenn er die erste Person Singular gebraucht, mehr als nur »ich«, wenn auch nicht »wir«. Die
Geste, die auf das zeigt, was aus ihm gemacht worden war,

[36] Ebd. S. 149.
[37] Vgl. Zygmunt Bauman, Moderne und Ambivalenz, Hamburg 1992.

deutet auch auf das, was die aus sich gemacht haben, die es getan hatten, geschehen ließen, weiterlebten, als wäre nichts geschehen.

Jean Améry hat in seinem letzten Buch den Zusammenhang von Zivilisation und Barbarei dort aufgesucht, wo der Gebildete das bürgerliche Individuum auf seiner Höhe wähnt, wo es alle seine Triumphe und seine eigene Großartigkeit feiert, im Roman. Und er hat es in dem Roman getan, der für viele eines der vollkommensten Exemplare dieser Gattung ist, Flauberts ›Madame Bovary‹. Améry gibt in seinem ›Charles Bovary, Landarzt. Porträt eines einfachen Mannes‹ einem Nicht-Ich oder doch wenigstens nichtigen Ich Stimme und Individualität. Es bleibt aber eine negative. Gegen die Wirklichkeit des Flaubertschen Romans kann sich Amérys Bovary nicht erheben. »Die Wirklichkeit Charles Bovarys wurde zu Stein. So und so geschah's (…) Da gab es keine Freiheit des Subjekts (…)«; das Opfer teilt dies mit seinem Schöpfer: »Da er (Flaubert) sich vor der Welt verschließt, unselig und voll Haß (…) hat er, der Bürger, auch keinen Zugang zum bürgerlichen Subjekt.« Schließlich: »Flaubert, dieser Pionier eines neuen Romans, war zugleich einer der Verantwortlichen der Gegenaufklärung des XIX. und des XX. Jahrhunderts, und dies nicht als ein durch ökonomistischen Determinismus bestimmter ›Bourgeois‹, sondern als ein in existentieller Freiheit sich Wählender. – Hat er's gewußt?«[38]

Der Schluß des ›Charles Bovary‹ ist eine Anklagerede der Figur gegen ihren Autor, die aber plötzlich abbricht: »*Ich ziehe meine Klage zurück. (…) Verstumme. Es ist mir recht, daß ich zu Boden falle. Hier liege ich: Continua viam viator…*«

Sie hören das Echo aus den ›Unmeisterlichen Wanderjahren‹ und das Ende des Berichtes über Auschwitz mit dem Kraus-Zitat darin: »Das Wort entschläft überall dort, wo eine Wirklichkeit totalen Anspruch stellt. Uns ist es

---

[38] Améry, Charles Bovary, Landarzt, Stuttgart 1978, S. 133.

längst entschlafen. Und nicht einmal das Gefühl blieb zurück, daß wir sein Hinscheiden bedauern müßten.«[39]

Jean Amérys Werk ist der Versuch, den Tod des Individuums zu akzeptieren, ohne damit einverstanden zu sein.
Der den Versuch unternahm, war nicht »trotzdem« Individuum, sondern einer, der wußte, wie mit der ersten Person
Singular verfahren wird.

[39] Ders., Jenseits von Schuld und Sühne, a.a.O. S. 73 f.

Der Vorgang des Ertaubens
nach dem Urknall
Nationalsozialismus und Nachkrieg als Textmerkmale
bei Arno Schmidt

> »Dessen, was in einem höhern
> Leben der Erinnerung werth
> seyn möchte, ist so wenig;
> dessen, was wir schon in diesem
> zu vergessen wünschen, so viel!«
> Christoph Martin Wieland

Die Bedeutung eines Ereignisses wird oft erst in den Schwierigkeiten, es psychisch zu verarbeiten, deutlich. Diese Einsicht der Psychoanalyse gilt für Kollektive nicht weniger als für Individuen. Was der Teutsche Krieg, wie der Dreißigjährige ursprünglich genannt wurde, für den kollektiven Seelenhaushalt der Deutschen bedeutet hat, wird vor allem kenntlich aus der Literatur des Barock: hundert Jahre Melancholie, Tod und Vanitas. – Nähme man diese Art der Verarbeitung einer Zivilisationskatastrophe zum Maßstab, was wäre in der deutschen Literatur nach 1945 zu erwarten gewesen nach Millionen Kriegstoten in Europa, nach Millionen bei zivilen Massakern Ermordeten? Aber die deutsche – nein, ich muß einschränken: die westdeutsche Nachkriegsliteratur kreist, wenn denn in ihr überhaupt die Themen Nationalsozialismus und Krieg aufgenommen werden, vor allem um ein Thema: den Heimkehrer. Er ist zumindest zentrales Thema im Gesamt- und Frühwerk zweier äußerst populärer literarischer Moralisten, Borchert und Böll. Warum Borcherts ›Draußen vor der Tür‹ ein Erfolg geworden ist, kann man auf S. 24 ff. nachlesen. Einer der Gründe ist die Umstilisierung desjenigen, der ein Teufel gewesen ist, zu einem armen Teufel. Und da ist ja auch was dran. Daß die meisten Teufel irgendwann und -wo auch arme Teufel sind und gewesen sind, gerade wenn es um Kriege geht – wer könnte das leugnen? Die Frage ist nur, welche Perspektive sich ein Kollektiv wählt, um auf sich und seine Vergangenheit zu blicken. Bei Borchert ist Larmoyanz das Gefühlsmedium, in dem sich das doch wohl etwas ramponierte Gewissen wiedergutmacht.

Auch im Werk Arno Schmidts gibt es den Heimkehrer, in ›Brand's Haide‹. Auch ihm geht es nicht gut, er hungert, friert, besitzt fast nichts mehr. Die eigene Vergangenheit als Soldat spielt kaum eine explizite Rolle. Aber weder die Hauptfigur – die einzige bei Schmidt, die »Schmidt« heißt – noch der Text sind an irgendeiner Stelle larmoyant. »*Zahnpulver*: garantiert unschädlich: so die Aufschrift! (Witzig war unsre 46er Welt, was: nicht etwa wohlschmeckend, oder hochreinigend, oder mit Radium G – nee, nee: man bloß unschädlich!). Und ich feixte, daß mir die Backen wehtaten: n Suppenteller kriegte man nicht zu kaufen, aber wenn man die Totenmaske der inconnue de la Seine, 38 Mark 50, umdrehte, konnte man sie als solchen verwenden. ›Und siehe: es war Alles gut!‹ (Ach, weg mit dem Mist!).«[1] Auch dort, wo der Text – hier in der direkten Rede des Protagonisten – ein politisches Problem anspricht, ist es nicht das Draußenvordertür: »›*Nanu ?!*‹ rief ich! ›Ich will Ihnen was sagen, Herr Bauer: hoffentlich bleibt die Besatzung 50 Jahre! […] Wie sie doch alle Gefallen an Achselstücken und fein ersonnenen Dienstgraden fanden, am dröhnenden Marschtritt und zackigem Gehorchen. (Führer befiehl: wir folgen!: Gibt es etwas widerlicheres als diese Bitte um einen Befehl?! Pfui Deubel, Deutsche: Nee ! ! –). […]‹«[2]

Man kann ›Brand's Haide‹ nicht nur als *den* »anderen« Heimkehrer-Roman lesen, wie Bettina Clausen das vorge-

---

[1] BA I, 1, 162. (BA = Bargfelder Ausgabe der Werke Arno Schmidts mit Angaben von Abteilung, Band und Seite, Zürich 1986 ff.)
[2] BA I, 1, 168.

schlagen hat[3], er beginnt sogar direkt als Verhöhnung des drei Jahre zuvor im selben Verlag (Rowohlt) erschienenen ›Draußen vor der Tür‹. Dort heißt es zu Beginn des ›Vorspiels‹: »Der Wind stöhnt. Die Elbe schwappt gegen die Pontons. Es ist Abend. Der Beerdigungsunternehmer. Gegen den Abendhimmel die Silhouette eines Menschen. – Der Beerdigungsunternehmer rülpst mehrere Male und sagt dabei jedesmal: Rums! Rums! Wie die – Rums! Wie die Fliegen! Wie die Fliegen, sag ich.«[4] ›Brand's Haide‹ beginnt so: »*Glasgelb* lag der gesprungene Mond, es stieß mich auf, unten im violen Dunst (später immer noch). ›Kaninchen‹, sagte ich; ›ganz einfach : wie die Kaninchen !‹.«[5]

Aber dazu ein andermal. »Vielleicht gelang es nur einem

---

[3] Vgl. Bettina Clausen, Metamorphose und Übergang, in: Arno Schmidt Stiftung (Hrsg.), »Vielleicht sind noch andere Wege –«, Hefte zur Forschung 1, Bargfeld 1992, S. 72; ihr differenzierender Beitrag dazu i.R. des Rendsburger Symposions zur deutschen Nachkriegsliteratur im September 1992.

[4] Wolfgang Borchert, Draußen vor der Tür, in: ders., Das Gesamtwerk, Reinbek 1991.

[5] BA I, 1, 117. – Deutlich ist natürlich die Umkehrung der Todesklage in die Anklage darüber, daß alles so unverdrossen weitergeht – diese Umkehrung des »Wie die Fliegen« in »Wie die Kaninchen« kann kein Zufall sein. Zudem läßt sich ohne die Parallele zu dem wiederholten rülpsenden »Rums« im Borchert-Text für das »es stieß mich auf (später immer noch)« keine befriedigende Interpretation geben. Schließlich bezeichnet das »unten im violen Dunst« nicht nur den empfundenen literarischen Abstand und das »Blaublümelnde« der denunzierten, so aufdringlichen wie deplazierten Empfindlichkeit, sondern ist sicher auch eine Anspielung auf Borcherts literarische Lieblingsfarbe: »wie unübersehbare Wälder: dunkel, lila, voll Stimmen«; »die lilane Haut unserer Mädchen«; »eine lilane Erlösung«; »das Lila gibt keine Zeit für Grammatik« (daher); schließlich: »die Welt: lila«. – Zu bedenken wäre, ob der »Borchert-Verhöhnung« Topos-Charakter in der westdeutschen Literatur zugesprochen werden kann. Ich möchte nur auf eine weitere Stelle hinweisen, die sich bei einem Autor findet. Heinrich Böll, der zwar einerseits 1955 eine Ausgabe von ›Draußen vor der Tür‹ aufs kitschigste benachwortet hat, andererseits am Ende von ›Dr. Murkes gesammeltem Schweigen‹ den Schluß ebenjenes Theaterstücks persifliert.

einzigen Erzähler der frühen Nachkriegszeit«, schreibt Ralf Schnell in ›Die Literatur der Bundesrepublik‹, »den Schock des Kriegserlebnisses ästhetisch produktiv zu machen, mithin eine neue Form literarischer Wirklichkeitsverarbeitung zu begründen: Arno Schmidt.«[6] In der Tat, wenn man Schmidts erstes Buch ›Leviathan‹ neben die Bücher legt, die etwa zur selben Zeit veröffentlicht worden sind, so hat dieses Urteil so viel Evidenz, daß man in Versuchung gerät, gar nicht weiter nachzufragen und vor allem die Frage nach dem Wie zu vergessen. Ihr bzw. ihrer Antwort möchte ich nachgehen, und ich möchte hierbei die »politischen Aussagen« wie etwa die eben zitierte über die hoffentliche Dauer der Besatzungszeit bewußt vernachlässigen. Wäre ein politischer Autor nur dort einer, wo er dasselbe leistet wie ein Leitartikler, wäre das Thema »politische Literatur« nicht nennenswert oder allenfalls als wenig effektive Spielart eines politischen Journalismus. Wenn ich auf die Eingangsfrage nach der »Verarbeitung« eines Ereignisses zurückkomme, so möchte ich präzisierend hinzusetzen, daß es dabei um Literatur als Teil eines, und zwar durchaus nicht einförmigen kollektiven Prozesses geht – was wiederum nicht mißverstanden werden darf als Annahme irgendeines Abbildungs- oder simplen Prägeverhältnisses, wie ja doch jede mögliche Reduktion nur etwas gegen das Reduzierbare bewiese, und wenn der Beweis nicht gelingt, gegen den, der nur das wahrnimmt, was sich zur Reduktion eignet. Wenn ich meine, daß solches Reduzieren auf Bedürfnisbefriedigung eines Kollektivs, das aus dem Blick der Welt, in dem es als eine Mörderbande dasteht, entkommen will, im Falle von Borcherts ›Draußen vor der Tür‹ möglich ist, so ist die Behauptung solcher Möglichkeit Ergebnis einer ästhetischen Kritik, die hier nicht ausgeführt, sondern nur vorausgesetzt wurde. In welcher Weise das Werk Schmidts im politisch-psycholo-

---

[6] Ralf Schnell, Die Literatur der Bundesrepublik, Stuttgart 1986, S. 90.

gischen Rundum der Nach-NS-Westdeutschen steht, erschließt sich nicht dem ersten Blick auf die Textebene der »Aussagen«.

Um die hat es ja auch eine Reihe steriler Debatten gegeben bis hinunter zur Diskussion der Frage, ob Schmidt bei der Abfassung von ›Aus dem Leben eines Fauns‹ einen Zugfahrplan aus dem Jahre 1939 herangezogen habe. Nun wimmelt ›Aus dem Leben eines Fauns‹ an den Maßstäben dokumentarliterarischer Genauigkeit gemessen fast so von Anachronismen wie die Antike des ›Alexander‹ oder ›Kosmas‹. Wer hier nur befremdet den Kopf schüttelt, weil aus dem Vorkriegsradio Nachkriegsschlager tönen, verpaßt natürlich die doch eigentlich naheliegende Frage, warum sich NS- und BRD-Alltag so durchaus zwanglos in der literarischen Darstellung überblenden lassen. Hier wäre die diagnostische Kraft des politischen Autors Schmidt zu finden, nicht auf der Suche nach dem preiswerteren Substitut für Forschungsprojekte irgendwelcher Institute für Zeitgeschichte.

Das zitierte Urteil Schnells stimmt nur, wenn man es nicht so versteht, daß Schmidt im Medium literarischer Fiktion die Lücken in den Aktenordnern des Bundesarchivs zu schließen versucht oder in seinen Büchern die emotionelle Intensität nachgeliefert habe, die das Dokumentenkonvolut nun einmal nicht hat. Der literarische Wert der Werke ›Leviathan oder Die beste der Welten‹ und ›Aus dem Leben eines Fauns‹ besteht nicht darin, daß dort etwas von »jenen Zeiten« überliefert worden ist, die einem kollektiven Gedächtnis gerne entfallen. Die psychische Voraussetzung einer Verleugnung der eigenen Vergangenheit, das Konstruieren einer »Stunde Null« geht vielmehr als Voraussetzung in Schmidts Texte selber ein. Das Thema des ›Leviathan‹ ist nicht Nationalsozialismus & Krieg, sondern diese »Stunde Null« selbst, im ›Faun‹ wird nicht die Vergangenheit dargestellt, wie sie war, auch nicht, wie sie sich der Erinnerung darstellt, sondern amalgamiert mit Zügen der Gegenwart. Alle anderen deutschen Zustände in seinen Büchern sind durchaus bundesrepublikanische. In ihnen gibt es keine Menschen, die sich anders als in kurzen Erinnerungsbruchstücken mit dem vor-45er Deutschland beschäftigen und keinesfalls auf eine Weise, die mit Freudscher Terminologie »Durcharbeitung« heißen könnte. Auch weisen die Texte selbst kaum Gesten vor, die solchen Mangel etwa als Mangel spüren ließen. Gleichwohl sind sie bis ins Detail von der Einsicht geprägt, daß »Neubeginn« und »Stunde Null« Fiktion sind. Die Anachronismen des ›Faun‹ sind nur das Wechselspiel zu der immer wieder wie in Farbrissen kurz sichtbar gemachten Grundierung der Bilder der Bundesrepublik Deutschland durch ihre Vergangenheit. Wer den politischen Schriftsteller Arno Schmidt in den Aussagen, den Themen, den Stories der Texte sucht, gerät in jene Schwierigkeiten, auf die Bernd Rauschenbach im Zusammenhang mit der Rezeption der Goethepreis-Rede hingewiesen hat.[7] Was Schmidt zu einem politischen Schriftsteller von höchstem Range macht, ist nicht nur, was der Text sagt, sondern vor allem, was sich in ihm zeigt.

An einem Text, in dem das, was sich zeigt, sehr eng mit dem Inhalt verbunden ist, kann man demonstrieren, wie der Transformationsprozeß des Realitätsbefundes[8] über Elemente der Story in die ästhetische Gestaltung selbst, und zwar bis in ihre Mikrologie hinein, sich vollzieht. Ich meine die Erzählung ›Kühe in Halbtrauer‹. Sie ist, auf das wirklich in ihr Erzählte reduziert, wie fast alle der in den frühen 60er Jahren geschriebenen ländlichen Erzählungen Schmidts, banal: Zwei ältliche Männer haben für sich und ihre Ehefrauen in der Heide zu Ferienzwecken ein Holzhäuschen gemietet. Während der Abwesenheit der Damen

[7] Vgl. Bernd Rauschenbach, »I wouldn't have it as a gift.« Einige unvollständige Beobachtungen zu Arno Schmidts Goethepreisrede, in: Arno Schmidt Stiftung (Hrsg.), »Vielleicht sind noch andere Wege –«. Vier Vorträge, Hefte zur Forschung I, Bargfeld 1992.

warten die beiden Männer zunächst auf die Anlieferung einer für ein paar Stunden gemieteten Kreissäge, sägen dann mit ihr allerhand Holz klein. Am Ende sind sie schwerhörig.

Während des Wartens und Sägens erinnert man sich an den Wirtshausbesuch des vorigen Abends, und ein Erlebnis aus den letzten Tagen des Krieges wird mitgeteilt. Das Apropos liefert die vorabendliche Nachrichtensendung zum 20. Juli. »Sag ma, Otje – hast Du, Deinerzeit, als Artillerist, nennenswert ‹nachgedacht› ?‹.« – und so geht es dann weiter: »›– aber wir hatten mal 'n Rechentruppführer dabei, der dachte ständig. Der hat mir, dann in belgischer Kriegsgefangenschaft, folgendes erzählt : [...] Anfang April 45, im Rückzugsgebiet Oldenburg, hört er am Feldfernsprecher – ich glaub', VECHTA hieß das Nest – daß das zur ‹Lazarettstadt› erklärt sei, und Freund wie Feind ihre Verwundeten dort rein schafften. 1 Stunde später aber ruft auf einmal irgend'n ‹Oberst› – der Befehlshaber des betreffenden Frontabschnitt – durch : ‹Befehl ! : Sofort 200 Schuß auf Vechta legen !›. Auf die Rückfrage hin, plus submissestem Bedenken, daß doch just Verwundete ... ? heißt es,

---

[8] Des erkannten, des gefühlten, des vegetativ oder osmotisch rezipierten – das ist für die hier vorgestellten Interpretationen ohne Belang. Die Interpretation eines literarischen Textes ist nicht zugleich eine Aussage darüber, wie er zustande gekommen ist. Literaturinterpretation ist kein Seitenzweig empirischer Psychologie. Sehr wohl können in einer Interpretation Behauptungen über psychologische Konnexe vorkommen, aber nicht jede in einer Interpretation genannte Beziehung von Textstellen aufeinander oder anderer Art ist eine nur nicht explizit gemachte psychologische Behauptung. Wenn ich einen Text etwa das Widerbild oder Engramm einer politischen Erfahrung nenne, sage ich nichts über irgendeinen Weg, den sich die Wirklichkeit über die Psyche des Autors in den Text hinein gebahnt habe, noch, nota Bene, behaupte ich, daß es eines solchen Weges nicht bedürfe oder daß sich nicht Sinnvolles über ihn sagen oder mutmaßen ließe. Jenseits aller Psychologisierung oder Ontologisierung des Literarischen weise ich auf den Umstand hin, daß Literaturinterpretationen meist weniger behaupten, als man annimmt.

ebenso einfach wie brutal : ‹Halten Se'n Mund ! In'ner Vier-
telstunde erwart' ich Vollzugsmeldung ! – :Ende !›.« Hier
wird die Anekdote unterbrochen, und es schließt sich ein
kurzes Hin und Her um die Frage an, was in einem solchen
Falle zu tun sei. Angeboten wird die »feige« (»Mir wär'
sicher ‹schlecht geworden‹.«) und die »heldenhafte« Lösung
(»Sag bloß, Du wärst hochgeschnellt; und hättest heroisch
gerufen: ‹Nie, Sie unsittliche Obristenhaftigkeit !›«) – beide
werden gestisch verworfen, und die Geschichte bietet die
»Lösung«, gewissermaßen den »dritten Weg«: »[…] Der
hat folgendes gemacht : 1 Minute lang mit sich gerungen.
À la ‹heroisch ablehnen›? : wird er erschossen. ‹Schlecht
werden› ? : dann machts der nächste Stellvertreter. Neenee :
keine Lösung ! / Also über die Karte gebeugt – ‹Zeit
gewinnen› klar – dann Koordinaten abgegriffen; den Ge-
schützführern draußen ‹Seite & Höhe› gegeben. Und dann,
als die ‹200 Schuß wie befohlen› raus waren, hat er ‹Voll-
zug› gemeldet.‹« Noch einmal wird die Geschichte, um das
Setzen der Pointe durch Retardierung vorzubereiten, unterbrochen, dann der Schluß: »›Freilich hatte er sich, wie er
mir *nach der Kapitulation, vor Brüssel*, anvertraute, ‹vermes-
sen›. Den Planzeiger versehentlich an eine leere Straßenga-
bel, 500 Meter vor dem Städtchen, gelegt. Kann ja dem Besten unter uns passieren, wie ?‹«[9]

Die Geschichte ist natürlich sehr schön. Aber sie ist
auch merkwürdig. Einmal enthält sie – was für Schmidt
ganz untypisch ist – eine unverkennbare didaktische Kom-
ponente: wie kann ich, ohne mein Leben zu riskieren, auch
in extremen Situationen ein anständiger Mensch bleiben?
Fast erwartet man ein »Merke!« am Schluß. Andererseits
lebt die in der Geschichte wiedergegebene *Tat* aber davon,
daß sie *nicht* beispielgebend ist (oder doch erst im nächsten
Kriege, da sie erst nach Kriegsende berichtet werden
kann), ja daß sie, wenn sie unternommen wird, als Tat nicht

<hr />

[9] BA I, 3, 346f.

erkennbar ist – sie wäre sonst nicht nur für den Handelnden riskant, sondern vor allem auch in ihren Konsequenzen revidierbar. Der Handelnde darf also in dem, was seine moralische Integrität ausmacht, nicht erkennbar sein. Der Schlußsatz der Anekdote bleibt richtig: das kann dem (ergänze: technisch) Besten (ergänze: unabsichtlich) passieren. In der Tat, und auch dem überzeugtesten Nazi. Es mag in einem Kriege derlei Tausenden unabsichtlich passiert sein – nur die Absicht macht den Helden. Die aber muß verborgen bleiben. Im Grunde läuft solcher Widerstand auf nichts weiter hinaus, als die Zahl der sowieso passierenden Fehler eines Systems – und keines funktioniert fehlerlos – zu vermehren. Damit aber verschwindet erneut das eigentlich Subjekthafte bei diesem Tun: das eigene Handeln muß den andern als (je nach Standpunkt glücklicher oder unglücklicher) Zufall erscheinen. Um im beschriebenen Sinne moralisch handeln zu können, muß der Handelnde eine äußerste Reduktion seines Subjektstatus vornehmen. Ich komme auf diesen Aspekt noch zurück.

*

Das Apropos zu dieser Anekdote liefert, wie gesagt, eine Fernsehsendung anläßlich des »bevorstehenden« 20. Juli, gesehen abends im dörflichen Wirtshaus. Die Beschreibung dieses Wirtshausabends ist eine weitere Erzähl-Enklave, »Rückblende«, wenn Sie so wollen. Oder um ein anderes Gleichnis zu wählen: Wirtshausszene und Kriegsanekdote bilden die beiden Brennpunkte der Ellipse der Erzählung.

»:Das Leben des Menschen ist kurz; wer sich betrinken will, hat keine Zeit zu verlieren ! / Die Abende in ‹ZIEBIG's Gasthof› waren ja gar nicht unlebhaft.«[10] Die Schilderung des Abends ist in diesem leichten Tone gehalten, der übri-

[10] BA I, 3, 341.

gens die gesamte Geschichte prägt und atmosphärisch zu tragen scheint, ein im besten Sinne witziger Ton, der nie Pointen anzusteuern oder einzuheimsen trachtet, sondern dem sie wie unbeabsichtigt zufallen, so daß dem Leser zunächst ganz entgeht, wie sehr der Text erfüllt ist von dem, was Mephistopheles der Theologie zusprach: verborgnes Gift. Wenn etwa der Erzähler über die Preise des Wirtshausessens räsonniert (»Mittagessen diese 3 Tage beim Gastwirt; meist ‹Zarte Leber›, auf Reis mit Tomatenfarbenem. Pro Tag 9=50 für uns Zwei; (einerseits teuer bei der sehenswürdigkeitslosen Gegend. Aber wenn sie reizvoller wäre, wär' sie wiederum längst überlaufen, und gar keine ‹Oase› mehr; was ja aasig gesund sein soll. Also eher merkwürdig klug von dem Wirt=hier, diese 9=50)«[11], so freut man sich still über das »tomatenfarben« und wird ein wenig schwindlig bei dem »merkwürdig klug« (man versteht es, je mehr man darüber nachdenkt, immer weniger) und überliest das »aasig gesund«, das zwar als Redensart durchaus passieren kann, aber eben doch Gesundheit und Verwesung in eine gewisse polare Identität zwingt.

Die Schilderung dieses niedersächsischen Wirtshauses ist, hingeplaudert wie sie ist, eine wahrhaft höllische Angelegenheit. Es handelt sich um eine Schilderung bundesrepublikanischer Gegenwart, und zwar in ihren privatfolkloristischen wie in ihren offiziellen Seiten, wie ich sie bösartiger in vergleichbarer Literatur nicht kenne. – Zunächst die offizielle BRD, kurz vor ihrem offiziellen Gedenktag, der an den gescheiterten Versuch deutscher Offiziere erinnert, Hitler zu töten – nicht nur an den Versuch, sondern eben auch an sein Scheitern – : »da hatte *der* ‹Staatsmann› einen unverbindlichen Vortrag gehalten [...] Und *Jener,* der Klügere, schweigend ‹1 Kranz niedergelegt›. *Der* das ‹Nachdenken des Soldaten› gepriesen; (der nächste Redner dieses freilich sogleich präzisiert : für den Fall einer

[11] BA I, 3, 339.

‹unsittlichen Obrigkeit› ! Sogar 1 General sollte mit gewissen Einschränkungen, für's Nachdenken gewesen sein – da hätte BEN AKIBA doch wohl mal Augen gemacht.)«[12]

So also gleichsam das offizielle Gegenstück zu der privaten Widerstandsanekdote, durch die Wortfolge von der »unsittlichen Obrigkeit« ihr deutlich verbunden (»Nie, Sie unsittliche Obristenhaftigkeit!«). Schmidt läßt hier in den Fernsehnachrichten kurz den Gründungsmythos der Bundesrepublik Deutschland passieren: daß ihre Gründung in der Tradition des Widerstands gegen den Nationalsozialismus stehe (nicht Staatsideologie wie in der ehemaligen DDR, aber doch als wie selbstverständlicher Konsens), obwohl faktisch – was personale Kontinuitäten in vielen Bereichen der Politik, der Justiz, beim Aufbau von Geheimdiensten und Militär, solche des wirtschaftlichen Eigentums usw. zeigen – äußerst wenig Brüche vollzogen wurden. Die nationalsozialistischen Verbrechen haben in der BRD bekanntlich keine in irgendeiner angemessenen Relation zu ihrem Ausmaß stehende Ahndung erfahren – gleichwohl gehört es zur Staatsideologie, wird an Schulen gelehrt und sicher von einer Mehrheit akzeptiert, daß sie zu den größten und schwersten der gesamten Weltgeschichte gehören. Der Kommentar zur Feier des 20. Juli lautet denn auch knapp: »Wer ein schwarz eingebundenes Buch ‹schwarz› nennt, ist im FREIEN WESTEN ein ausgesprochen ehrlicher Kerl. (Wer ‹rot› behauptete, wäre 1 Lügner, klar.) Was aber ist Derjenige, der uns ständig einzureden versucht : es sei ‹nicht=grün› ? !«[13] So wird denn auch der »unverbindliche Vortrag« des »Staatsmannes« charakterisiert: »à la ‹nicht=grün›, siehe oben«. – Und wenn die persönliche Zwischenbemerkung erlaubt ist: Ich jedenfalls kenne keine Sätze, die derart lakonisch die merkwürdig so irreale wie clowneske politische Atmosphäre der Bundesrepublik Deutschland bezeichneten.

[12] BA I, 3, 343.   [13] BA I, 3, 342.

Derweil spielt die music-box Militärmärsche, und rundum amüsieren sich die Eingeborenen auf ihre Weise: »Der Tagelöhner, in schlappem fahlem Leinenanzug, kriegte noch 1 letztes Glas Fusel eingeplumpt; und machte dann den ‹Preußischen Parademarsch von 1910› vor: ‹Da=Búffa Búffa Búffa Búff!› – Bei dem Anblick« – so endet dieser Abschnitt – »winkten wir doch lieber den Wirt herbei; zahlten kompliziert; und gingen. (Noch lange vernahmen wir hinter uns eyn schön new liet : ‹Ü berDei neHö henfeift der Winnt. Sokallt.›)« – »O du schöner Westerwald«, also, des deutschen Landsers liebstes Marschlied, ein Lied, das möglicherweise – als ständige Begleitung der marschierenden Truppe nämlich und nicht nur feierlichen Anlässen vorbehalten – mehr Entsetzen in Europa verbreitet hat als Deutschland- und Horst-Wessel-Lied zusammen.

Das beieinander – die hohle Feiertagsrhetorik bundesrepublikanischer Offizialität mit der basalen landserhaften Bestialität recht auf dem Sprunge – ergäbe vielleicht nur ein boshaft-satirisches Gemälde deutscher Gegenwart, aber das Thema ist weiter verdichtet. Eine Anekdote wird erzählt: wie »damals« eine Fliegerbombe in der Umgebung des Dorfes niedergegangen sei: »Plus Details : wie damals Gras & Buschwerk ‹im Umkreis wie rasiert› gewesen war. Rehe mit ‹rausgerissenen Lungen› sollten dekorativ dagelegen haben; (und die entsprechenden, kannibalisch=breitziehenden Handbewegungen dazu : das hab'ich im Kriege bei *Menschen* mehrfach gesehen, amigo! Du kannst noch nicht weit gereist sein !).« »Gereist« – ich brauche nicht zu erläutern, wie es gemeint ist[14], umschallt vom »Westerwald«-Lied.

»Die Stimmung der Fast=Vierfüßler wurde ausgelassener. / Der Altbauer (mit silbernem Haupt und goldenem

---

[14] Schmidt hat einmal Georg Eyring gegenüber seine notorische Reiseunlust damit begründet, daß er in jungen Jahren genügend »alla tedesca« gereist sei …

Schnurrbart; mit wollenem Leib und ledernen Füßen – *und*
‹*Altbauer*› : was die sich gegenseitig so für Titel erfinden !)
nahm einen Messerstiel in den, noch leidlich festen,
Mund; stellte 1 Schnapsgläschen auf die Klinge : – ! – :
– und balancierte es so quer durch die Gaststube – :
›Braawoo !‹. (Auch er ‹gewann› dafür sogleich wieder
etwas : was'n Volk !).« – »Was'n Volk« – das ist die gewissermaßen ethnographische Thematik, der sich der ganze
Abschnitt verschreibt. Doch es ist nicht nur der alkoholi-
sierte Angehörige der rural upper-class, der den Mund
zuzuhalten weiß (ist er vergleichbar dem gleichfalls »ba-
lancierenden« (à la »nicht=grün«) Politiker oder dem
»klügeren«, der den Mund hält?), nicht nur der »DaBúffa-
Búff« grölende Dorfprolet, der Marsch aus der music-box
und der »schöhöhöne Westerwald«, es ist zudem das
Wort »gewinnen«. Schon zu Beginn der Geschichte war
darüber räsonniert worden, warum es steuerlich günsti-
ger sei, ein Ferienhäuschen langfristig zu mieten, statt es
zu kaufen:»fleißig & sparsam sein ist Bei=Uns völlig fehl
am Platz!«, und was so isoliert nur wie die Mäkelei eines
grantigen Alten klingt, bereitet doch in Wahrheit die Diagnose vor – um was für ein Volk es sich nämlich handele.
Im Wirtshaus steht neben der music-box noch ein
Glücksspielautomat: »Bei einem anderen, noch bunteren
Gerät drehte dann & wann 1 Kühner[15] roulettierend an 3
Knöpfen : auch hier sollte man, theoretisch, falls man
‹Glück› hatte, oh Glück oh Glück, etwas gewinnen können. (Merkwürdig ungewordne Nation : fleißig & still-
friedlich arbeiten mochte bei uns kaum noch Jemand; die
wollten Allealle bloß irgendwie ‹gewinnen›, Toto Lotto
Kwiss & Krieg, wobei man ja notorisch nur verlieren kann
– ‹Wahrscheinlichkeitsrechnung› nennt sich die betref-
fende Wissenschaft.)«

[15] Vgl. die obige Textpassage: »Denn wer sich kein Haus kaufen kann
– und Wer vermag das schon; es sei denn, er wäre kühn wie Cäsar im
Schuldenmachen …«

»Merkwürdig ungewordne Nation« – hier ist der politisch-diagnostische Bezug direkt gegeben (Plessner) und durch die Verbindung der Glücksspiele mit dem Krieg der Doppelbezug des Wortes »gewinnen« überdeutlich gemacht. Die Wirtshausbevölkerung, in die die offizielle Politik via TV ihre Statements hineinspricht, tut tatsächlich nichts anderes, als Marschlieder zu johlen, Kriegsanekdoten zu erzählen und einander symbolisch zu versichern, daß man zu guter Letzt doch noch »gewinnen« wolle und könne. (Ich erwähne in diesem Zusammenhang nur, daß das populärste TV-Glücksspiel, die »Fernsehlotterie«, unter dem Titel »Ein Platz an der Sonne« firmiert. Die Phrase vom »Platz an der Sonne« – es war der, den die übrigen Völker den Deutschen angeblich nicht gönnten – war vor Beginn des Ersten Weltkrieges sehr populär. Der kaiserliche Kronprinz ließ von seinem Porträt Postkarten drucken mit der Unterzeile, daß Deutschland, wenn man ihm den Platz an der Sonne verweigere, zum Schwerte greifen müsse.)

Man könnte sagen, daß das Denken, Reden, Singen und Tun der Wirtshausbevölkerung durch Nationalsozialismus, Militarismus und Kriegserleben gleichsam kontaminiert sei. Das nämliche – allerdings nicht ins Aggressive gewendet – gilt für die Assoziationswege des fiktiven Ichs der Erzählung, aber nicht nur für diese, sondern auch in der umgebenden Realität: »Otje hatte billig 200 alte Militär=Bettstellen gekauft; und wir daraus die benötigte Anzahl eiserner Zaunpfähle ‹gewonnen› [!], einfach aber geschmacklos. (Und die Erinnerungen ‹Militär› und ‹Bettstellen› hatten wir noch gratis : jede einzelne davon hätte genügt, uns Halb=Greise bis an unser Lebensende zu beschäftigen !).«[16] Und der Sprechakt lehrt, daß die Erinnerung genau das tut. – Mittagsruhe : »Soweit ist die Fantasie, unberufen, noch intakt, daß man 60 Minuten hinter'nander

[16] BA I, 3, 338f.

die Augen zulassen und 1 Gedankenspiel anstellen kann. Manche schreien immer gleich auf : ›Eingesperrt ?! Oh das muß furchtbar sein; das ertrüg ich keine 3 Tage !‹ : [...] da wäre man in der Kriegsgefangenschaft weit gekommen, mit solchen läppischen Maximen !«[17] Das Sägen : »Ein Krach wie im Kriege ? Oh ja !«

Solche Kontaminierungsphänomene tauchen im Werk Arno Schmidts immer wieder auf. In ›Kundisches Geschirr‹ will das erzählende Ich »abschalten« : »Lieber die Augen zu. Und auf Null stellen.« – aber die letzte Assoziation kann es nicht abwehren : »Wieweylandunterhittler.«[18] – Im ›Steinernen Herzen‹ will Walter Eggers demonstrieren, wie niedrig die Stubendecke ist, nachdem sein Blick zuvor zufällig die Photographie eines »Leutnant Hübner« in Uniform mit Hakenkreuzadler gestreift hat, »um keinerlei Irrtum aufkommen zu lassen, wessen Narr Herr Hübner gewesen war.« »*Hob ich also die Hand* (unbewußt stilecht wie zum ‹Deutschen Gruß›, so daß Karl höflich und erwartungsvoll ›Heil Hitler !‹ erwiderte) : ›Nee hier : oben ! : die Decke, Herr Thumann !‹.«[19] – Solche Stellen ziehen sich durch das ganze Werk, und wie gezielt sie als Situationsmerkmale eingesetzt werden, zeigt eine Stelle in dem Roman ›Schule der Atheisten‹, wo im aufs Eiderreservat geschrumpften Restdeutschland das gewissermaßen volkskundliche Problem auftaucht, warum die Öfen im Hause eigentlich den Spitznamen »Eichmann« trügen.

---

[17] BA I, 3, 339.
[18] BA I, 3, 397. Hierzu gibt es eine Parallelstelle im ›Faun‹: »*Von Bergen-Belsen* : (war als SS-Mann zum Lagerpersonal abkommandiert gewesen, das fette Schwein). ›Oh, die arbeiten dort Alle schön !‹, lächelte verkniffen und herrenhäusern : ›die Juden‹. Pause. Er schob die Karteikarte näher an die dicken Blauaugen; aber es mußte heraus : ›Und wenn sie sich weigern – werden sie aufgehängt.‹ – ?!!? – : ›A'm Spezialgalgen.‹
Nichts! Ich weiß nichts ! Ich kümmre mich um nichts!« (BA I, 1, 308 f.)
[19] BA I, 2, 125.

Denn in solchen Stellen[20], erst im manchmal unscheinbaren Detail, zeigt sich der zeitdiagnostische Wert der Texte Schmidts. Er ist um so mehr ernstzunehmen, als es eine sozialpsychologische Analyse solcher Kontaminierungsphänomene bis heute nicht gibt.

An einer Stelle in ›Kaff auch Mare Crisium‹[21] hat Arno Schmidt so ein Kontaminierungsphänomen zu einer längeren Szene ausgeschrieben. Sie ist wahrhaftig atemberaubend, in ihrer stupenden Geschmacklosigkeit zunächst wie, nach dem zweiten Blick, in ihrer verzweifelten Tragik. Ich möchte sie, bevor ich mit der Analyse von ›Kühe in Halbtrauer‹ fortfahre, vorstellen: Die Ich-Figur des Romans, Karl Richter, der mit seiner Freundin Hertha zwei Ferientage auf dem Lande verbringt, verkürzt beiden die Zeit mit einer Schilderung der Lebensverhältnisse einer nach dem Dritten Weltkriege auf den Mond evakuierten Restmenschheit. Verwoben ist diese Erzählung unter anderem mit den in der Regel mäßig erfolgreichen Versuchen Karls, erotische Annäherungen zu bewerkstelligen. Dort, wo die Erzählung vom Monde erotisch, gar obszön wird, pflegt Hertha zudem ihrem Mißfallen Ausdruck zu geben. An einer Stelle nun erzählt Karl von den Gedanken, die seinem alter ego »auf dem Mond« während eines Botenganges in den »russischen Sektor« kommen: wieder »zuhause« könnte er doch damit angeben, »wie ich da, auf dem Grunde Der=Ihres Lager=Kraters, bei 40 Graat Källte, […] unnennbare Lüste : schtehend, am Tisch, mit reifjer Bauchmähne…« – er wird unterbrochen : »*(Was iss denn ?)* : ›Ach=Hertha : *Liepstis* Herthielein ! – Tz. – Ach-*

[20] Es gehören natürlich etwas weiter gefaßt auch die Reflexreaktionen des Protagonisten der ›Schwarzen Spiegel‹ dazu, der »vorsichtshalber« jedes Skelett mit dem Gewehr bedroht, sowie die seiner Gefährtin gegen Ende des Buches, als beide versuchen, sich erst mal vorsichtshalber zu erschießen. Diese Form der Putativnotwehr hat ihr Vorbild im ›Leviathan‹: »Wer noch einmal von Erschießen spricht, hat eine Kugel im Bauch !« (BA I, 1, 49)
[21] BA I, 3, 193 ff.

meingott...‹. (Denn sie war schtumm an den Schtraßen-
rant gefahren. Bieder hatten, obwohl ihr schon Wasser
übers Gesicht lief, die Hände noch gedreht & gebremmst.
Jetz'aß sie da; und wimmerte & heulte & rang mit den
Augen nach – ja nach was ? : es ergab nur immer noch
mehr Wasser – . – / ›Ach=Hertha=entschuldje ! – Mädel,
wenn ich gewußt hätte, daß Du's wieder *so* schwer
nehm'würzt... Ich hab gedacht : 1 Kopfschütteln, und 1
von Dein'netten=mokkanntn Bemerkungn, würde's tun...‹.
(Und versuchen, sich tröstend ihres Oberkörpers zu
bemächtijen. : ? – : Ja; sie ließ sich händeln ! : So=soo, ts=ts.
(Aber was'n Umschtand mit dem Frauenzimmer, nich ?«
Während »er« nun »sie« manuell zu trösten versucht, auch
»die Gelegenheit nutzt« und ausgreifend wird, drehen sich
in seinem Kopf Gedanken, jugendliche Sexualerlebnisse
und -phantasien werden erinnert, das Erinnern selbst wird
bedacht, die Metapsychologien der Mythologien, die defi-
zitäre des Christentums – da wird der Gedankenzopf ge-
kappt durch erneutes Aufschluchzen Herthas, und Karl
macht weiter : »sie ließ jeglichen Griff=zu.Ohne zu=zuckn.)
/ Schniefte aber dennoch. Schüttelte sich & schniefte. /
(Also 1 Miß=Verschtäntniß ? War meine gantze Ge-
dankn=Tierade überflüssig geweesn ?« Setzt hinzu : »Das
fehlte noch !« Dann erklärt Hertha : *»Sei ock nie böse=Karle.
– Ich hab bloß so=drann denkn müssn –«* – eine Pause, die
Karl zu weiteren Manualitäten nutzt – nein, wegen der
»Stelle« in der Erzählung sei es nicht gewesen; *»›Achnee;
desweegn gaa nie. : Ich kenn Dich=*ja.‹ / ›Aber ich haap wieder so drann denkn müssn – : wie=Wir, im Feebruar, 46,
über de Grentze gekomm'sint. : Da hatt'ooch Eene – nakkt
– im Schnee geleegn. So gans=verrengt; wie anne Puppe=
weeßDe ? : und die hatt'*ooch* lauter ‹Reif=im=Schaam=
Haar› gehaapt.‹ / ›Ich war doch erst Sechznn=weeß
De ? Unt ich haap ma das – gans gedanknlos – Alles so an-
gesehn. Danneebm gesessn. Uff amm Schteine : wir warn
ja *soo* müde. Ich konnz Fahr=ratt nimmer schiebm. Meine-

mutter hatt ma a Tüppl inn de Hant gegeebm, mit Terr-moß=Kaffeh – : ich haap's nie haltn könn'n !‹ / ›Und=dann hab'ich da, neebm der Frau : Koffee getrunkn.‹ : ›*Darann haap'ich so denkn müssen.*‹« – Der erste Sinn dieser Stelle gibt sich unmittelbar: ein zufälliges Wort hat ein Erlebnis der gebürtigen Schlesierin aus Tagen der Vertreibung wachgerufen; die Erinnerung – sowohl an das Gesehene wie an das sich erst der Rückerinnerung erschließende Er-lebnis des Abgestumpftseins gegen Tod und Leid – ist ein-zig nur noch da im Nu, im Schmerz, die Gegenwart ist ge-rissen, wie eine zu dünne Haut über der Wunde reißt. Vor dieser Erinnerung sind Karl Richters Denkeleien grotesk, und die dichterische Sorgfalt, mit der sie entwickelt wer-den, befremdet. Aber nur auf diese Weise kann die Plötz-lichkeit der Konfrontation mit Herthas Erinnerung für den Leser des Buches hergestellt werden. Der Kontrast verhin-dert die stets lauernde Beschwichtigungsgeste des Lesers, daß das Leben schwer sei. Und lehrt, *wie* schwer : Solches Leben im gegenseitigen Mißverständnis, solche festen Schotten gegen das Empfinden des andern, die Liebe, als Koalition auf Zeit zweier Monaden, ist Ausdruck jener Kontamination durch Gewalt, Tod und Verrohung. Schmidt hat diesen Befund als Tragödie und Komödie zu-gleich inszeniert. Ich bleibe noch bei der Tragödie, auch wenn sie jetzt zur Zote wird. Ich habe bisher nur unvoll-ständig zitiert, denn Richters Versuch, seine Freundin à la Mephistopheles zu trösten, ihr Weh und Ach nämlich aus einem Punkte zu kurieren, ist durchaus mit Sinn fürs Detail beschrieben. Er greift ihr untern Rock, wird durch die Un-terwäsche behindert: »Sonnst hättesDu geschpürt, daß 1 gerrmanischer Mittelfinger…« Was soll das? Dem Leser kommen allerhand Zweifelsfragen ein wie die, was denn an einem Mittelfinger so berühmenswert sei, daß ihm das nibelungige »gerrmanisch« beigegeben wird. Aber dieser Griff unter den Rock ist eine Zwangshandlung. Karls Hand hat Herthas »Aufklärung« schon verstanden, bevor die

Worte gesprochen werden, denn als sie ihr »*Sei ock nie böse=Karle. – Ich hab bloß so*=drann denkn müssn – . : Wie ich damals rüber kam –« sagt, denkt es bei ihm : »wo also jener Pollacke, mit seinem ungewaschenen Mittel=Finger; ich weiß.« Muß man es erläutern? Karls Versuch, Herthas Tränen so trocknen zu wollen, zeigt das ganze Ausmaß der Beschädigung der beiden, die, weil sie Schaden genommen haben, gemeinsam nicht mehr sein können. Und die Gesten Karls zeigen die Beschädigungen so, wie Beschädigungen meist sich zeigen: dumm und brutal. »Durch Schaden wird man dumm«, sagt der »Nörgler« in den ›Letzten Tagen der Menschheit‹. Karl erzählt vom Beischlaf mit der Russin auf dem Mond, der um die entvölkerte Erde kreiselt – Hertha weint. Die Assoziationen beider zweigen ab, er denkt weiter sexuell determiniert, ihre Gedanken fixieren den Tod. Sie denkt an die nackte weibliche Leiche am Wegrand; seine Gedanken und Gesten bereiten die Erinnerung an den vor, der das Kind mißbraucht hat. Schmidt läßt seine beiden Menschenkinder das alles nicht verstehen: »War meine gantze Gedankn=Tierade überflüssich geweesn ? – Das fehlte noch !« Nein, die Tirade ist sehr wohl beim »Thema«, wenn sie darüber Gedankenworte macht, was denn Hertha Theunert befing, eine weniger spröde Liebhaberin zu sein. Doch das Verständnis, das der Assoziation folgen könnte, zieht sich, gleich wie wenn es verdürbe, verstünde es zuviel, zurück wie ein berührtes Schneckenhorn: » : *Also nichts wie Mißverschtändnisse* im Leebm ! / Mann kennt sich zu weenich. *Viel* zu weenich. / (Und Schefer hat vielleicht *doch* damit Recht, wenn er emmfiehlt : sich die Gattin *nur* aus dem eigenen Geburzort zu wählen ?« und so weiter. Nun kann zur Verbindung von Sexualität und Tod jede Trivialpsychologie etwas sagen und auch motivkundliche Literaturwissenschaft. Aber es empfiehlt sich hier die Semantik des bloß Allgemeingültigen zugunsten der Analyse des Besonderen zu vernachlässigen: was ist mit dem Beiwort »germanisch« ? Es legitimiert sozusagen den einen vor dem anderen Übergriff. Es dementiert, daß hier eine bloße Wiederholung stattfände. Und es macht dadurch Kumpanei, daß nur die phantasierte Qualität männlichen Zugriffs ein Tertium differentiae darstellen soll. Es eskaliert die Lumperei darüber. Um die eigenen Übergriffsrechte zu legitimieren, wird die Vorstellung nationaler, ja völkischer Überlegenheit zitiert aus Kontexten, die aus ihr nationale und völkische Angriffsrechte folgerten. So landserhaft möchte man Karl Richter, die Ich-Figur des Romans eben, nicht gern haben, zumal er ein Maß an Selbstironie und eingestandener Unzulänglichkeit an den Tag legt, das keine Figur Schmidts zuvor mit sich brachte. Es geht mit dem Teufel zu in den Identifikationen, denn kaum je sind einige zuweilen durchaus ins Hahnenhafte spielende Züge früherer Varianten des fiktiven Ichs so geäfft worden wie hier. Die grelle Komik, die darin liegt, daß die ideologische Zurüstung des deutschen Überfalls auf Polen und der auf diesem Territorium exekutierten Massenmorde hier wiederkehrt in der phantasierten Konkurrenz zweier Mittelfinger, ist in das Schema Tragödie / Komödie nicht mehr einzutragen.

Komödie, oder ganz allgemein guter Witz, verlangt, wie die Tragödie in anderer Weise auch, »Fallhöhe«. Insbesondere der Witz muß, um eine Pointe zu haben, gezielt sein, darf nicht einschlagen wie ein Dum-Dum-Geschoß. Der Witz muß jene Werte, die er gezielt verletzt, intakt lassen, damit der Abstand ausmeßbar bleibt. Die Tragödie muß das Nicht-Tragische vorstellbar lassen, damit die Klage aussprechbar bleibt. Die dreckige Bemerkung ist nicht witzig und das dreckige Elend nicht tragisch. Und eine dreckige Bemerkung zu machen, wäre, wie dreckiges Elend schreibend zu reproduzieren, keine Literatur. Es sind nicht nur die Grenzen des im gutbürgerlichen Sinne guten Geschmackes verletzt, auch die Ästhetik nimmt Schaden. Allerdings soll sie das gefälligst auch. Vielleicht kann nur der Umstand, daß diese Stelle ohne dreckige Bemerkungen nicht mehr zu schreiben war, es ertragen lassen, daß sie überhaupt geschrieben wurde. Vielleicht liegt einzig darin das Geheimnis des Umstandes, daß man sie ästhetisch tolerieren kann. Dem Leser widerfährt ja beides: er muß den Assoziationsweg Karls mitgehen und kann sich gleichwohl nicht in den Semi-Autismus flüchten, mit dem sich der Herr Richter abdichtet gegen die Zumutung des Verstehens.

Die psychische Synthese bleibt dem Leser aufgegeben und wird ihm doch auch unmöglich gemacht. Nie bleibt sie bestehen; nur in der Spur ihres Zerstörtseins kann sie erkannt werden. Doch mag man das eine voreilige Theoretisierung des Befundes nennen, denn wir sind noch nicht auf dem Grunde der Textpassage angelangt. In ›Kaff‹ setzt Arno Schmidt einen Kunstgriff zur Textverdichtung ein, die meist launige Verbindung semantisch verwandter oder entfernter Wörter durch ein »potz!«.[22] Vor der Stelle mit dem »germanischen Mittelfinger« heißt es : »Leider war das eigentliche ‹Paradies› […] mit rabenschwarzem festem Floor überschpannt; Potz Buna & Gummizuck.« Wenn einem »Gummizug« einfällt, mögen einem deutschen Menschen wohl eben »bloß so« die Buna-Werke einfallen; wenn man aber an die Buna-Werke denkt, mag auch die Tatsache erinnert werden, daß die Buna-Werke der IG-Farben einen Betrieb im Konzentrationslager Auschwitz bei der polnischen Stadt Oświęcim unterhielten. Und zwar liegt wohl die Assoziation »KZ« bei keinem der vielen hundert deutschen Betrieben, von denen eine Nachkriegs-

[22] Demselben Zweck dient explizit das »Murmeln« des »Dr. Rauch« in ›Julia, oder die Gemälde‹, wie überhaupt Schmidt durch Saloppheiten und oberflächliche Undeutlichkeiten oder scheinbare Sprachschlampereien nicht nur den jeweiligen »Originalton« von Typ und Gegend trifft, sondern auf einer zweiten Textebene semantische Verdichtungen bis zur Fusion (bereits vor der sogenannten »Verschreibkunst«) vornimmt. Zum biographischen Kontext des »Potzens« vgl.: »Wu Hi?« Arno Schmidt in Görlitz Lauban Greiffenberg, Zürich 1986, S. 44.

phrase behauptet hat, sie seien in die Politik des gesamt-
deutschen SS-Staates »verstrickt« gewesen, so sehr nahe
wie bei den Buna-Werken. Es ist ein semantischer Höllen-
sturz vom über der zerstrahlten Erde leuchtenden Mond,
woselbst in Karl Richters das Nibelungenlied parodie-
renden Dichtung aus dem »Great-Old-War« Germanias
wegen bzw. wegen »1 ‹Miss Germany› die ganze Welt in
Flammen aufgehen mußte !«[23] in die weiterlebende deutsche Welt, bei allem Wirtschaftswunder und Erfolg voll
von Miseren und armen Teufeln, Harthörigkeit und Un-
verständnis, Unlust und sexuellem Jammer. Drum weinen
möchte man, wenn es nicht eben so wäre, daß der Griff untern Rock noch den Massenmord zitierte. Und dann ist da
noch das weinende, von der Geschichte erfaßte Mädchen-
kind, vergewaltigt, neben der Frauenleiche, nicht stoisch,
sondern schon stumpf Heißes trinkend: »Danneebm gesessn. Uff amm Schteine«. Auf einem Steine, es mag diese
Assoziation einem deutschen Gebildeten noch geläufiger
sein als »Buna« : »Ich saz ûf eime steine / und dahte bein
mit beine, / dar ûf satzt ich den ellenbogen, / ich hete in
mîne hant gesmogen / daz kinne und ein mîn wange. / dô
dâhte ich mir vil ange, / wie man zer werlte solte leben« –
ja; wie denn. »gewalt vert ûf der strâze; / fride unde reht
sint sêre wunt.«

*

Ich habe vorhin bei Beschreibung der Erzählstruktur von
›Kühe in Halbtrauer‹ das Gleichnis der elliptischen Linse
mit den zwei Brennpunkten gebraucht. Der eine wäre also
die BRD der frühen 6oer Jahre, dargestellt als von seiner
nationalsozialistischen und Kriegs-Herkunft kontaminier-
ter Alltag, der andere wäre die Anekdote aus der Vor-
geschichte der BRD, das Beispiel, wie »der einzelne« eini-

23 BA I, 3, 86.

germaßen moralisch intakt hatte bzw. hätte überleben können.[24] Was sie als Brennpunkte derselben Linse einigt, ist, daß sich in ihnen dasselbe Licht auf die nämliche Weise bündelt. Es ist nämlich die »Moral von der Geschichte« jeweils dieselbe: der Rückzug des Subjektes nämlich. »Bei dem Anblick winkten wir doch lieber den Wirt herbei; zahlten kompliziert; und gingen.« Nein, es ist nicht der Rückzug *ins* Subjekt, die sogenannte »innere Emigration«, sondern die Abnahme des Subjekts selber. Was in der eben erläuterten Stelle aus ›Kaff‹ als Semi-Autismus erschien, tritt hier anders auf, nicht nur als erlittene Beschädigung und Reaktion, sondern als Konsequenz. In der Kriegsanekdote als das Sich-selbst-als-Handelnder-verschwinden-Machen; in der bundesrepublikanischen Gegenwart gewissermaßen das Einziehen der Rezeptoren. Das Wirtshaus wird verlassen. Über die Abnahme der Fähigkeit, in direkten erotischen Kontakt mit seinen Mitmenschen zu treten, verständigt man sich zum Ende in Zeichensprache. Durch Alkohol kurzfristig gesteigerte optische Sensibilität richtet sich auf bunte Steine, und wenn es um eine erotische Sensation geht, so wird sie kommentiert: »Wir nicht mehr, Otje.« »Thema« der Ge-

---

[24] Übrigens in der Tat nur der einzelne, und nur, wenn sein Beispiel nicht Schule macht. Das »Versehen« geht nur dann als solches durch, wenn gewährleistet ist, daß die überwiegende Mehrheit sich anders verhält. – Im übrigen hatte ich am ersten Entwurf zur Vortragsfassung an dieser Stelle geschrieben, daß Schmidt sich wenigstens einmal als der »denkende Rechner« dieser Anekdote ausgegeben hatte. Da es in diesem Portland-Vortrag genausowenig wie im erweiterten vorliegenden Text um den Versuch, Biographisches zu untersuchen, ging, habe ich meinen Zweifel, der über ein »Das kann ein reines Gedankenspiel« oder »Es könnte auch ganz anders gewesen sein« nicht hinausgegangen ist, zusammen mit dem biographischen Hinweis gestrichen und nur ein wenig davon in der doppeldeutigen Formulierung »das Beispiel, wie der einzelne hätte überleben können« aufbewahrt. Der Vortrag von Lars Clausen, Axiomatisches in Arno Schmidts Weltmodell (abgedruckt in: »Vielleicht sind noch andere Wege –«, a.a.O. S. 53–63), nahm dann diesen Satz als Zitat auf.

schichte ist das Ertauben zweier alter Männer an der Kreissäge: »Ein Krach wie im Kriege ? Oh ja !« – Er »senkte die breite Stirn schwermütig über's Sägeblatt. (Das vielviel leiser zu werkeln schien, denn zu Anfang : vielleicht wäre ‹taub sein› ja gar kein so großes Unglück ?). / Und fuhr doch auf, bei dem Todeston ...«[26]

Die ganze Geschichte ›Kühe in Halbtrauer‹ ist ein Cluster von Motiven des Rückzugs und der Abnahme. Die Szene bildet das Ferien-Hüttlein, ein Ort des Retirierens. Die ersten Prädikate für Gefühle in der Erzählung sind »zögernd« und dann »lustlos«, das Ambiente ist »Ödland«, »sehenswürdigkeitslose Gegend«, das Mobiliar »einfach aber geschmacklos«, »Dösen«, »was man denkt, ist tatsächlich völlig irrelevant«, die Hoden »taugen nicht mehr viel« – schließlich dann, nach dem »(Und ordentlich auf den Moment freuen, wo man in sich zusammenfallen könnte!)« : »»ENDE !!!‹ – / (Und, alles hängen lassend, da stehen; wie benaut.) –«.

Dasselbe Licht auf die nämliche Weise bündelten die Brennpunkte der Erzählellipse – gemeint ist die Mortifikation des Subjektes. Zahlt in der anekdotischen Enklave das moralische Subjekt für sein moralisches Überleben mit seinem Unsichtbarwerden, so zahlt in der Nachkriegsgesellschaft das idiosynkratische Subjekt für sein Überleben schlechthin mit seinem langsamen Verschwinden. Allerdings kennen wir diese, ich bin versucht zu sagen: Stimmung auch aus anderen Texten Schmidts; spätestens seit ›Kaff‹ durchzieht die Klage des »Immer-weniger-Werdens« Arno Schmidts Bücher, aber bereits Walter Eggers im ›Steinernen Herzen‹ träumt sich in den Zerfall hinein: »Stille. Nicht mehr aufgefunden. Niemand mehr sehen. : Vertrocknen. (Halt son Ideal, nich ?).«[26] Es fallen einem unschwer eine ganze Reihe von ähnlichen »Idealbildern« oder scheinbar spöttisch-resignierten asides ein, die manchmal

[25] BA I, 3, 348.   [26] BA I, 2, 101.

zu umfänglichen Bildern ausgemalt werden können, etwa
der Mittagsschlaf in ›Kaff‹[27] oder, sehr früh, der Tod des
Pytheas (›Gadir‹) im Traumfieber, ein Vertrocknen auch
hier. Im ›Steinernen Herzen‹ aber gibt es eine Stelle, die
solche Mortifikationen in den Zusammenhang stellen, den
ich aus der Interpretation der Erzählung ›Kühe in Halbtrauer‹ nahelegen möchte : »Ich bin der Ansicht, daß sich
das Individuum im Tode auflöst, körperlich wie geistig.‹
(Was heißt schon ‹Erhaltung der Energie› ?! : ich werd Ihn’
mal ne Handvoll Pulver hinhalten : ob’s das Straßburger
Münster war, oder der große Cäsar Staubundlehmgewor-
den ?) ›Dann ist noch die bemerkenswerte Wielandsche
Hypothese der ‹Euthanasia› da, worin er nachweist, daß
bei einer allenfalsigen Fortdauer doch die Erinnerung an
dieses dann vergangene Leben schwinden würde: also das,
was Sie ‹Ich› nennen, ist auf jeden Fall verloren.‹« Gemeint
ist Christoph Martin Wielands ›Euthanasia. Drey Gespräche über das Leben nach dem Tode‹[28], und die Rede
geht weiter, verbindet die Motive »Kontamination« und
»Mortifikation« direkt als wünschbare Konsequenz, zudem
in direkter Verbindung zu jener Erinnerung, die in ›Kaff‹
Hertha Theunert, im ›Steinernen Herzen‹ Line Hübner
trägt: *»Möchten Sie ewig* die Erinnerung an jene Polen-
helden behalten ? : Seien Sie doch froh, wenn Sie dereinst
einen großen Schluck aus dem Lethe bewilligt kriegen.«[29]
Das ist nun ein indirektes Zitat aus der ›Euthanasia‹;
im Original heißt es im Zusammenhang der Erörterung
etwelcher der Übel der diesseitigen Welt »ausgleichender«
Wohltaten in einem Jenseits: »Aber wie groß diese Vergü-
tung auch seyn möchte, kann sie machen daß ich *nicht* ge-

---

[27] BA I, 3, 211 ff.
[28] Christoph Martin Wieland, Euthanasia. Drey Gespräche über das
Leben nach dem Tode. Veranlaßt durch D.I.K.W** Ls Geschichte
der wirklichen Erscheinung seiner Gattin nach ihrem Tode, in : ders.,
Sämmtliche Werke, Bd. 37, Leipzig 1805, S. 213.
[29] BA I, 2, 156 f.

litten habe, was ich leiden mußte? Ein Zug aus dem Lethe ist in solchen Fällen die beste Entschädigung.« Vergessen ist auch eine Form des Todes bei lebendem Leibe, denn nur die Erlebnis*reihe* konstituiert das Subjekt. Was zuvor als Verantwortungslosigkeit »wie weylandunterhittler«[30] gleichsam mutwillig und das Selbst zerstörend getan wurde, kehrt als Wunsch wieder: es möge alles nicht wahr sein. Die deutsche Selbstwahrnehmung hat ihre eigene Geschichte kleingehäckselt, Stunde-Null-Zäsuren interrumpieren in der kollektiven Phantasie jenes Kontinuum, das vielleicht längst keines mehr wäre, leugnete man es nicht dort, wo es unabweisbar ist. Bei Schmidt höre man auf die Worte »*im* Tode«. Der ist keine Zäsur, sondern ein Vorgang: das Individuum löst sich im Tode auf wie die Handvoll Salz im Wasserkrug (ich verwende jenes Gleichnis, das Schmidt für das Leben seines Massenbach, Militär und »Kämpfer für Europa«, wollte).

Ich würde vielleicht trotz jener Stelle im ›Steinernen Herzen‹ zögern, diese so viele Texte Schmidts prägenden, gleichwohl selten in offensichtlichem Sinne politisch motivierten Mortifikationen des Subjekts mit jenen erwähnten Kontaminationsphänomenen der in Schmidts Werk festgehaltenen bundesdeutschen Gegenwart so eng zusammenzubringen, wenn dies nicht mit dem titelgebenden Mythos in ›Leviathan oder Die Beste der Welten‹ nicht nur zusammenginge, sondern, wie mir scheint, von ihm gleichsam gefordert würde. Dieser Mythos, dessen Erläuterung zusammen mit Szenen einer Flucht aus einer ostdeutschen Stadt Schmidts erste zur Veröffentlichung bestimmte Erzählung ›Leviathan oder Die Beste der Welten‹ ausmacht, ist eine eigenartige Sache. Vor allem Schopenhauer wird aufgeboten und ins Bildliche transformiert, um die Vorstellung eines Ur-Wesens zu beschwören, das das ganze materielle wie geistige Sein umfaßt, eine Objektivierung des

---

[30] Vgl. Anm. 18.

»Willens«: »Der Dämon. Er ist bald er selbst; bald west er in universaler Zerteilung. Zur Zeit existiert er nicht mehr als Individuum, sondern als Universum. Hat aber in allem den Befehl zur Rückkehr hinterlassen; Gravitation ist der Beweis hierfür im Körperlichen.«[31] Schmidts Leviathan-Mythos ist einerseits Kosmologie bzw. -gonie, durchaus kompatibel mit der Hypothese der Entstehung des Weltalls im Urknall, der zur Zerstreuung ursprünglich konzentrierter Materie führt, die aber, wenn die Gravitationskräfte stärker werden als die nachlassende Energie der ersten Explosion, wieder in sich zusammenstürzt. »(Die 80 Kugelsternhaufen weit über der galaktischen Ebene, sind sie nicht Vor- und Beispiel ? Vielleicht mögen sie allmählich in die größeren Sternwolken aufgenommen werden, aber als Ganzes; denn ihre Kontraktion dürfte weit schneller erfolgen); im Geistigen deuten auf solchen Zwang : die Tatsachen des Gattungsbewußtseins […] die Unfreiheit des Willens im Handeln (weiser Schopenhauer !) […] Die Akkumulierung der Intelligenz zu immer größeren Portionen – siehe Palaeontologie – spricht für diese Rekonstituierung des Dämons auch in geistiger Hinsicht.«[32] Ein universelles Wesen, eine Einheit von Materiellem und Geistigem, dessen Essenz Bosheit ist, das sich zerteilt und in seinen Einzelteilen sich zerfleischt, zerreißt, frißt, dabei zur Wiedervereinigung strebt. Der »Leviathan« der Bibel ist das Urbild (und bei Schmidt der eigentliche Gott); der »Leviathan« ist das Menschengeschlecht, in streitende Nationen zerfallend, immer wieder neue mörderische Großreiche bildend; der »Leviathan« ist aber auch der Staat des Thomas Hobbes, hen kai pan und e pluribus unum – man muß nur den so bekannten Titelkupfer zu Hobbes' Werk ansehen, um Schmidts Bild des Leviathan zu verstehen: der aus vielen Menschen zusammengesetzte Über-Mensch mit den Insignien weltlicher und geistlicher Macht, der sich reckt

[31] BA I, 1, 47.   [32] BA I, 1, 47f.

über Land und Stadt. Er ist schließlich Hitler selbst: »Und der Verbrecher in Berlin hetzte das ganze Volk in Tod und Grauen, um immer ›größer‹ und ›einmaliger‹ zu werden.«[33]

Man mag das Erfinden mythischer Bilder für eine unstatthafte Reaktion auf ein historisches Phänomen wie den Nationalsozialismus halten, aber wer so kritisieren wollte, müßte sich fragen lassen, welche Theorie denn diesen Exzeß an Destruktivität wirklich zureichend hat beschreiben und erklären können. Ist es ein Zufall, daß eine der bedeutendsten Analysen des nationalsozialistischen Herrschaftssystems, die Franz Neumanns nämlich, den Titel ›Behemoth‹ trägt. Gerade weil man davon ausgehen kann, daß Arno Schmidt Neumanns Buch nicht gekannt hat, mag man hier etwas von jenem Zwang verspüren, der Thomas Hobbes dazu brachte, die beiden Analysen der bürgerlichen Gesellschaft, die er vorgelegt hat, ›Leviathan‹ und ›Behemoth‹ zu nennen und so die Analyse vor dem Nachhall der angesprochenen Mythen vorzutragen. Mit dem mythischen Bild vom Leviathan wird gegen das göttliche Bilderverbot verstoßen und dieses als die Angst des Gesuchten vor dem Steckbrief denunziert. Darin liegt eine die Grenzen historischen Verständnisses unmittelbar berührende Einsicht. Der Schrecken, den Übermächtiges verbreitet, beschädigt die Erkenntnisfähigkeit. Man kann sich kein »Bild von der Sache« machen, das ihre Teile ebenso scharf in den Blick nähme wie das Ganze. Die großen Mythen sind kollektive Versuche, das dennoch zu tun. Sie sind über die Generationen gekommen, weil in ihnen – wenn sie es schon nicht erreichten – der Wunsch aufbewahrt wurde, es zu erreichen: die Schrecken der menschlichen conditio im eigenen Blick zu bannen.

Noch einen anderen Sinn haben die mythischen Bilder. Dort, wo der Weltlauf den einzelnen zermalmt, stellt der Mythos noch den Trost, es sei Verhängnis gewesen und

[33] BA I, 1, 41.

nicht Zufall. Im Mythos kommen Leid des einzelnen und Verhängnis des Weltlaufes zusammen, die in der nüchternen Einsicht getrennt sind und die auch kein anderes literarisches Mittel – es sei denn, es wäre selber ein verkappter Mythos – zusammenbringen kann. Vergessen wir nicht, daß der Leviathan-Mythos auch einem Sterbenden zum Trost erzählt wird, und kehren wir die Frage um. Nicht: Warum ausgerechnet im Güterwagen unter Tiefflieger-Beschuß ein mythisches Weltbild?, sondern: Wie müßte ein Mythos aussehen, der dieser Wirklichkeit gerecht würde?

»Echte Kinder des Leviathan«[34] werden die HJ-Leute genannt – »er ist bald er selbst; bald west er in universaler Zerteilung«. Und: »Vielleicht löst sich die Bestie aber in ‹Diadochen› auf.«[35] Mit diesen Hinweisen haben wir die sozialpsychologisch-diagnostische Funktion des Leviathan-Mythos. Nach dem Kollaps des NS-Großreiches und dem Tod in Berlin lebt Hitlerdeutschland in Zerteilung, territorial und in seiner Bevölkerung, die aber durchaus nach Wiedervereinigung und -größerung strebt – »merkwürdig ungewordne Nation [...] die wollten Allealle bloß irgendwie ‹gewinnen›, Toto Lotto Kwiss & Krieg« – »was'n Volk«! Und die benannten Kontaminationsphänomene wären die entsprechenden Indizien für das Vorhandensein solcher Gravitationsenergie.

Man sieht, daß der Leviathan-Mythos nicht nur vordergründig die NS-Zeit und ihren Krieg in ein Bild zu fassen sucht, sondern auch die Bundesrepublik Deutschland. Das Ende des Krieges, die Kapitulation, Hitlers Selbstmord vertreten in diesem Bild die »Urexplosion des Leviathan«[36], die Zerteilung des im Hobbesschen Titelkupfer

---

[34] BA I, 1, 46f.
[35] BA I, 1, 54. –Vgl. auch die mit dem Wort »!Diadochen« angesprochene Alexander-Hitler-Parallele, die den Vorwurf zum ›Alexander oder Was ist Wahrheit‹ bildet.
[36] Eine Formulierung aus den ›Berechnungen‹ in bewußter Mehrdeutigkeit.

dargestellten Großindividuums in seine Bestandteile – die man heutzutage »Individuen« nennt, Resultate eines massenpsychologischen Zerfalls –, den Beginn der Welt-in-der-wir-leben. Sie sehen, wie das Werk Schmidts das Selbstbild der Bundesrepublik Deutschland von ihrem Beginn in einer »Stunde Null« als Denkform übernimmt, aber im Bild vom leviathanischen Urknall als Bildinhalt ins Gegenteil wendet. Die Bundesrepublik Deutschland ist in diesem Bild eine Schöpfung aus dem Bösen, ist sein Zerfall in Diadochen, staatliche und individuelle. »Und wenn ihr mich steinigt: mir ist Deutschland unganz am liebsten !« läßt Schmidt Daniel Pagenstecher in ›Zettel's Traum‹ sagen.

Was in ›Kühe in Halbtrauer‹ die ironische Präsentation der ertaubenden Alten ist, findet sich im Kommentar zum Leviathan-Mythos als praktische, oder sagen wir ethische Konsequenz – ich meine nicht den Sprung von der Brücke. »Ich sprach rasch : [zu dem Sterbenden] ›Buddha. Lehrt eine Methodik des Entkommens. Schopenhauer : Verneinung des Willens. Beide behaupten also die Möglichkeit, den Individúalwillen gegen den ungeheuren Gesamtwillen des Leviathan zu setzen, was aber in Anbetracht der Größendifferenzen zur Zeit völlig unmöglich erscheint, zumindest auf der ‹Menschenstufe› der geistigen Wesen. Vielleicht löst sich die Bestie aber in ‹Diadochen› auf [...] und diese wiederum in immer kleinere Einheiten, bis endlich ‹Buddhismus› möglich wird und so das ganze Gebilde zur Aufhebung kommt.‹«[37] Hier haben wir die einzige Möglichkeit, sich gegen den Leviathan oder das zerteilte Leviathanische zu wehren: der Einzelwille kann sich dem Gesamtwillen nur entgegenstellen, wenn er sich aufhebt, nicht im Großganzen aufgeht, sondern selber nicht mehr Wille ist. Das, was Schopenhauer die Verneigung des Willens zum Leben nennt, allerdings mit bemerkenswerter Umkehrung des Bildes: nicht ist das Individuum die Er-

---

[37] BA I, 1, 53 f.

scheinungsweise des »Willens«, sondern buchstäblich das All. »Tat twam asi« ist die Erkennungsformel der Mörderbande. Dagegen behauptet sich das Individuum, doch ist diese Selbstbehauptung die Zerstörung des Selbst, die Mortifikation der Subjektivität, das, was in ›Kühe in Halbtrauer‹ die didaktische Pointe der Widerstandsanekdote bildet, was das Thema der Erzählung ist im Bilde zweier ertaubender Männer an der Kreissäge – »ein Krach wie im Kriege ? Oh ja.«

Das Individuum löst sich »im Tode« auf, hieß es im ›Steinernen Herzen‹ wie im ›Leviathan‹ auch[38], und die Formulierung klingt definitorisch: die Auflösung des Individuums und der (sein) Tod sind identisch. Mag jene auch dauern. Im ›Leviathan‹ schildert Schmidt die Katastrophe in ihren letzten Sekunden, und der Sprung von der Brücke verleiht ihr etwas trügerisch Abschließendes. Doch die in der Erzählung eingeschlossene Selbstinterpretation weist die Katastrophe als Beginn aus, den der Dissoziation des Leviathan. Sie ist nicht der Paukenschlag am Ende, sondern das »zero« des beendeten countdown: incipit BRD. ›Aus dem Leben eines Fauns‹ hat auch so einen big-bang, den Bombenangriff auf die Munitionsfabrik »Eibia«. Auch er hat jenes kathartische Element, das im ›Leviathan‹ den Sprung der Protagonisten begleitet und zuvor den Einsturz des Viadukts über die Neiße. Aber den Bombenangriff überleben die Protagonisten – es geht weiter[39], sechs Seiten lang. Diese letzten sechs Seiten sind eine beim ersten Lesen viele befremdende Anticlimax. Wäre nicht das gemeinsame Verbrennen der Hütte im Walde, daß niemand sie finde, wirkte das Geplauder gegen Ende zu beinahe de-

[38] BA I, 1, 47.
[39] Man soll in Zitate bei Schmidt nicht zu viel hineingeheimnissen, aber merkwürdig bleibt es doch, daß Dürings Beschwörung des Bombergeschwaders »Kommt ihr herab aus der Luft ...« eigentlich ein Abwehrzauber ist, und zwar gegen eine unter postmortalem Wiederholungszwang stehende Räubercrew.

plaziert unbekümmert – wüßte man andererseits solches Verhalten nicht als Schockreaktion zu deuten und so auf der Textoberfläche als psychologisch plausibel zu verstehen. Darunter aber geht es noch anders zu: »*Wie lange bist Du noch genau hier?*‹. ›Zehn Tage.‹, und unsere Mienen entspannten sich herrlich : Wer denkt heute noch 10 Tage voraus ? !«[40] Die Carpe-diem-Attitüde täuscht. Die brennende Hütte ist das zentrale Symbol der letzten zehn Seiten, und sie bedeutet, daß das Subjekt »Düring« den Ort seiner Individualität außerhalb des leviathanischen Ganzen aufgibt. Es verschwindet. Dem Knall der Katastrophe, die die Stadt trifft, folgt ihr Verhallen in den Wäldern. Ginge ich zu weit, wenn ich in der Anticlimax des ›Faun‹-Endes, diesem Forttrödeln, einem bereits gelebten, vorweggenommenen Ende zu, das »Bild« der Bundesrepublik Deutschland sehe ? *Danach* ist kein Leben mehr. Und im Tode löst sich das Individuum auf. Weitergehen kann alles andere natürlich unbekümmert und unaufhaltsam. Daß es so weiter gehe, schrieb Walter Benjamin in den ›Zentralpark‹-Fragmenten, sei die Katastrophe.

Man wird dieses Muster der Anticlimax auch in anderen Texten Schmidts finden; ›Schwarze Spiegel‹, ›Die Gelehrtenrepublik‹ und ›Die Umsiedler‹ sind insgesamt solches »Weitergehen nach der Katastrophe«[41]. Letztere Erzählung endet mit den bezeichnenden, ›Faun‹-verwandten Sätzen: »Pärchen ohn' Tiefgang, die Gesellschaft vom Dachboden : ein irrsinnig gewordener Hahn kräht jede Nacht um Drei [...]. So leben wir zunächst zusammen; wie es weiter wird, weiß ich noch nicht.«[42] Manchmal finden wir das Muster nur in einem kurzen Satze aufgedeckt, wie im letzten von ›Kaff auch Mare Crisium‹: »*Sie schlank* den Arm ums Haupd, als emmfinge Sie 1 Schlack ! (Dabei hatte ich lee-

40 BA I, 1, 390.
[41] Vgl.: ›Berechnungen I‹ : »... die Katastrophe selbst bleibt ungeschildert«.
[42] BA I, 1, 297.

dicklich meine Haustür=Lampe angeknipst.)«[43] Auch
›Kühe in Halbtrauer‹ zeigt es, als Schlußwitz des Ganzen.
Nach dem Schlußsatz: » : ‹ENDE ! ! !› – / (Und, alles hängen lassend, da stehen; wie benaut.) –« folgt noch ein aller-
letzter Abschnitt: » : 1 Hand auf meiner Schulter ? ! – Auch
Otje fuhr dito herum … : Jeder stand der Seinen von Angesicht zu Angesicht gegenüber ! / Wir hatten nichts, gar-
nichts, gehört. : ›Ja, seid Ihr denn taub ?‹; und amüsierten
sich köstlich über unsere dreckigen, ängstlich=lauschen-
den Gesichter.«[44] Es geht noch ein wenig so weiter.

*

An einer solchen Stelle geraten wir mit einem Transformationsprozeß in Berührung, der nicht für das kollektive Bewältigen von Katastrophen, wohl aber für das ja doch wohl
in irgendeiner Weise stellvertretende literarische Bewältigen historischer Katastrophen dort, wo es gelingt, charakteristisch ist. Ich meine die Transformation des Entsetzens
in Komik. Ich meine Literatur, die uns lachen machen
kann, ohne vom Entsetzlichen auch nur eine Spur wegzu-
leugnen. Literarische Werke, denen das gelingt, sind in der
Weltliteratur selten, doch in der Regel spricht man ihnen
den höchsten Rang zu. Ich nenne zur Verdeutlichung Bei-
spiele: Aristophanes (Peloponnesischer Krieg), Grimmels-
hausen (Dreißigjähriger Krieg), Karl Kraus (Erster Weltkrieg). Wenn nach 1945 in der deutschen Literatur etwas
Ähnliches unternommen worden ist, dann wohl nur im
Werke Arno Schmidts. Wann so etwas gelingt, wem das
gelingt, warum – das sind Fragen, die an das Geheimnis
dessen rühren, was wir mit dem Designer-Ausdruck »Krea-
tivität« benennen und was trotz all unseres psychologischen Wissens ein Rätsel geblieben ist. Nur die Frage nach
dem »Wie?« können wir mit ein wenig Aussicht auf Erfolg

[43] BA I, 3, 277. [44] BA I, 3, 348 f.

stellen. Sie werden vielleicht bemerkt haben, daß ich Ihnen den Beleg für die Behauptung schuldig geblieben bin, die Texte Schmidts seien bis in die Mikrostruktur hinein durch das hier Abgehandelte geprägt, denn ich habe bisher ja nur auf der Ebene der Story, der Themen, der Bilder, der Motive argumentiert, also, wenn Sie so wollen, auf der Ebene der Text-Moleküle. Ich denke nun, daß man bis auf die Ebene der Text-Atome zurückgehen kann, vielleicht bis zu den Elementarteilchen – um im Bild zu bleiben.

Wer sich mit den oben so genannten Kontaminations-phänomenen in den Texten Schmidts beschäftigen will, tut gut daran, wirklich in die Texte »hinein«zugehen. Man nehme zum Beispiel die erwähnte Bombardierung der »Ei-bia« und die Metaphorik der Schilderung. Man wird sehen, daß hier kein kohärentes Netz von Metaphern vorliegt, wie in anderen Schilderungen, sondern daß vielmehr ein Bildbereich nach dem anderen systematisch herangezogen wird, um diese Bombardierung optisch zu machen. Das Geschehen wird erst zoo-, dann anthropo-, dann theo- re-spektive thanatomorph, Pflanzen erscheinen und Wetter, allerlei Accessoires, gebacken wird und Koffer werden transportiert, das Flammenmeer wird zum Red-light-district und die zuckende Nacht zu einer großen Kopula-tion. Nach dieser Katastrophe ist kaum noch ein Bildvorrat ungeplündert geblieben und alle mit Konnotationen von Vernichtung und Tod durchzogen. Hier »kippt« das meta-phorische Verfahren: nicht mehr die Bilder werden in die Schilderung hereingezogen, sondern die Schilderung hat sich in die Bilder eingefressen.

Auf den Ton, der die Stimmung des Fortlebens im Nach-hall der Initialkatastrophe begleitet, habe ich oben hinge-wiesen: er ist in der Regel aufs erste Hinhören hin erstaun-lich diesseitig fröhlich. Dieser Ton ist oft ganz unmittelbar angreifend »existentialistisch« (wenn man mir den Wort-mißbrauch verzeiht), wie etwa in den immer wieder zitier-ten Worten aus der ›Seelandschaft mit Pocahontas‹: »Zu-

kunftet nicht : seid. Und sterbt ohne Ambitionen : ihr seid
gewesen. Höchstens voller Neugierde. Die Ewigkeit ist
nicht unser (trotz Lessing !) : aber dieser Sommersee, dieser Dunstpriel, buntkarierte Schatten, der Wespenstich im
Unterarm, die bedruckte Mirabellentüte. Drüben der lange
hechtende Mädchenbauch.«[45] Es nimmt der Lebenszuge-
wandtheit dieser Stelle nichts, wenn man den Preis berech-
net, um den sie möglich wird. Solche Gesten – auch die
rabiateren – bezeichnen bei Schmidt den Augenblick der
Individuierung, der Ablösung aus dem kollektiven kontaminierten Rundum – »: ›Komm!‹. ›Wenn bloß nicht so viel
Menschen da wärn !‹, und wir jagten über das bleiige Ge-
knitter, mitten auf den Landungssteg zu : allein sein«[46] –,
und die ist der Schritt ins »Verschwinden«, in die Aufhebung der Subjektivität.[47]

In den Carpe-diem Stellen, auch in den rabiaten, ist der
Schritt aus dem kollektiv kontaminierten Selbst ins eigene,
ins Ich entschieden lustvoll konnotiert, doch ohne den
Willen zu Ewigkeit. Darin zeigt sich schon die »andere
Seite« dieses Schritts, der nach dem stepping stone des Ich
weitergeht in die Auflösung, das Vertrocknen – welches
Bild auch immer gewählt sein mag –; die Katastrophe reißt
das Ich aus seinem Miteinander, doch findet keine Eingliederung ins dissoziierende Universum statt, der Urknall hat
den Partikel aus dem All geschleudert, und er verlischt.
Dieses Verlöschen, das »Immer-weniger-Werden«, das Ertauben wird bei Schmidt im Verlaufe seines Werkes zu
einer bevorzugten Quelle der Komik. Das wäre nur nebenbei erwähnenswert, wenn bloß Witze über solche »Abnah-
men« gemacht würden. Es werden Witze damit gemacht,
und darum noch einmal, auf dieser vermittelteren Stufe

[45] BA I, 1, 424. [46] BA I, 1, 425.
[47] Ich verweise hier ganz pauschal auf: Bettina Clausen, Metamorphose und Übergang, in: »Vielleicht sind noch andere Wege –«, a. a. O.
S. 65–82. Es handelt sich dabei um eine weitere, mit dieser an mehreren Stellen verbundene Lesart derselben Melodie.

der Interpretation: Es wird nicht im Text gesagt, es zeigt sich in ihm. Wenn die heimkehrenden Ehefrauen die ertaubten Alten wegen eines von denen nicht gehörten Mähdreschers anpflaumen: »Das knattert doch ganz anständig«, so ist das eben nur die mehr oder weniger witzige Szene, die sich ergibt, wenn ein Schwerhöriger »Häh?!« macht. Doch es heißt so: »Wir zeigten ihnen im Fernrohr noch jene Archenoah, lautlos treibend in Roggenseen. (Und Beide gleich, beanstandend : ›Na, ‹lautlos› ? – Das knattert doch ganz anständig.‹ – Wir hörten nichts, wir Beide.«[48] Witzig ist nicht das erworbene Gebrechen, sondern daß die Poesie der Beobachtung nur dadurch möglich wurde. Die Pointe hat nichts mehr mit der geschilderten Szene zu tun, sondern beruht auf der Destruktion einer Texteigenschaft.

Ob man hier zu Recht von einer Pointe spricht oder nicht, will ich nicht erörtern. Charakteristisch ist für ›Kühe in Halbtrauer‹ (wie für das Werk Schmidts ab ›Kaff‹ generell), daß die klassischen, auf Pointen zielenden Witze immer weniger die Komik der Texte prägen und zugunsten von Passagen zurücktreten von der Art des Beginns von ›Kühe in Halbtrauer‹: »Früher, als junger Mensch, hab' ich mir wohl auch eingebildet, die Mienen= und Gebärden=Sprache sei von Liebenden erfunden worden – so ‹Nachbarskinder›, von ‹harten Eltern› vorsichtshalber auf Armlänge auseinander gehalten; (obschon mir dunkel schwante, daß die sich nach & nach nachdenkliche Sachen telegrafiert, gewinkt, hinundhergezeigt haben würden; a=part a=part.) Später dacht' ich, es könnten kluge Diebe gewesen sein, nachts, in behelfsmäßig erleuchteten Juwelierläden; oder auch abhörgerätumstellte Politiker, in den Sieben Bergen, ruhend auf Rasengrund, zur Koalition bereit. Heute weiß ich, daß es zwei ältere Männer an der Kreissäge gewesen sein müssen; nach ungefähr 40 Minu-

[48] BA I, 3, 349.

ten.«[49] Zwar hat diese Eingangssequenz eine Pointe, die Antwort auf die Eingangsfrage nämlich, wer die Gebärdensprache wohl erfunden habe, sie wird auch über drei Stufen hinweg »aufgebaut« (nicht Liebe, nicht Räuberwesen, nicht Politik, sondern bloß:…), jedoch ist die ganze Passage komisch und nicht nur die Pointe. Zwar bleibt sie witzig, aber nach dem Vorherigen eigentümlich »schwebend«. Es »löst« sich in ihr nichts, als würde ihr auf dem Weg zu ihr hin komische Energie entzogen und verteilt. In der Tat kann sich keine rechte Spannung aufbauen, weil ein Kleinreigen ungewöhnlicher oder auch nur unerwarteter Details komische Nebeneffekte erzeugt, die durchs bloße Lächelnmachen gleichsam mechanisch Spannungsabfuhr leisten, ohne daß sie mit der Pointe notwendig verbunden wären. Der Witz ist nicht konzentriert auf die Pointe hin aufgebaut, sondern dissoziiert, und schließlich hat er die Pointe nur noch formal am Ende, nicht mehr als notwendigen Abschluß, der die Komik erzeugt.

Arno Schmidt macht einen Witz zweimal, das erste Mal in ›Brand's Haide‹, das zweite Mal in ›Kühe in Halbtrauer‹. Das erzählende Ich in ›Brand's Haide‹ geht an einem Pferd vorbei: »*Unwillkürlich* sah ich Apels verdrossenen Braunen an : *einmal* satt essen !! : Rührkartoffeln, Knorrs Soßenwürfel, ne saure Gurke, und dazu gebraten: Pferdegehacktes satt (d.h. mindestens ein Pfund ! – Ach was : Zwei !) Ich schluckte : na, das erlebe ich nicht mehr ! Tiefe Schwermut ergriff mich …«[50] Ein Witz ist, technisch betrachtet, immer die Anordnung eines »Gefälles«, die Konfrontation eines hohen Ideals mit einer besonders kruden Wirklichkeit etwa. Ein Witz ist, psychologisch betrachtet, eine Spannungsabfuhr. Ein mit Gewissenssanktionen belegter Inhalt kann im Medium des Witzes ausgesprochen werden, die Pointe schafft eine kurze Lockerung der Restriktionen, die Lust, das Verbotene (»… doch nur ein Witz!«) zu sagen,

[49] BA I, 3, 337.   [50] BA I, 1, 166.

verschafft die Lust. Was liegt hier vor? Wir haben einen Menschen, der ein lebendiges Pferd sieht und dem das Wasser im Munde zusammenläuft. Er kommt, sieht und will reinbeißen – ohne jeglichen kulturellen oder zivilisierten Umweg. Das ist normalerweise ekelhaft (beißen Sie gerne in lebende Pferde?), aber die Empfindung des Ekels ist nur die psychische Repräsentanz der sozialen Norm »Thou shalt not bite thy horse!« Der Spaß bei der Stelle aus ›Brand's Haide‹ ist, daß wir uns für den winzigen Moment der Pointe aus diesen kulturellen Normen herausbewegen dürfen und uns benehmen wie der liebe Australopithecus. Gleichzeitig psychologisiert der Witz seinen Wirkungsmechanismus: mit Knorrs Soßenwürfeln und eingelegter Gurke werden hastig die Zivilisationszutaten zusammengerafft, die erst beisammen sein müssen, damit uns das Wasser im Maul zusammenlaufen darf. Allerdings zu spät. »Ich schluckte« heißt es: den Speichel runter und vor Scham. »Tiefe Schwermut ergriff mich …« – wie das bei ungelösten Triebkonflikten ja vorkommen kann.

›Kühe in Halbtrauer‹ – als die Säge geliefert wird, wird der Lieferant betrachtet: »Während ich seine Pferdefratze so betrachtete, entstand in mir tief=innen irgendwie der Wunsch nach ‹Sauerbraten› & Kartoffelklößen ‹auf thüringische Art› – was man denkt, ist tatsächlich völlig irrelevant.«[51] – Der Witz ist zunächst bloß barbarischer, aber das macht ihn nicht um so komischer. Wenn Sie den Nachsatz »was man denkt, ist tatsächlich völlig irrelevant« weglassen, haben Sie eigentlich keinen Witz, sondern bloß eine geschmacklose Bemerkung, die Sie mögen oder nicht. Obwohl die Bemerkung analog strukturiert ist, wie der Witz in ›Brand's Haide‹, durch die Mitteilung eines Rezeptes nämlich – und eigentlich wird dadurch die »Fallhöhe« (Thüringer Klöße – Pferde – Menschenfleisch) erhöht. Zum Witz wird die Stelle durch den Nachsatz. Hier wird

[51] BA I, 3, 345.

nämlich etwas beiseite gewischt, was eigentlich der »Inhalt« dieser Stelle ist: daß es eine Assoziationsverlötung von »Pferd« und »Hunger« gibt. Daß der Ferienbürger der späten 6oer reagiert wie der Ausgehungerte der späten 4oer, und daß diese Assoziation über alle Tatsachen triumphiert. Daß diese Kontaminierung zu latent größerer Bereitschaft zur Barbarei führt, wird mit einer Geste beiseite getan: »irrelevant«. Dadurch wird das Ganze zu einem Witz, es erhält eine Pointe. Doch bliebe der Witz wenig komisch, wenn wir nur das heraushörten, er bliebe ein Beispiel für »grimmigen Humor«, zwischen den Zähnen gesprochen gewissermaßen, zeigte er bloß die Katastrophe im Knall der Pointe, eine kleine Parallelstelle zu der oben ausführlicher erörterten in ›Kaff‹.

Aber die Pointe behält nicht das letzte Wort, der Witz zeigt das Muster der Anticlimax – durch dieses erst wird er wirklich komisch. Schmidt demontiert die Pointe, ähnlich wie in der zitierten Eingangssequenz. Die Komik wird dissoziativ. Und dieses – komische – Widerbild zur sich in der Dissoziation des Leviathan fortsetzenden Katastrophe hat ihr Komplement in der Psychodynamik solcher Komik. Um den Witz aus ›Brand's Haide‹ witzig zu finden, muß es eine Kurzidentifizierung von Hörer / Leser mit dem »Ich« des Romans geben. Man muß das Hin und Her in der Seele des Roman-Ichs im gewissermaßen »schnellen Durchlauf« auf die eigene Seele projizieren. In ›Kühe in Halbtrauer‹ nicht. Der so-to-say »subjektive Faktor« wird – durch den Nachsatz – eliminiert. Und damit »eigentlich« die Möglichkeit eines Witzes überhaupt, nicht wahr? Denn braucht es für das Ausmessen einer Fallhöhe von Ideal und Wirklichkeit nicht ein messendes Auge, für eine Spannungsabfuhr nicht den Konflikt der Instanzen der Persönlichkeit? Wie aber wäre es, wenn uns etwas für den Bruchteil einer Sekunde aus der Belastung entließe, ein Subjekt zu sein ? Jenes »bundle of perceptions« mit dem Wort »Ich« zusammenzuhalten? Wäre hier nicht gerade der Ort höchster Lust? Der »klassische« Witz, mit dem Schmidt in ›Brand's Haide‹ schon spielt, setzt ein Subjekt und seine Konflikte voraus. Der Witz zumindest des »späten« Schmidt besteht darin, die Subjektivität für einen kurzen Augenblick aufzuheben. Der Witz Schmidts »macht« also nichts anderes, als die politische Diagnose feststellt, als die Moral dort zu fordern scheint, die Resignation hier zur Folge (oder Voraussetzung?) hat: Mortifikation des Subjekts. So sind denn – und noch einmal: seit wir große Literatur kennen, liegt hier (nicht nur hier, aber zu großen Teilen hier) ihre Größe – Tragödie und Komödie zu verbinden. Dort ist die wahre Homoiopathie – die Kur aus dem Übel – zu gewinnen: das Trauma so auszusprechen, daß die Sätze, in denen es sich zeigt, zur vielleicht einzigen Panazee werden, die wir haben.

»Der viele viele Schnee«

»Schnee hing im Astwerk. Der Maschinenge-
wehrschütze sang. Er stand in einem russischen Wald auf weit vorgeschobenem Posten.
… Und der Schnee, in dem er stand, allein
stand, er machte die Nähe der anderen so
leise. So weit ab machte er sie. Er verschwieg
sie, denn er machte alles so leise, daß das eigene Blut in den Ohren laut wurde, so laut
wurde, daß man ihm nicht mehr entgehen
konnte. So verschwieg der Schnee.«

Wolfgang Borchert

So sind denn wieder mal so viele einig, nur die Paare, Trio-
len und Multiplen wechseln. Rudolf Augstein und Hermann Gremliza waren einig in ihrer Abneigung gegenüber der Idee, einen internationalen Gerichtshof zur
Aburteilung der Kriegsverbrechen im zerfallenen Jugo-
slawien einzusetzen; Hermann Gremliza und Helmut
Kohl sind gegen Stoibers anti-europäische Ressentiments;
Hermann Gremliza und Margaret Thatcher und der Verfasser dieses Textes waren gegen die deutsche Neuverei-
nigung; aber andererseits ist Thatcher für erkennbare
deutsche Nationalinteressen; ist Augstein gegen Maas-
tricht; ich bin für den Gerichtshof; Kohl ist für die nationale Gedenkstätte in Berlin in der Schinkelschen Neuen
Wache mit dem Himmelsloch und der Kollwitzschen
Pietà darin und der Aufschrift: »Den Opfern von Krieg
und Gewaltherrschaft« – und wer ein bundesdeutscher
Restlinker ist, der ist natürlich dagegen, wegen Kohl und
wegen Preußen und wegen zentraler Gedenkstätte und
sozusagen sowieso, und das Lamento war allerorten und
so erwart- und voraussehbar wie alle genannten Einigkei-
ten, abgesehen davon, daß man sich immer wieder wun-

dert, wer da mit wem konform geht und wen der Konformität zeiht.

Also, Neue Wache. Viele haben gegen die Kollwitz-Plastik protestiert, weil Käthe Kollwitz ihren gefallenen Sohn vielleicht durchaus auch habe in diesem Kunstwerk feiern wollen und keinerlei Pietät durch die Wahl des Genres der Trauernden Mutter verbürgt sei. Die Erben der Käthe Kollwitz haben protestiert gegen die Statuen der Generäle Bülow und Scharnhorst vor der Neuen Wache. Gegen das Beiseiteräumen der Generäle (denn darauf lief es hinaus) hat Wolf Jobst Siedler in der ›Zeit‹ protestiert, aber nicht nur dagegen. Auch dagegen, daß die vergrößerte BRD das von den Nazis zerstörte Rosa-Luxemburg-Mahnmal nicht wiederhergestellt habe, und vor allem gegen die jetzige Gestalt der Neuen Wache als ein Mahnmal, das die Opfer der nationalsozialistischen Vernichtungspolitik in einem unterschiedeleugnenden Versöhnungsritual vereinnahme: »Vor allem wird auf diese Weise das ungeheuerliche Geschehen verfehlt, dessen Chiffre die Vernichtungslager sind« (›Die Zeit‹, 48/1993).

Auch da sind die meisten einig, nicht nur Benedikt Erenz, der zwar auch in der ›Zeit‹ schreibt, aber sonst nicht so viel mit Siedler, in dessen Verlag immerhin Hillgrubers ›Zweierlei Untergang‹ erschienen ist, zu tun hat oder vermutlich haben will und der Bitteres in der ›Zeit‹ 47/93 anmerkt. In der ›Frankfurter Rundschau‹ schreibt Rudolf Walther: »Durch und durch verlogen«, und zitiert Reinhard Koselleck: »mies, medioker, provinziell«. Alles richtig natürlich. Aber. Was ist zu kritisieren? Die Absicht? Die Ausführung?

Anhand des *Ergebnisses* darüber herzuziehen, daß mal wieder »verharmlost« und »verglichen« (gemeint: gleichgesetzt) werde, ist Unfug. Es ging darum, eine »nationale Gedenkstätte« zu schaffen, d.h. eine, an, in oder bei der anläßlich von Staatsbesuchen, mehrfach besetzten Daten (9. November) und überhaupt immer, wenn einer meint, es sei nötig, ein Kranz hingelegt, ein Marsch geblasen, ein Streichquartett gehört, Dummes oder Bedenkenswertes gesagt oder auch nur geschwiegen werden kann. An dem Versuch ist in *einer* Hinsicht nichts Tadelnswertes. Es ist schon immer Aufgabe solcher Stätten gewesen, der Toten als Toter zu gedenken und das nicht zuletzt zu tun, damit aller gegenwärtige Hader schweige. Es gibt zwei Gründe, warum das hier nicht gelingen konnte. Der erste ist, daß es bei dieser Gedenkstätte nicht nur um Kriegstote ging. Über Massengräbern von Soldaten kann versöhnlich der Toten gedacht werden, solange es Konsens der Gedenkenden ist, daß alle im Namen desselben Ideals getötet worden sind, des Vaterlands. Das geht, solange das Ideal noch von den Beteiligten geteilt wird; übrigens auch dann, wenn die Kriegsschuld eindeutig zu ermitteln ist. Darum gab es den Händedruck von Mitterrand und Kohl bei Verdun.

Mit Ermordeten ist das nicht möglich, weil es kein gemeinsames Ideal gibt, auf das sich die Gedenkenden beziehen könnten. Die Ideale der Mörder sind diskreditiert, die Ermordeten sind meistens nicht wegen ihrer Ideale ermordet worden. Zudem waren und sind die Traditionen derjenigen, die der Toten gedenken wollen, unterschiedlich und oft nicht miteinander kompatibel – nicht nur in Deutschland. Des Kommunisten im Namen des Vaterlandes der Werktätigen gleichzeitig mit dem ermordeten Polen zu gedenken, der gerettet worden wäre, wenn die Rote Armee nicht vor Warschau haltgemacht hätte, und dessen Freund in Katyn ermordet worden ist, war eigentlich nicht möglich. Das nationale polnische Ritual vertrug sich darum nicht mit dem sozialistischen; nationale Rituale vertragen sich oft miteinander nicht, und das polnische verträgt sich nicht mit dem jüdischen, solange es die eigenen antisemitischen Traditionen nicht in den Blick nehmen kann, was wegen seiner Verbindung mit dem christlichen besondere Schwierigkeiten macht, weil dieses wiederum generell nicht ohne die Kreuzigungstheologie auskommt, und die ist mit dem Christusmord-Vorwurf historisch verbunden. Das christliche Ritual der Auferstehungs- und Hoffnungstheologie wirkt überhaupt blasphemisch angesichts der profanen Erkenntnis, daß aus der Ermordung von Millionen kein Sinn und kein Trost zu gewinnen sein darf, auch wenn die Gedenkstättenbaumeister es immer wieder versuchen: Mit Blick auf ihr zuweilen gut vergütetes Schaffen sagen sie, die Toten seien nicht umsonst (sie sagen nicht einmal: vergeblich) gestorben.

Die DDR hat in der Zeit ihrer Existenz das versucht, was unter Helmut Kohl jetzt neu ausprobiert wird: ein gemeinsames Gedenkritual zu schaffen. Sie hat sich dem Kriegs-Gedenkritual angeschlossen und Krieger verherrlicht, und wo die Ermordeten keine Krieger gewesen sind, hat sie sie zu Märtyrern gemacht. Die DDR hat also den ermordeten kommunistischen Widerstandskämpfer zur zentralen Ritualfigur erhoben. Zwar waren unter den von den Nazis Ermordeten nur sehr wenige kommunistische Widerstandskämpfer, aber aller anderen wurde doch so gedacht, als wären sie Spezialfälle dieses Typs. Das Ritual funktionierte, solange die politische Macht funktionierte, die es verordnete und zusammenhielt.

In der alten Bundesrepublik gab es aus vielen Gründen kein Bedürfnis nach *einer* Gedenkstätte oder *einem* verbindlichen Ritual. Das hatte den Nachteil, daß die Bundesrepublik nicht gezwungen war, zu definieren, welche Haltung sie *als Staat* zu den Ermordeten, Gefallenen hier und da, den eigenen und den anderen zivilen Toten einnehmen wollte – und es hatte den Vorteil, daß sie nicht dazu gezwungen war. Sie mußte nicht klar sein und konnte deshalb der Unklarheit Raum lassen. Sie hat sich oft und allemal zu oft miserabel benommen, aber manchmal auch nicht. Und dadurch bedingt, also nicht durch Vorsatz, sondern zufällig, ließ sie vielen einzelnen Ritualen Raum.

Nun ist aber aus den (so muß man es rückblickend sagen:) beiden Provisorien, BRD und DDR, *ein* Staat geworden, die Bundesrepublik Deutschland, und nun wollte der amtierende Bundeskanzler etwas schaffen, was den beiden ehemaligen Deutschländern nicht gelungen war, so oder so. Das hätte nicht sein müssen. Aber der Versuch ist nicht per se mies und verlogen. Kohls Initiative hat die Quadratur des Kreises versucht, und die wäre beinahe gelungen, wenn sie denn hätte gelingen können. Wenigstens die Imitation der Quadratur hätte, und das zeigt der Versuch, gelingen können – *wie* sie mißlang, ist so interessant wie merkwürdig. Aber der Vorgang erschließt sich nicht der politischen Empörung, so berechtigt oder verständlich die immer sein mag. Zu empfehlen ist vielmehr eine historisch-ästhetische Betrachtung.

1818 baut Schinkel auf königlichen Befehl ein Gebäude für die Königswache (also eine repräsentative Kaserne für die Leibgarde), und er baut sie in klassizistischem Stil, ein antikisierender Quader wird es mit tempelartigem Säulenvorbau. So könnte auch eine Oper oder ein Museum aussehen. Dann kommen noch Statuen dazu, erst Bülow und Scharnhorst, später Blücher, noch später Gneisenau, York und Friedrich II. Die Preußischen Heroen sollten zu besichtigen sein und waren es auch eine Zeitlang. 1931 wurde die Neue Wache – man suchte einen symbolischen Ort und fand ihn eben dort – zur Gedenkstätte für die Gefallenen des Ersten Weltkriegs. Der Architekt Heinrich Tessenow, der den Antrag erhielt, diese zu gestalten, erledigte seine Aufgabe in bemerkenswerter Weise. Die ehemaligen Wach- und Arreststuben wurden beseitigt, an ihre Stelle trat ein einziger leerer Raum. Das Wetterloch in der Decke ließ Tessenow offen, darunter stellte er einen Granitblock (Altar), auf dem ein metallener Totenkranz zu liegen kam. So wurde dann die Gedenkhalle eingerichtet, obwohl Tessenow noch einen zweiten Vorschlag machte, der zeigte, worum es ihm eigentlich gegangen war: Anstelle des Altars mit dem Kranz sollte unter dem Wetterloch in der Decke ein Loch im Boden sein – weiter nichts.

Tessenow wollte also jenes Element versöhnender Sinnstiftung, das Stückchen Erinnerung an Heldentod und dergleichen, aus seiner im Vergleich zu anderen damaligen Gedenkstätten ohnehin kargen Halle vollständig entfernen. Wenn man sich nun diesen leeren Raum vorstellt, dominiert vor allem durch das runde Loch in der Decke, als Gegenbild gegen den preußischen Heroenrummel draußen, kommt man der Form auf die Spur, die Tessenow, bewußt oder unbewußt, geleitet haben mag: es ist das Pantheon in Rom. Das Pantheon, ein allen Göttern, dem Göttlichen schlechthin gewidmeter, zwischen 118 und 128 erbauter Tempel, hat nämlich möglicherweise schon Schinkel zum Vorbild dienen müssen. Nur daß sich über dem Quader beim Original noch eine Halbkugel wölbt, die nach innen fortgesetzt gedacht werden muß, so daß der Besucher im Innern des Pantheon wie im Innern einer riesigen Kugel steht, die als »vollkommenste Form« für Ordnung, Schönheit, Welt-All, Kosmos eben, steht. Ganz oben in dieser Kugel ist ein kreisrundes Loch, und das Licht wandert im Laufe des Tages und des Jahres im Innern der Kugel herum, bedeutet Stunde und Tag, die Ordnung der Zeit. Schließlich ist das Pantheon mit allerlei Symbolischem ausgestattet, das zueinander und je nach Lichtfall in Beziehung steht – wir brauchen nicht im einzelnen darauf einzugehen, aber das Ganze ist eine Kumulierung von Sinn schlechthin und architektonisch ein Wunderwerk der Harmonie im Großen und im Detailbezug. Das Pantheon in Rom ist vielleicht der schönste Raum, der je gebaut worden ist. Im Zitat dieser Harmonie und Sinnerfülltheit setzt Tessenow die Gegenpointe: ein leerer Raum, ein Loch in der Decke, durch das mal Licht, mal Regen fällt, mal Schnee. Im Raum nichts. Ein sinnentleertes Universum, wie eine große Grabkammer ohne jeden Schnörkel, ohne irgendeine transzendierende Dimension, nur Schutzlosigkeit und Zufall fallen einem ein, wann man zur Decke (oder in das Loch darunter) blickt. Zugleich ist dieser

Raum ein Gegenbild gegen die Schinkelsche Idee des glo-
riosen Panheroicums draußen.

Wenn nun irgendeine Art von Architektur dem Gedenken der von Deutschland Ermordeten einen annähernd
angemessenen Ausdruck hätte verleihen können, so wäre
das wahrscheinlich die zweite Tessenowsche Idee gewesen. Eine Realisierung *dieser* Idee hätte möglicherweise
eine weitgehend akzeptierte Gedenkstätte für alle *Ermordeten* werden können, weil wohl nur der *Verzicht auf ein
Ritual*, den diese Stätte ausdrückt, das für die anderen Rituale Akzeptable sein kann. – Sogar der Versuch, eine Gedenkstätte für die Ermordeten *und* die Kriegstoten zu errichten, hätte damit gelingen können – wenn das Ganze
ohne Aufschrift geblieben wäre. Ein Titel, denn irgendwie
muß der Ort ja heißen, hätte einem schon noch einfallen
können, und die Nähe, in die Ermordete und fürs Vaterland Gefallene gerückt werden, hätte viele Pazifisten
befriedigt. Die Zumutung, eine Gedenkstätte zu errichten,
in, an und bei der man Ermordeter *und* einiger ihrer Mörder gleichermaßen gedenkt, hätte durch die pathetische
Leere und das historisch weitausgreifende ästhetische Zitat abgemildert, vertuscht werden können. Das Pathos
von Tod und Sinnleere nivelliert ohnehin, und so hätte die
unkonventionelle und antitraditionelle Architektur Tessenows auf einem Umweg das leisten können, was Gedenkstätten eben traditioneller- und konventionellerweise
leisten: angesichts des Todes den Hader schweigen zu
heißen.

Bei der Idee, eine nationale Gedenkstätte zu schaffen,
auf die Neue Wache zu kommen, war also gar nicht so
dumm und mediok. Aber. Irgendwann vor Kriegsende
hatte eine Bombe das Gebäude getroffen und auch den Altar beschädigt. Bis zum Jahre 1968 geschah dort nichts,
dann beschloß die Regierung der DDR, aus der Neuen
Wache eine nationale Gedenkstätte zu machen, ein
»Mahnmal für die Opfer des Faschismus und Militaris-

mus«, und weihte es am 6. Oktober 1969 ein. Das Loch in der Decke bekam eine Glasbedeckung, die Rückwand ein Symbol (Hammer und Sichel), und unter einem feuerfesten Plexiglassturz brannte eine ewige Flamme. Denselben Weg – weg von Tessenow, hin zum Kitsch – nahm sich auch Helmut Kohl zu gehen vor, und er griff dabei eine weitere, allerdings nicht realisierte Idee des Politbüros der SED auf. Das hatte nämlich allerlei Ideen gehabt und verworfen, u. a. eine Goethe-Gedenkstätte und eine Porträtbüstengalerie, ein »Pantheon der fortschrittlichen Deutschen«; Pantheon, siehe da. Vorgeschlagen wurde auch, in der noch nicht ausgebesserten Ruine eine Plastik von Käthe Kollwitz aufzustellen, denn der Deutsche denkt an Käthe Kollwitz, wenn er gedenkt. Diesen Vorschlag griff dann Helmut Kohl auf und verwirklichte ihn gegen alle Einreden. Der deutschen Einheit folgte die deutsche Einigkeit in dieser Frage.

Aber offen war noch die andere: welche Plastik von Käthe Kollwitz? Kohl entschied sich für ein klassisches Sujet, eine Pietà. Also eine Mutter mit totem Sohn in den Armen nach dem Vorbild der Maria mit dem vom Kreuze genommenen Jesus; berühmtestes Exemplar der Gattung ist die Pietà Michelangelos. Mit dieser Entscheidung wurde die für die Neue Wache absurd. Zu Recht monierte Wolf Jobst Siedler die »Unvereinbarkeit zweier Formsprachen«. Man muß diese Unvereinbarkeit und die entstandene Absurdität übrigens nicht unbedingt bedauern, wenn man versteht, woher das kommt. Die CDU Konrad Adenauers war der durchaus erfolgreiche Versuch, aus der katholischen Zentrums-Partei eine gesamtchristliche Partei zu machen, oft um den Preis von allerlei Proporz-Kompromissen. Nun also stellt der »Enkel Adenauers« ein Symbolbild katholischer Provenienz in einen Bau preußisch-lutherischer Tradition. Von mir aus. Da sind mir Vermischungen, vor allem Unreinheiten und Unvereinbarkeiten lieber als irgendwas »aus einem Guß«.

Aber mit der Pietà von Kollwitz triumphiert wieder, wie unter Hammer und Sichel, ein Ritual über alle anderen. Nichts mehr von Tessenowscher Leere, sondern hier sitzt eine Mutter-Maria mit Sohn unterm Himmelsloch, das dann gleich den Dritten im Bunde abgibt und mit ihm die ganze heilige Familie stellt: das wachende, alles überblikkende Gott-Vaterauge (»Du bist mein lieber Sohn, an dem ich Wohlgefallen habe!«), und auch die Vertikale zur Auferstehung ist gleich mitgeliefert. Ein mit geringen Mitteln erzeugtes wahres Sonderangebot an Sinn, und allerchristlichstem dazu. – Hier kann man der Shoah nicht gedenken. Und keines ermordeten Atheisten. Und all derer nicht, die es als Hohn empfänden, wenn der Gedanke an ihren Tod Anlaß zur Produktion von Sinnerfülltheit und Besinnlichkeit böte.

Aber auch diese Polemik stimmt nicht ganz, sie ist zu pathetisch, zu ernsthaft für die Wirklichkeit. Denn wahrscheinlich war es gar nicht das Sich-zur-Wehr-Setzen gegen Tessenows Anti-Pantheon in der Tradition des Politbüros der SED, das Kohl zu seiner Idee gebracht hat und das ihn die Möglichkeit, eine deutsche nationale Gedenkstätte zu schaffen und ihr eine Form zu geben, die akzeptiert werden würde, so kraß verfehlen ließ, sondern die Liebe zu einer anderen Art von Kitsch. In der Neuen Wache steht, das ist bekannt, nicht das Original der Kollwitzschen Pietà. Das Original ist viel kleiner. Man hat es, damit es genügend Raum nehme und bemerkt werde, nachgebildet, vergrößert, im Volumen vervierfacht, aufgeblasen sozusagen. Das ist schon für sich so komisch wie schrecklich. Denn wer sagt, daß man irgendein Kunstwerk ohne ästhetischen Schaden größer oder kleiner machen könne, sagt nichts Gutes über das Kunstwerk, und warum will er es dann an solcher Stelle stehen haben?

Dazu kommt, daß man inzwischen weiß, wo das Original herkommt. Es gehört Helmut Kohl. Der Bundeskanzler hat zur Ausschmückung seiner nationalen Gedenkstätte eine Nippfigur aus Privatbesitz zu repräsentativer Größe aufblasen lassen und in Tessenows Anti-Pantheon unter das Himmelsloch stellen lassen. Ich habe lange darüber nachgedacht, daß dieser Gedanke doch eigentlich sogar für Köpfe, die bekanntlich manches aussinnen, zu bizarr sein müßte. Ich habe versucht, mir das vorzustellen: wie das Bronzeungeheuer dasitzt unterm Loch, frühlings, sommers, herbstens, winters. Als ich mir dann vorgestellt habe, wie es dort schneit, habe ich es verstanden. Man *muß* ja nicht ans Pantheon denken, wenn man sozusagen überzeitlich-klassisch wird, man *kann* ja auch an die Souvenirs denken, die man aus Rom mitnimmt, und da gibt es in den Vatikanischen Museen die Schneekugel mit Michelangelos Pietà drin, und wenn man sie schüttelt, ist überall viel glitzernder Schnee. Die Luftblase, die solche Schneekugeln immer oben haben, sieht aus wie das Loch in der Decke der Neuen Wache. Ja, die großen Symbole sind beharrlich, auch die Abderiten bleiben dieselben, nur die Zeiten wechseln, wie es scheint, und die Konstellationen.

In dieses Bild also soll es gefaßt sein, das Angedenken der sechs Millionen ermordeter Juden, der ermordeten Sinti und Roma, der Kommunisten, Schwulen, Verrückten, unliebsamen Intellektuellen, Polen, pazifistischen Christen, Russen, Sozialdemokraten, Kriegsgefangenen oderoderoderundundund der toten Soldaten aus vieler Herren Länder und der ermordeten SA-Leute und der Gefallenen der Waffen-SS undundund – oder eben gleich der fünfzig Millionen Opfer von »Krieg und Gewaltherrschaft«. Das alles also paßt in eine Schneekugel. Es gibt doch Neues unter der Sonne. Stellen Sie sich vor: der nächste 9. November, oder irgendein Datum später im Jahr, und es schneit schon in Berlin, und alle kommen, und die vielen Kranzschleifen, und was da draufsteht, und dann, glitzernd herab auf die Pietà, der vieleviele Schnee.

Hurlyburly = Holterdipolter?
Versfußnoten zum Gehör
Phantasien über ein Thema von Ulrich Sonnemann

»hear-hear!«

»When I get to the bottom I go back to the top of the slide
Where I stop and I turn and I go for a ride
Till I get to the bottom and I see you again
Helter skelter helter skelter
Helter skelter«

:

*

Sie kennen sie vielleicht nur aus ›Mary Poppins‹, aber es gibt sie wirklich und noch, die englischen Karussells mit den (großen!) bunten Holzpferden an den langen (langen!) Stangen, die im Kreis sich drehen (schnell!) und gleichzeitig gemessen sich auf und ab bewegen zu einer Dampforgelmelodie. Nein, keine Nostalgie, sondern nur, um mit Platon zu sprechen, die Idee des Karussells, da hienieden zu sehen und zu besteigen, göttlich ohne Zweifel. Ich habe das tumbe Rundherum immer gehaßt, als Kind schon, und auch die neuen Bewegungskombinationen mag ich nicht, da wird mir schlecht schon beim Zusehen (Achterbahn: das ist was anderes!) – nur dieses eine so ruhige wie geschwinde Rundherum und Aufundnieder ist so dem Menschen nach Leibes- und Seelenbedarf angemessen, daß es so natürlich ist wie nicht von dieser Welt.

Mein Sohn war es eher leid als ich; wir gingen dann weiter durch den Rest, der von dieser Welt war, bis zu einem hochgebauten Etwas, nach dem er mich fragte. Es stand »Helterskelter« dran und war nicht einzusehen. Nun, sagte ich, da steht Helterskelter drauf, das heißt so viel wie:

Drunter-und-drüber. Da will ich nicht rein, sagte er. – Ein Jahr später. Er war wieder auf diesem Jahrmarkt, ich war nicht dabei, mußte aber nachträglich hören: es sei eine Rutschbahn gewesen, nix »Drunter-und-drüber«.

Natürlich, hätte ich ja eigentlich wissen können; ist sowas wie ein terminus technicus, Helterskelter-Rutschbahn, ich kenne doch auch den Text: »when I get to the bottom, I go back to the top of the slide, where I stop und I turn and I go for a ride till I get to the bottom and I see you again – helter skelter, helter skelter.«

*

: Nebel / Schreie / Pferdewiehern / Schwerterklirren; alles leiser / Nebel lichtet sich; Schlachtfeld voller Leichen / ein Soldat zieht einem Toten die Stiefel aus, der regt sich, in Panik schlägt der Soldat mit seiner Axt auf den vermeintlich Toten ein. Nach dieser Szene gefragt, gibt Roman Polanski Auskunft über die Exposition seiner cineastischen Version des ›Macbeth‹: er habe in der Szene etwas von dem Schrecken darstellen wollen, der der Mord an seiner Frau Sharon Tate und ihren Freunden durch die sogenannte Manson-Family ihm gewesen sei.

Es war das Lied der Beatles, ›Helter Skelter‹, das Manson zu einer Art Orakelbotschaft erklärt hatte. Das »große Helterskelter«, der Umsturz durch die Deklassierten, Farbigen, Randgruppen zu Lasten der Etablierten, ganz neutestamentarisch also: die Letzten werden die Ersten sein – Helterskelter: when I'm now at the bottom I will get to the top. Kein Wunder also, daß mir zu Helterskelter das revolutionsfeindliche »Es geht drunter und drüber« eingefallen war. Andererseits paßte Manson auch zu der Rutschbahn-Bedeutung, die ja eigentlich eher etwas mit einem antiken Geschichtsbegriff zu tun hat: so weinte Scipio über dem brennenden Karthago, gedenkend des brennenden Troja, denkend an den Brand Roms dereinst: when I get to the bottom, I go back to the top of the slide, where I stop and I turn and I go for a ride till I get to the bottom.

*

: In den ›Tunnelstichen‹ findet sich eine Bibliographie der Bücher, Aufsätze, Interviews Ulrich Sonnemanns. Aus ihr weiß ich, daß ich »Sonnemann« gelesen habe, ohne es zu wissen – nein, nicht wie Sie denken: le bourgeois gentilhomme, sondern buchstäblich:

»Vermumm dich, Muse!
Käm sie ohne Zorn
Von Prinzen, Helden, Herrschern, Königreichen
Auf ganz gewöhnliche Sujets herab,
Auf junge Liebe, Ehe-, Absatzkrisen,
Nicht tarnte unsre kriegerischen Führer,
Die doppelt spielenden, das Doppelspiel,
Das euer harrt, als Fürsten aller Zeiten.«

Das sind die ersten Verszeilen der Sonnemannschen Übersetzung von Barbara Garsons ›MacBird‹, einer Transformation und Travestie des ›Macbeth‹, bezogen auf ein Stück phantastische Wirklichkeit aus der ersten Hälfte der 60er in den USA. Lyndon B. Johnson tritt auf als MacBird und Mörder des John Ken O'Dunc, der am Ende von Robert Ken O'Dunc – »Herzlos und blutlos hebt dein Feind die Lanze« – gerächt wird.

Ich besitze das Buch noch, 1967 erworben, rororo-theater, Sie erinnern sich: den ›Stellvertreter‹ gab es in dieser schwarz-weißen Aufmachung, Brecht, Sartre, ›Seid nett zu Mr. Sloane‹ und das trotz seiner Verfilmung unschätzbare ›Rosenkranz und Güldenstern‹, wobei wir wieder bei einer Shakespeare-Adaption wären. Jedenfalls war das Buch auch gleich zur Hand und die Ausrichtung auf eine bestimmte Themenstellung, wie mir schien, nicht von derselben zu weisen. Erster Hexenauftritt also. Es sind ein Beatnik, ein Black Muslim, ein traditioneller Leftist mit Ballonmütze:

> »ERSTE HEXE: Sagt, wann ich euch treffen muß.
> ZWEITE HEXE: In Aufruhr!
> DRITTE HEXE: Kurssturz!
> ERSTE HEXE: Streikbeschluß?
> ZWEITE HEXE: Wenn das Holterdipolter erledigt ist,
> Wahlschlacht gewonnen oder Sache beschädigt ist.«

Und hier stockt' ich schon, denn mit dem »Wenn das Holterdipolter erledigt ist« gerät der Blankvers ganz schön aus dem Trab, Daktylen oder Anapäste mischen sich ein und die Frage: Was ist da übersetzt? Nun hatte ich natürlich nicht das englische Original zur Hand, woher auch?, und so war ich denn auf die hohe Intuition angewiesen, die sich auch nicht lange bitten ließ, war doch alles klar –: im Original mußte stehen:

> »When the helterskelter's gone
> Battle dámdadámda won.«

Und als ich erstmal so weit war, flüsterten ringsum die Einfälle; und auf ein Papier war schnell die Einleitung geschrieben, der Titel gefunden und zu Papier gebracht: »Helterskelter-Holterdipolter?« Und mit dem »Helterskelter« wollte ich die Frage nach dem Versrhythmus irgendwie mit dem politischen Text ... – jedenfalls brauchte ich das Original. Das Rowohlt-Archiv hatte es nicht; die deutschen Amerikahäuser auch nicht. Ich danke Christoph Tholen, daß er mir eine Kopie aus Ulrich Sonnemanns Bibliothek verschafft hat. Nun war ich beruhigt. Wenn man alle Materialien hat, schreibt sich sowas ja von selbst, und Zeit war genug. Eines Morgens dann fiel mir ein, daß ich ja auch unrecht haben könnte mit meiner Rückübersetzung: was, wenn da gar nicht »Helterskelter« steht? Aufschlagen:

> »1ST WITCH: When shall we three meet again?
> 2ND WITCH: In riot!
> 3RD WITCH: Strike!
> 1ST WITCH: Or stopping train?
> 2ND WITCH: When the hurly-burly's done
>   When the race is lost or won.«

Hurly-burly! das muß sich einer mal vorstellen! Wäre Helterskelter nicht viel besser gewesen? Gewiß, meine Rekonstruktion mit »battle« war kläglich, ist doch die deutsche Wahlschlacht amerikanisch ein »running for president« und selbst das »Wettrüsten« ein »arms-race«. Aber gerade des »race« wegen: sagt das nicht die Zweite Hexe, und ist die nicht ein Black Muslim, und wäre in dessen Mund das »when the race is lost or won« nicht ein schöner Doppelsinn, der zu dem Mansonschen »Helterskelter« bestens paßte? Wenn natürlich auch sowohl das Lied der Beatles als auch Mansons Schlächtereien eigentlich doch später als 1965 ... – und außerdem geht es um den Parteitag der Demokraten, in dem ...:

> »Out on the convention floor.
> Or in some hotel corridor.«

Wie übersetzt Sonnemann das eigentlich?:

> »Auf Parteikongresses Dielen
> Oder in Hotelfahrstühlen.«

Es sind Fahrstühle statt der Korridore – helterskelter? – Aber auch mit Hurlyburly bleibt das rhythmische Problem bestehen. – Was eigentlich heißt »hurly-burly«?

Das Oxford Dictionary weist darauf hin, das Wort sei früher – es ist bereits 1540 nachgewiesen – »more dignified than now« gewesen. »Hurly-burly« ist sogar älter als »hurly«, dessen Nachweis nur bis 1596 geht. »Hurly-burly« kommt von »hulring&burling« und ist, wie das OD meint, bloße Reduplikation von »hurling«. »Hurly« wäre also eine Ableitung aus »hurly-burly«. Die Bedeutung wird angegeben mit: »Commotion, tumult, strife, uproar, turmoil, confusion«. Da gibt es eine Bedeutungsgemeinsamkeit mit »helter-skelter«: »tumultous disorder« nennt das Random House Dictionary (und gibt mir recht, was meine Auskunft auf dem Londoner Jahrmarkt anlangt).

Was ist »Holterdipolter«? Das Deutsche Wörterbuch der Grimms hat es bereits 1464 und gibt es lateinisch so: »inordinate, mixtim, commistim, confuse, confusim, turbide, turbate, tumultuose«. Eine Anwendung: »Am letzten abend des jahres wird er (der weihnachtsbaum) der plünderung preisgegeben und holterdipolter hinausgethan«. Wäre hier für diesen die Treppe kopfüberkopfunter bzw. head-over-heels abgetanen Weihnachtsbaum nicht die Übersetzung: helter-skelter?

Schließlich das eigene Sprachgefühl. Helterskelter ist unordentlicher als Hurlyburly. Jedenfalls wenn man eine Hierarchie zugrundelegt. Es geht alles drunter und drüber. Der Rutschbahn-Effekt, daß die Letzten die Ersten sein werden, ist Unordnung für die, die solche dis-order nicht mögen. Und umgekehrt: was wie die Umwertung aller Werte erscheinen mag, ist dann doch nur das Chaos, das die Theorie verblüfft, wenn das Gesetz aus der Retorte tritt. Andererseits: hurlyburly hat keine gerichtete Bewegung: es ist »Gewusel«, bloß schneller und mit viel mehr, es ist »Gebrabbel«, nur lauter und vielstimmiger und undeutlicher. »Remmidemmi« vielleicht. Das ist laut und physisch genug: hält das Versmaß; und sogar seine leicht bayerischen Konnotationen wären in *diesem* Stück erträglich, dieweil L.B. Johnson Texaner war, also ausgesprochen südstaatlich. Der einzige Einwand wäre, daß »hurly-burly« anders als »Remmidemmi« keine räumliche Umgrenzung hat, ein Remmidemmi macht man in einer Kneipe, ein hurly-burly hat ungenaue Außenränder. Das geht schon an und in die Phonetik, aber vielleicht auch in die Massenpsychologie: beim Remmidemmi kommen die Beteiligten blessiert wieder heraus, und das Mobiliar ist kaputt, das hurly-burly kann überkochen:

> »Round about the caldron go,
> Watch the bubbles boil and grow.
> Stench of Strong and tounge of Kerr,
> Picket, sit-in, strike and stir.
> Regents raging, Reagan hot,
> All boil up our protest pot.
> bubble and bubble, toil and trouble,
> Burn baby burn, and a caldron bubble.«

> »Blubber und blubber, Schweiß und Schrubber,
> Brenn Baby brenn, und Kessel blubber.
> Um den Topf lallt schwarze Lieder,
> Notzucht, Mord, erschoßne Brüder.
> Kirchentrümmer, flammend Kreuze,
> In den großen Pott haut heut se.
> Peitsche, Holzstoß, Gas, Ku Kluxe,
> Nigger aufgeknüpft zum Juxe,
> Haßkrawalle ohne Riegel:
> Backt im Nationalschmelztiegel!
> Blubber und blubber, Schweiß und Schrubber,
> Brenn Baby brenn, und Kessel blubber.«

*

»Hurlyburly« also; hurlyburly auch jene akustische Exposition des Polanskischen ›Macbeth‹-Films. Ich habe vermutlich nur ein Apropos verschenkt? Andererseits ist der

Zufall das, was man ihn sein läßt, gleich wie der Irrtum. Nehmen wir ihn und ihn als jene Kontingenz, die immer am Anfang steht, Gott, Urknall, Lapsus, Fehlleistung, die verpaßte Bahn, die später entgleist und uns ein Lebenswerk ermöglicht. Zurück zum Anfang. Ganz zum Anfang, zu Shakespeare:

>»When shall we three meet again?
In thunder, lightning, or in rain?
When the hurlyburly's done,
When the battle's lost and won.«

Wie peinlich. Dabei hatte ich einst für den Englisch-Unterricht diese Zeilen auswendig gelernt. was hatte mich angesichts des »Holterdipolter« das »Hurlyburly« vergessen lassen? Die verführerische Assoziationskette? Es hätte via Macbeth-Polanski-Manson-Beatles sich das Helterskelter Raum verschafft und über das Thema »Ulrich Sonnemann als Übersetzer« Gedanken zu Literatur & Politik eingefordert? Denkbar immerhin. Aber ich habe noch eine andere Erklärung, die auch erst nach einem Fehlgang zu sich kam. War da nicht mit Holterdipolter eine akustische Metapher (ein problematischer Begriff, nur Geduld) an Stelle einer optischen getreten, das Getöse an die Stelle des »garstgen Breis«, um Wielands Exposition des »Schach Lolo« zu zitieren und jenes dort gemeinte Resultat göttlicher und menschlicher Politik zu bezeichnen, das uns auch das Schlachtfeld gerne zeigt, jenes Labskaus aus Menschenfleisch und Dreck? Aber es ist ja nicht wahr. »Hurlyburly« ist durchaus auch akustisch, »holterdipolter« nicht nur akustisch, wie akustisch »helterskelter« sein kann, zeigt seine musikalische Verarbeitung. Aber: hurlyburly ist ein *Nebeneinander*, auch akustisch: Tonbrei. Helterskelter ein *Nacheinander*, auch optisch: raufrunter. Holterdipolter ist – wie akustisch oder optisch auch immer – ein *Nacheinander*. There's the rub:

*

Das sagt Ihnen nichts? Sie stellen die berühmte zweite Gretchenfrage: »Du lieber Gott, was soll mir das?« Nun denn

: »Ineluctable modality of the visible: at least that if no more, thought through my eyes. Signatures of all things I am here to read, seaspawn and seawrack, the nearing tide, that rusty boot. Snotgreen, bluesilver, rust: coloured signs. Limits of the diaphane. But he adds: in bodies. Then he was aware of them bodies before of them coloured. How? By knocking his sconce against them, sure. Go easy. Bald he was and a millionaire, maestro di color che sanno. Limit of the diaphane in. Why in? Diaphane, adiaphane. If you can put your five fingers through it, it is a gate, if not a door. Shut your eyes and see.

Stephen closed his eyes to hear his boots crush crackling wrack and shells. You are walking through it howsomever. I am, a stride at a time. A very short space of time through very short times of space. Five, six: the Nacheinander. Exactly: and that is the ineluctable modality of the audible. Open your eyes. No. Jesus! If I fell over a cliff that beetles o'er his base, fell through the Nebeneinander ineluctably! I am getting on nicely in the dark. My ash sword hangs at my side. Tap with it: they do. My two feet in his boots are the ends of his legs, nebeneinander. Sounds solid: made by the mallet of Los demiurgos. Am I walking into eternity along Sandymount strand? Crush, crack, crick, crick. Wild sea money. Dominie Deasy kens them a'.

> Won't you come to Sandymount,
> Madeline the mare?

Rhythm begins, you see. I hear. Acatalectic tetrameter of iambs marching. No, agallop: deline the mare.

Open your eyes now. I will. One moment. Has all vanished since? If I open and am for ever in the black adiaphane. Basta! I will see if I can see. See now. There all the
time without you: and ever shall be, world without end.«

*

: Holter-di-polter: Nacheinander. Und das Nacheinander
zwingt auch den Blankvers: statt

> »When the hurly-burly's done,
> When the race is lost or won.«

heißt es:

> »Wenn das Holterdipolter erledigt ist,
> Wahlschlacht gewonnen oder Sache beschädigt ist.«

also statt:

– ˘ – ˘ – ˘ –
– ˘ – ˘ – ˘ –

zwei fünffüßigen Jamben also, bei denen jeweils die erste
unbetonte Silbe weggelassen ist, haben wir bei Sonnemann:

– ˘ – ˘ ˘ – ˘ ˘ – ˘ ˘
– ˘ ˘ – ˘ ˘ ˘ – ˘ ˘ – ˘ ˘

ein aus Daktylen bestehndes durchaus unorthodoxes Gebilde – dem ersten Vers »fehlt« eine unbetonte Silbe[1], der
zweite hat, vor der deutlichen Zäsur, eine »zuviel«. Aber
ein durchaus polterndes Etwas, das an Akustischem

---

[1] Wenn man nicht »˘ ˘ – ˘ ˘ – ˘ ˘ – ˘ ˘« lesen will – dann »fehlt« die erste
betonte Silbe.

nachreicht, was das Wort »Holterdipolter« allein nicht bieten kann. Und, das ist das Entscheidende, es tut dies im Medium des Rhythmus, d. h. selber akustisch, als Nacheinander eben: rhythm begins, you see?

*

– Kurz innehalten: »Dem Dichter gegenüber, erklärte Freud, müsse die Psychoanalyse die Waffen strecken. Seitens des sonst wenig defaitistischen Begründers einer Universalgeltung so beanspruchenden Doktrin ist das eine erstaunliche Feststellung. Das Nachfolgertum zitiert sie denn auch selten: Versuche, etwa mit der Waffe des Sublimierungsbegriffes dem Dichterischen zu Leibe zu rücken, finden an ihrer Klausellosigkeit keine Stütze. Wie immer ein Prozeß wie die Sublimierung eigentlich zu denken sein möchte: nur mit ihm und seinesgleichen, also mit den Mechanismen der Psyche, hat die Psychoanalyse als Theorie überhaupt ja zu tun, und wir erfahren nun von ihrem Stifter direkt, daß die Herrschaft der Mechanismen über den Menschen nicht unumschränkt statthabe. Etwas an ihm bleibt aus ihrem Machtbereich ausgespart, ihrer Nachrechnung entzogen. Was ist das? In der Tatsächlichkeit des biographischen Materials, mit dem Freud befaßt war, ist das aus Gründen seiner eigentlichen Biographie nur das *Dichterische*, etwa für Musik hatte er, wie bekannt, überhaupt kein Verständnis. Allein die Dichter wären nicht die Dichter, wären nicht gerade sie – zunächst und gar in höchstem Maße – M...«[2]:

*

Stravinsky hat seine Harvard-Lectures mit der Unterscheidung von Raum-Kunst (Malerei, Bildhauerei) und Zeit-

[2] Ulrich Sonnemann, Die Menschenwissenschaften und die Spontaneität, in: ders., Tunnelstiche, Frankfurt / M. 1987, S. 14.

Kunst (Musik) begonnen, eine klassische Unterscheidung. Sie interessiert mich in bezug auf die Literatur. Wem wäre die zuzuordnen? Nun, das liegt sozusagen auf der Hand: weder dem einen noch dem anderen. Literatur ist Sprach-Kunst. Doch ist Sprache, Sprechen wenigstens, durchaus ein akustisches Phänomen. Wird Sprache nicht gehört? Sicherlich, aber auch geschrieben. Wird Sprache durch Schriftwerdung optisch? Oder, seit Braille, auch haptisch? Kommen wir mit solcher Zuordnung zu Auge, Mund / Ohr und Händen zum Herzen der Sache? Ist Lesen, wiewohl in der Regel Sache des Auges, eine optische Angelegenheit? Erkenne ich einen Reim mit dem Auge? Und selbst wenn ich das zögerlich bejahen könnte, wie steht es mit dem Rhythmus? Wie dem auch sei: Lesen, ob laut, ob leise, ist ein Nacheinander. Ob von links nach rechts, von rechts nach links, von oben nach unten, unten nach oben, ob boustrophedon oder helterskelter: Reihenbildung, Nacheinander. Nicht, daß nicht eine »Schrift« denkbar wäre, die die Mitteilung von Sinn als Nebeneinander organisierte. Die Diskette, die den Umweg bildet zwischen dem Bildschirm vor meinen Augen und der Buchseite vor denen des Lesers, tut das, aber sie enthält keine Sprache. Und genaugenommen darum auch keine Schrift. Schrift ist Notation von Akustischem. Jede Bilderschrift unterwirft sich irgendwann dem Ohr. Die Buchästhetik der zu Blumengärten und Basiliskenverstecken auswuchernden Erstbuchstaben der mittelalterlichen Abschreibkunst, Illustrationen überhaupt, sind sie Gegenoffensiven des Auges? Wohl doch nicht. Denn so eindeutig wie Sprache allgemein ist Literatur nicht der Akustik zuzurechnen: »Während Sprache selber rhythmisch-akustisch ist«, schreibt Ulrich Sonnemann, »ist ihre Metaphorik mit so annähernder Vollständigkeit optisch, daß wir schließlich gar nicht auf die Idee kommen, es könnte da auch Ausnahmen, Umkehrungen, geben, die denn auch gar nicht mehr als Metaphern erfahren werden.«[3]

Die Metapher gilt als das, was die Sprache zur Dichtung macht, ihre aristotelische Herleitung vom Vergleich ist in sich selbst schon ein Nebeneinander. Vermutlich ist es zutreffend, gegen Aristoteles anzunehmen, daß der Vergleich das Sekundäre sei, recht eigentlich bloß eine Rationalisierung des im Grunde stets Rätselhaften der Sprachform »Metapher«, ja, daß wir ohne die auf nichts zurückführbare elementare Fähigkeit der Sprache zur Metaphernbildung nicht die Fähigkeit zum Vergleich, d. h. der Konstituierung einer Ähnlichkeitsbeziehung, hätten. Aber das ändert nichts an der Richtung unseres Fragens. Zwar weist die Metapher »an sich«, oder wenn man so will, »begriffsnotwendig« nichts Optisches auf, sie ist genaugenommen nichts weiter als ein semantischer Fehler, eine punktuelle Unverständlichkeit, die aber nicht nur als Schönheit gefällt, sondern auch als Erweiterung der Sprach- und Denkmöglichkeiten, die als das eigentlich dynamische Element in einem sonst in terminologischen Konventionen dem Tautologietod entgegen erkaltenden System verstanden werden muß. Nicht notwendigerweise optisch ist auch der sich ihr nicht immer, aber doch oft anschließende Vergleich, siehe Beethovens 6. Symphonie, oder »hear his boots crush crackling wrack and shells«. Aber ein Vergleich ist ein unabweisbares Nebeneinander – auch wenn er akustisch gezogen wird. Ein Nacheinander wäre ein Echo, in der Sprache ein Reim, man unterscheide das. Der Vergleich stellt nebeneinander, und es mag diese Tatsache ihre Rückwirkung auf unsere metaphorischen Gewohnheiten haben.

»Mit annähernder Vollständigkeit« sei Metaphorik optisch, und das Reden *über* Literatur folgt denn auch im mainstream und allen Zuläufen diesem Umstand nach. Goethes Satz, daß Gedichte *gemalte* Fensterscheiben seien, vermählt sich so sehr mit unserem optischen Verständnis

[3] Ulrich Sonnemann, Zeit ist Anhörungsform. Über Wesen und Wirken einer kantischen Verkennung des Ohrs, in: ders., Tunnelstiche, a.a.O. S. 289.

von Literatur, daß wir den Witz dieser »Definition« gar nicht mehr bemerken: Goethe hat ja nicht vom Ausblick geschrieben, sondern von der Fenster*scheibe*. Das Bedürfnis, was geschrieben wird, auch zu sehen, ist so vital, daß ihm das literarisch ganz unsinnige folgt, Literatur, deren Text auf Stimmen aufgeteilt ist, mit Hilfe auf Bühnen gestellter buntgekleideter Sprecher sichtbar zu machen. Und weil die Möglichkeiten der Sichtbarmachung durch das Theater begrenzt sind, gibt es den – optisch zugegeben wesentlich ergiebigeren – Film, der sich nun wegen dieses Auftrages von der Sprache nicht lösen kann und darum als Medium nicht zu sich selbst kommt, sehen wir von avantgardistischen Experimenten wie ›Rocky IV‹, einem Film, der zwar nicht ohne akustische Untermalung, aber vollständig ohne Sprache auskommt, einmal ab.

Wer über Literatur redet, redet über die optische Dimension von Literatur. Die »story« eines Romans ist das, was die Phantasie als inneren Film inszeniert, jenseits der Story gibt es die anderen Bilddimensionen, das Allegorische, das Symbolische usw. Ihnen gilt unsere Beobachtung und Achtung, ohne sie wäre Literatur nicht. Gleichwohl wäre Literatur nicht, wären nur sie. Denn Literatur wäre dann nur ein Umweg, dort, wo direkte optische Präsentation nicht möglich ist, sei es, weil das Photo fehlt (Landschaftsschilderung), sei es, weil es bisher keine zureichende brain-to-brain-technology gibt, die verschiedene Hirne bzw. ihre optischen Regionen miteinander zusammenschlösse. Literatur, auf ihre optische Dimension reduziert, wäre, was die Diskette der Sprache ist, Transmitter, aber nicht selbst der Ort der Poesie: »Vermumm dich, Muse!«

*

Oder so?:

»Von irrenden Rittern und wandernden Schönen
Sing, komische Muse, in freyer irrenden Tönen!

Den Helden sing, der lange die Welt Berg auf Berg ab
Durchzog, das Gegenbild von einer Schönen zu finden,
Die aus dem Reich der Ideen herab
Gestiegen war, sein junges Herz zu entzünden,
Und der, es desto gewisser zu finden,
Von einer zu andern sich unvermerkt allen ergab:
Bis endlich dem stillen Verdienst der wenig scheinbarn
Olinden
Das Wunder gelang, den Schwärmer in ihren Armen zu
binden.«

Wieland, ›Der neue Amadis‹, in der Fassung »letzter
Hand«. Ich habe das und noch ein wenig mehr einmal in
einer Buchhandlung vorgelesen, und in der anschließen-
den so unvermeidlichen wie überflüssigen Diskussion mel-
dete sich ein beamteter Literaturwissenschaftler und sagte,
man dürfte diese Verse, die doch mit dem Ziel geschrieben
wären, sich so nahe wie möglich der Prosa anzunähern, eigentlich gar nicht vorlesen, sie seien nicht zum Hören, nur
zum Augenlesen bestimmt. Wie heißt es doch bei Schmidt
in ›Zettel's Traum‹?: »‹Deutsche Kunst?› wenn die Bürger
ahntn, wie=dünn das Haar ist, an dem speziell dieses Aus-
hängeschild schwankt« (S. 470) – aber wie dem auch sei,
ich brauchte glücklicherweise nur ein paar Seiten zurück
ins Vorwort zu blättern und erneut vorzulesen: »… (durch)
Mannigfaltigkeit, Abwechslung und Schicklichkeit der
Modulazionen der poetischen Periode, und vornehmlich
durch die Harmonie des Rhythmus oder Sylbentanzes mit
dem Gegenstande der Darstellung, dem *Hörer* gefällig zu
machen. Denn daß ein Gedicht nicht bloß *gesehen* sondern
auch *gehört* werden soll, ist etwas so Wesentliches, daß man
es sich, auch wenn man Verse für sich allein liest, zum Gesetz machen sollte, allezeit *laut* zu lesen; – welches freylich
voraussetzt, daß man in der Kunst Gedichte zu lesen nicht
so ganz ungeschickt und ungeübt sey, als es (nicht zur Ehre
unserer Schulverfassungen!) noch auf diesen Tag sogar die

meisten unsrer Gelehrten – zu seyn beschuldiget werden.«
Gegeben 1794.

*

: Nein, die Rhythmik, der Silbentanz, ist nicht bloß orna-
mentale Beigabe, Tonschnörkel – Sie hören, woher die Metaphern kommen –, ist auch nicht, was mehr wäre, nur
akustische Grundierung, um gewissermaßen vegetativ Sin-
nesbereitschaft zu erzeugen, die dann durch optische Sug-
gestionen stimuliert würde. Die Veränderungen im Rhythmus von der Erstfassung des ›Amadis‹ zur Fassung letzter
Hand sind auch keine Bild-Ergänzungen, in dem Sinne, in
welchem man rhythmische Scherze wie den aus Wielands
›Kombabus‹ noch verstehen könnte, wenn er – es geht u. a.
um die psychosozialen Folgen einer Selbstkastration – die
Wörter der Erstfassung: »… die durch die Stümmelung das
Einzige verlieren …«, in der Überarbeitung ersetzt durch:
»… die durch die Stümm'lung just das Einzige verlieren …« – ein »e« pro parte.

Wenn Wieland den Vers der Erstfassung

»Den Helden besing, der lange Berg auf und Berg ab«

also:

$$\smile - \smile\smile - \smile - \smile\smile - \smile\smile -$$

letzter Hand ersetzt durch:

»Den Helden sing, der lange die Welt Berg auf Berg
ab«

also:

$$\smile - \smile - \smile - \smile\smile - \smile - \smile -,$$

188

so ist das keine nach oben verschobene Folge der in der zweiten Fassung inhaltlich veränderten Anschlußzeilen, sondern ergibt sich aus Wielands grundsätzlichen Überlegungen zum Versmaß. »In freier irrenden Tönen«: das ist die Programmatik des ganzen Gedichts, der sich der Bilderreigen, der Überfluß von Figuren und Amouren so fügt, wie sich die bunten Bälle den Bewegungen des Jongleurs fügen. Sind diese optische Präsenz der Bewegung, so jene bildliche Präsenz der Akustik. Der ›Neue Amadis‹ besteht aus meist zehnzeiligen Stanzen, die Freiheit, die sich Wieland in der Erstfassung nahm, war diese: »Das Eigene dieser [im ›Amadis‹ verwendeten; J.P.R.] Versart liegt, außer der Freyheit, Verse von sechs, fünf und vier Füßen mit einander abwechseln zu lassen, in der häufigen, der Willkühr oder vielmehr dem Urtheil und Ohr des Dichters überlassenen Vermischung und Vertauschung des Anapästs [‿‿–] mit den Jamben, welche sonst die herrschende Versart des Gedichtes wären.« In der Vorrede zur Erstfassung empfiehlt Wieland diese Freiheiten seinen Zeitgenossen. Die Fassung letzter Hand bringt den Widerruf: Mißbrauch sei mit der Freiheit getrieben worden. Es ist das alte Thema, das Schiller auf die berühmte Doppelbetonung von »Fréiheit« und »Freiheít« brachte und Arno Schmidt auf die lakonische Bemerkung, daß zwischen »Freiheit« und »Frechheit«, schon was die Buchstäblichkeit angehe, wenig Unterschied sei. (By the way: visualisieren Sie diese Tatsache mal!) Des Mißbrauches durch andere wegen nimmt Wieland im eigenen Text einige Freiheiten zurück, aber auch der Einsicht folgend, die Lizenz zur Ungebundenheit habe ihn zu Nachlässigkeiten ge- oder verführt.

Jedenfalls hat Wieland die eben zitierte Zeile »jambischer« werden, doch einen Anapäst stehen lassen. Um mit zwei Jamben zu beginnen, kürzt Wieland das besinnliche »besingen« um die Vorsilbe, wird englisch einsilbig (»the hero I sing«); um nach dem Anapäst wieder klassische Jamben zu haben, hat Wieland das gemütliche »Berg-auf-und-

Berg-ab« in »Berg-auf/Berg-ab« gekürzt; insgesamt wird die Versmelodie nicht klassischer, sondern durchaus schräg, weil und wodurch sie akustisch gewinnt. Die in der ersten Fassung genommene Freiheit führte nicht auf anarchistisch neue Wege, sondern in den Trott. Die wiederaufgenommene Regel mit knappgehaltener Lizenz zur Unterbrechung gibt uns die nur in solchem Kontrast dehnend wirkenden zwei Unbetonten des »lange die Welt« und das Hufgeklapper im »Berg-auf-Berg-ab«. Aber das ist nur Nebengeschenk, nicht mehr, als wenn die Jongleurbälle kleine bunte Wirbel machen. Vor allem richtet sich die Aufmerksamkeit des Ohres jetzt genauer auf die Spannung von Regel und Ausnahme, darauf, ob jene diese gestattet oder diese jene rechtfertigt. Dieses von allen Klängen erfüllte Thema, dieses Thema, nach dem die menschlichen Verhältnisse komponiert sind, empfangen wir wie Maria rein durch das Ohr und sind wie sie überfordert, das Unerhörte zu schaun.

*

Daß man daraus nicht vorzulesen versuchen dürfte, meinten die Puristen, die nicht wußten, daß der Verfasser selbst sich Gedanken über technische Realisierbarkeit einer mehrstimmigen Lesung gemacht hatte; daß man daraus nicht vorlesen könnte, meinten die meisten Zuhörer, vorher. Gemeint ist das Spätwerk Arno Schmidts, ›Zettel's Traum‹, ›Die Schule der Atheisten‹, ›Abend mit Goldrand‹, das Fragment ›Julia, oder die Gemälde‹, und gemeint war natürlich die *optische Beschaffenheit* der Bücher. ›Zettel's Traum‹ weist drei Textkolumnen auf: *nebeneinander*, die drei anderen Bücher sind zwar sogenannte »Dialogromane«, d.h. solche, die vornehmlich aus Gesprächen bestehen, gesetzt wie Bühnentexte mit überleitenden »Regieanweisungen«, doch sind in die Sprechpassagen Zitate eingelassen, Digressionen finden sich als gerahmte Textinseln, auch wird durchein-, nein: nebeneinander gesprochen, oder wenn die Spaziergangs-Unterhaltung auf dem Hinweg brav von oben nach unten auf der Seite steht, so führt der Rückweg von unten nach oben.

Schmidt hatte in einem Interview nach Erscheinen von ›Zettel's Traum‹ dem Frager versichert, es sei nicht Aufgabe der Literatur, die Grenze zur Graphik zu überschreiten, aber genau das tut das Spätwerk, und nicht nur als unbeabsichtigte Nebenfolge, wenn sich z.B. manche Textstellen erst ganz erschließen, wenn ein graphischer Schlüssel gefunden ist, der die Reihenfolge der Wörter plausibel macht. Allerdings bezahlt das Werk Schmidts diese »Grenzüberschreitung« nicht mit Verlust an semantischem Gehalt wie manches Wortarrangement, das literaturwissenschaftlicherseits noch unter »Poesie« mitgeht. Nun, jedenfalls vorlesen könnte man das aber nicht mehr, so schien es. Sagen wir so: selbstverständlich nicht ohne Verlust an Sinndimensionen des Textes. Aber welche gehen verloren, wenn man nicht laut liest? Da das Vorlesen einzelner Stellen die Lektüre des Buches nicht ersetzt, war die Frage aus dem Bereich des Grundsätzlichen schnell zu entfernen. Übrig blieb im Falle von ›Zettel's Traum‹ nur, drei Vorleser zu finden und auszuprobieren, was geschehe, wenn das *Nebeneinander* in ein *Gleichzeitig* transponiert würde. Die Textseite gewann also ein wenig vom Charakter eines Notenblattes, auch dort bedeutet das Nebeneinander Gleichzeitigkeit. Und wie bei der Musik war es auch beim Vorlesen: ab einer bestimmten Intensität und Komplexität kann das Rezeptorium des Hörers die einzelnen »Stimmen« nicht mehr isolieren, es stellt sich eine Gesamtheit her, ein »Klang«, eine Synthese, die das Auge, das zwischen den Textkolumnen hin- und herschießt wie das Weberschiffchen, nicht herstellen kann, allenfalls die Imagination, die ihrerseits die Transposition ins Akustische vollziehen muß.

Wer Erfahrungen mit dem Vorlesen von Texten hat, wird zudem feststellen, daß jenes so sehr durch seine optische Präsenz Akustikferne suggerierende Spätwerk

Schmidts nicht nur auf genanntem Wege zum ohrfreundlichen Klingen gebracht werden kann, sondern daß die einzelnen »Stimmen« im Text außerordentlich sprechfreundlich sind. Nicht, daß man im Werke Schmidts spräche, wie man spricht. Durchaus nicht, glücklicherweise. Aber die Zunge des Vorlesers weiß, daß man so sprechen sollte. Harmonie – das, was man durchs Ohr empfängt (und optisch nur metaphorisch) – teilt sich dem Vorgang des Sprechens, der Zungenbewegung mit. Und daß hier so zwanglos sich eine akustische Metapher zeigte, kommt nicht von ungefähr – hören Sie doch einmal auf den Anfang von ›Abend mit Goldrand‹:

»Der Klappendorfer BadeTeich, plärrend bunt auf grün (: › Du bist alles für mich, denn ich liebe nur Dich : Micaé=là=a=a ‹), im NachmittagsLicht. Sehr warm für einen 1. Oktober (24° !) : weiße Wölkchen, sich selber weidend, (›Der Aviong macht Sträife‹ hat Ann'Ev' angemerkt; aber Martina : ›I was. Windstärke 0,03; wirft nich ma Bien'n von Butterblum'm.‹); Ebereschen mit roten Beeren, (*und gleichzeitig*, sehr apart, hoch-oben, auf den neuen Trieben, 2 weiße Blütendolden) ...«

: Töne: Dialekte; Musikgeräusche; auch Farben können plärren; gleichzeitig rot und weiß: das wird zum Bild, zum Nebeneinander in der Vertikalen. Es wäre durchaus noch mehr zu sagen[4], aber hier nur so viel: das Spätwerk Arno Schmidts ist voll von solchen Retortenexperimenten, das In-, Mit- und Gegeneinander von Optik und Akustik in der Literatur betreffend. Denn natürlich ist Literatur so wenig Musik aus Wörtern, wie sie Malerei mit Worten ist. Literatur aber weiß, daß die Sprache nicht einfach der dritte Ort »neben« den durch das Ohr und das Auge beherrschten Terrains ist. Dieser dritte Ort wird durch Geruch und Ge-

[4] Vgl. S. 196 ff.

schmack besetzt. Nein, Literatur gewinnt ihre sowohl »konkretere«, d. h. zur handlungsanleitenden Mitteilung befähigende, wie ihre »abstraktere«, d. h. unmittelbar unsinnlichere Qualität darin, daß sie an die sinnlichen Dimensionen der Akustik *und* der Optik gebunden bleibt, stets an beide. Diese Bindung wiederum ist es, die die philosophischen Versuche, ideale Sprachen zu konstruieren, die nur der Dimension der Semantik, der Beziehung Wort-Wort verbunden wären, vereitelt.

Der *ganz* grundsätzliche Einwand gegen das Vorlesen von lesbarer Literatur ist natürlich der der notwendigen Vergänglichkeit des Eindrucks. Wobei zu korrigieren wäre: das Problem ist nicht die Vergänglichkeit (vergessen nicht viele, was sie lesen?) als vielmehr die Schwierigkeit, eine Stelle festzuhalten, ihr Dauer zu geben. Gelesenes kann man aufschlagen, Gehörtes in den Wind schreiben, auch die Technik bietet uns nur »zurückspulen«, sicher hat man das nie, man tastet wie im Dunkeln nach dem Klang. Das Vorlesen ist der schallgewordne Einwand gegen den Unfug vom Schwarzweißnachhausetragen. Haschen nach Wind. Man kann nichts »nochmal nachlesen«: Was Sie jetzt nicht verstehen, verstehen Sie nicht »später mal«, sondern nie. Was Sie »nachträglich« verstehen, haben Sie anders verstanden. Das Herunterkommen von der Idealsprache auf die ideale Sprechsituation (die sich genaugenommen nur dadurch auszeichnet, daß, gäbe es sie, in ihr kein sinnvoller Satz gesagt werden könnte) versucht, Sprache in eine Unendlichkeit zu befördern, die nicht vorrätig ist. Sehen Sie sich nur um: es ist nichts davon zu hören –

*

– ist Unendlichkeit eine Zeit-Vorstellung? Was sonst? Das »Ende des Raumes« habe ich, mühsam zwar, aber doch einsehen können: unendlich, aber begrenzt, »insichzurückgekrümmt« und so weiter, *ich* komme nicht ans Ende, aber es ist als Endlichkeit faßbar, Raum ist als Kugel vorzustellen, Zeit nicht. Zeit ist Reihe. Nacheinander, kein Nebeneinander. Unendlichkeit ist unendliche Reihe. Es geht immer so weiter, wir kennen das doch aus Kindernächten: wenn ich bis ans Ende der Welt gehe, und dahinter ist eine Mauer, was ist hinter der Mauer? *Ich* gehe immer so weiter? Ich könnte einfach anhalten. Im übrigen habe ich mich soeben in einem Phantasie*raum* bewegt. Ulrich Sonnemann hat ein Gedankenexperiment vorgeschlagen, mit dem man sich das Ineinander von Raum- und Zeitvorstellung bewußt machen könne: »Stellen wir uns eine aus dem Unendlichen kommende Gerade vor, die vor uns an uns vorbeiläuft. Wir setzen ihr nun irgendwo einen Endpunkt und merken sofort, daß das eine völlig künstliche, für die Idee dieser Geraden schlechthin unverbindliche Setzung ist, ganz von selbst geht sie über den Punkt hinaus weiter, während es uns durchaus keine solche Schwierigkeit macht, eine bis ins Unendliche gehende Gerade von einem Anfangspunkt ausgehen zu lassen, also: ausstrahlen.«[5] Unendlichkeit bedarf dieser optischen Suggestion: akustisch ist sie nicht zu haben. Ein unendlicher Ton ist gar nicht oder, unberufen, nur mit großer Mühe zu imaginieren, ein Ende aller Bilder nie. Die Übersetzung der Vorstellung von der Unendlichkeit ins Sprachliche: »Es geht immer so weiter«, setzt offne Augen voraus: »Am I walking into eternity along Sandymount strand? […] Open your eyes now. I will. One moment. Has all vanished since? If I open and am for ever in the black adiaphane. Basta! I will see if I can see. See now. There all the time without you: and ever shall be, world without end.«

: es war, you see, ein geborgtes »for ever« im Unsichtbaren. Unendlichkeit ist im Sichtbaren, im Imaginierten: da ist was, und dahinter geht es weiter. Bilderfluchten. Das »Nacheinander« täuscht, denn es ist nur ein Nebeneinan-

5 Ebd.

der auf einer Linie. Das Nacheinander in der Zeit bedürfte einer alles Optischen entratenden Vorstellung, die der Menschensinn nicht zur geistigen Hand hat. Das Nebeneinander ist unendlich, weil optisch; das Nacheinander ohne optische Zutat endet, wenn, vor allem: *wann* ich will. Das Nebeneinander ist der Raum meiner Möglichkeiten, die Akustik das memento mori. Hohn und Trost. Denken wir an das Pendel, das nun im Bilde »die Zeit« schlechthin ist, die Unendlichkeit, wenn es stets schwänge, die Einteilung der Zeit in jedem einzelnen Schwung, Bild der »ablaufenden«, der Ende setzenden, doch in Unendlichkeit fortdauernden Zeit schließlich. Der Schwung des Pendels endet hier, endet da in einem kleinen Laut: »tick« und »tack«. Rhythmus der Optik: das Schwingen, das Durchmessen des Raums, des unendlichen Nebeneinanders: so geht es weiter, so schwingt es fort, ewiger Pendelschlag des Unendlichen. Rhythmus der Akustik: Durchmessen der Zeit, des Nacheinanders, tick und tack, Begrenzung des unendlichen Schwunges, bis es ein Ende hat: »and the life of the ebony clock went out; and the flames of the tripods expired; and darkness held illimitable dominion over all«.

Ende: unvorstellbar dem Es, denn Lust will Ewigkeit und kennt die Zeit drum nicht; nicht akzeptabel dem Über-Ich, das, Erbe der Generationenfolge, Dignität aus der Dauer gewinnt und Anspruch aus der Fortdauer; freundlich allein dem Ich, das gebildet war, um wohltätige Grenzen zu ziehen, später zwischen Es und Über-Ich, früher zwischen Ich und Außen, ein Ende dem Schmerz zu setzen, Vor:Sicht walten zu lassen, daß kein neuer sich einstelle, schließlich Ort zu sein, dem allein gelänge, was nie gelingt, dem gelänge, was nur das kleine Wortspiel noch enthält und doch alles wäre, was einer wünschen kann, Präsenz ohne schlechte Dauer, der Augen-Blick, der so schön wäre, daß man ihm kein Verweilen wünschen müßte, sinnspitzendste Wachheit und endliche Ruhe zugleich : *auf:hören* : then the hurly-burly's done.

»Der Klappendorfer BadeTeich,
plärrend bunt auf grün«
Gedanken zur Ästhetik des Romans ›Abend mit Goldrand‹

Töne / Farben

»Der Klappendorfer BadeTeich, plärrend bunt auf grün
(: ›Du bist alles für mich, denn ich liebe nur Dich : Micaé=
là=a=a‹), im NachmittagsLicht. Sehr warm für einen
1. Oktober (24° !): weiße Wölkchen, sich selber weidend,
(›Der Aviong macht Sträife‹ hat Ann'Ev' angemerkt; aber
Martina : ›I was. Windstärke 0,03; wirft nich ma Bien'n von
Butterblum'm.‹); Ebereschen mit roten Beeren, (*und gleichzeitig*, sehr apart, hoch=oben, auf den neuen Trieben, 2
weiße Blütendolden); der Star ist auch schon verzogen;
dennoch stehen überall die artigsten Gänseblümchen : das
geht manchma bis November, und fängt im Februar wieder an; Martina hat mit der Schnalle am Lederriemen ihrer
HolzLatschen auch so ein ›Pakerettchen‹ abgerissen (sie
hat einen etwas langen ungeschickten Stapf). [...] So kommen die Beiden heran – neben ihnen ein weißes Hündlein,
das Jeden über die Brücke begleitet, (aber Niemandem
etwas tut); man redet es gern an, dann ist es schon sehr
zufrieden – lehnen sich auf das hellgrün gestrichene
Geländer; und beobachten beifällig ihre auf der Stelle tanzenden Bilder.«[1]

[1] BA IV, 3, 13 (BA = Bargfelder Ausgabe der Werke Arno Schmidts
mit Angabe von Abteilung, Band und Seite, Zürich 1986 ff.). Im folgenden werden Seitennachweise jeweils in Klammer hinter dem Zitat
gegeben.

So zeitgemäß plärrend, mit einem bundesrepublikanischen Schlager der mitt-70er Jahre dieses Jahrhunderts, so bunt (grün, weiß, rot), so gravitätisch-zart (»die artigsten Gänseblümchen«, der »etwas lange ungeschickte Stapf«) geht ›Abend mit Goldrand‹, der letzte von Arno Schmidt vollendete Roman, an, »this masterwork«, »remarkable book«, in »the fictional line of cruel comedy that runs from Rabelais through Swift and Joyce«, »symphonic in its range of tones and play of fact with fancy«, which »occupies a secure place – along with his (Arno Schmidts) beloved Wieland, Tieck and Jean Paul – in the central tradition of German literature and in the history of thought, feeling and culture in the Germanspeaking world[2]« um englische und amerikanische Stimmen anläßlich der Übersetzung durch John E. Woods, ›Evening Edged in Gold‹[3], zu zitieren.

Aber es beginnt auch so – die Passage ist im Buche in die obige eingelassen : »Snake=eyed little girl, den Rock aufgeschnürt bis an die Schlüsselbeine, admiring her double of darkness, eine riesige schwarze KaugummiBlase vorm Gesicht (bis sie, leise knallend, zerspringt, und wieder eingezogen wird; some 12 years old, demure, affected, shy; pre-

---

[2] Über Arno Schmidt I. Gesammelte Rezensionen vom ›Leviathan‹ bis zur ›Julia‹, Zürich 1984, S. 300 ff.

[3] Der Titel ›Abend mit Goldrand‹ ist im Werke Schmidts sozusagen präexistent. In der ›Seelandschaft mit Pocahontas‹ heißt es: »auf buntgesticktem Himmelstischtuch, bäuerlichem, vom Wind geblaut, ein unsichtbarer Teller mit Goldrand« (BA I, 1, 393); in der ›Gelehrtenrepublik‹: »Blauglaserner Abend mit Goldrand« (BA I, 2, 264).
John Woods, wie gesagt, wählte die Übersetzung ›Evening Edged in Gold‹; die von Arno Schmidt gewünschte Übertragung war »Evening Gold-Rimmed« gewesen, auch hatte er, in ›Zettel's Traum‹, die Zeilen aus Edgar Allan Poes ›The Sleeper‹: »An opiate vapor, dewy, dim, / Exhales from out their golden rim«, übersetzt mit: »… dünstet das Goldrandwesen her«. John Woods' Entscheidung für die Übersetzung war einmal mit dem (jedenfalls für amerikanische Ohren) unidiomatischen Klang von »Evening Gold-Rimmed« begründet, zum anderen mit dem Hinweis, daß »to rim« im Amerikanischen eine für die Titelgebung nicht wünschbare Slang-Nebenbedeutung habe.

pared the force of early powers to try. Hinter ihr drein Pastor Ledderhose, with pale religious letchery; er cherubimst das tabernackigste Schabernakel, with azure eyes of pray, von der regio poplitis, bis hinauf zu den klein=spitzen DechantenBirnchen, designed for loving.)« (13). Dieser Ton gewinnt im Buche noch an Fülle, und ein Rezensent schrieb: »The passages I'd really like to quote are so radiantly blunt that no newspaper would print them«[4]. Aber man achte vor allem auf die andere Farbe, die der Einschub zeigt: deutlichst die ungewohnt schwarze Kaugummiblase, aber vor allem: während die beiden ersterwähnten Mädchen auf ihre buntbewegten Bilder im Wasser blicken, so gafft die Kleine in ihren Schatten. Und wer im Buche weitergelesen hat, dem mag einfallen, daß Wieder- und Doppelgängerei keine kleine Rolle darin spielen, und darum auf-, daß gleich auf den ersten Zeilen drei Menschen ihre Abbilder betrachten, die bunten und die dunklen, die tanzenden und den Schattenriß, die das Licht reflektierenden und das vom Lichte nicht beschienene.

Zeitroman (1)

Das Buch spielt vom 1. bis 4. 10. 1974, und man kann die alten Kalender herausholen und nachsehen: Was habe ich denn da gemacht?, als zu Klappendorf ein wenig die Welt unterging. Eine genauere und gewissermaßen banalere Zeitangabe (und gesichert sozusagen durch den Schlager von der geliebten Micaela (und durch andere)) kann man kaum haben, und doch ist schon in den zitierten ersten Zeilen eine merkwürdige Stimmung von Unzeitigkeit, Gleichzeitigkeit, Zeitlosigkeit oder Wiederholung zu bemerken. Der erste Tag ist vor lauter Sommerlichkeit fast noch kein Oktober; zwar ist der Star verzogen, doch die Gänseblümchen stehen noch (und wenn sie gehen müssen, kommen sie doch bald wieder) – und wer das ganze Buch gele-

[4] a.a.O.

sen hat, erinnert sich vielleicht plötzlich an die Stelle, 270
Seiten später, auf der Ann'Ev' zu einem Gänseblümchen
sagt: Du mußt aber auch wieder komm'm« (283)[5] –; die
Ebereschen tragen gleichzeitig Beeren und Blütendolden.
»Gleichzeitig« – das Wort ist unterstrichen.

Rolf Vollmann hat seine Rezension des Buches ›Abend
mit Goldrand‹ mit den Worten geendet: »Wie ordnet sich
das Buch in die heutige Literaturszene? Wie steht es in welcher Tradition? Was bedeutet es, in dieser Zeit?« Das ist
beinahe achtzehn Jahre her. »Eines nur noch: Das Buch ist
groß, aber es hat gar nichts von dem Niederschmetternden
an sich, das so oft am Großen haftet.«[6]

Leseproben

Wenige Bücher kommen über so viele Seiten auf so leichten Prosafüßen daher. ›Abend mit Goldrand‹ zu lesen, laut
zu lesen ist ein Vergnügen für Zunge und Kehlkopf, und
was man da lesen darf, steht so selbstverständlich da, als
wäre es routiniertestes Boulevard-Theater, so ziseliert, als
wäre es entlegenste Lesefrucht, und so selbstverständlich,
als stünde es im »Büchmann«. Manchmal klingt's wie im
großformatigen, oblatenbunten Bilderbuch, wenn von der
»reich gestickten Nachtmütze des Himmels« (54) die Rede
ist, oder es heißt: »Ein Abendrot wie wenn die Engel backt-
t'n« (29). Aber es ist eine raffinierte Kinderfrommheit, die
so den Mund aufmacht: »Wer zu viel betet, Der betet sich
durch'n Himmel durch; und muß dann, auf der andern
Seite, die Gänse hütn« (135), und ein Achselzucken ob
einer Maulerei wegen zuviel Gartenarbeit wird so in Worte
gefaßt: »Und als GOtt den Schadn besah, worum ging's?«
(135) – das kann man aber auch als Kommentar zur Schöpfung im allgemeinen lesen. Dazu würde passen, daß sich

[5] »Ann'Ev' (›Was Ich von Dein'n Freundinn'n halte ?‹): ›Daisies.‹;
(kommt von ›Dayes=eyes‹.« (279)
[6] a.a.O. S. 299.

eine beschwert, im Himmel sei eine »Gerechtigkeit wie bei Amt« (14), und von einem andern heißt es, er fluche, »daß die lieben Englein die Füße hochziehen« (14). Engel gibts viele in dem Buche, auch wenn sie von Zeit zu Zeit geleugnet werden: »Wenn man nach sònner schön'n MondscheinNacht nich Gutes träum'm täte, da gäb es ja weder Engel noch Vorsehung! – nun, freilich, die WeltGeschichte führt zu dieser Besorgnis« (70). Anderswo heißt es : »Das ist ein Trost von Eis'n ! : warum soll nich auch mal ein Wunder gescheh'n ?« (27) – und wer hier schon aufmerkt und Zwischen- oder Untertöne hört, wie von Zarah Leander, und darum den »Trost von Eis'n« auch etwas unbehaglich findet, nun, der hat eben Ohren.

»HasDu ma' in Dei'm Lebm uff ne ZahnpastaTube getretn ?‹ Eugen (überlegt. Dann): ›Nein. Empfinde das nb auch nich als Lücke.‹« (186) ›Abend mit Goldrand‹ ist ein Buch, ausgelassen komisch. Da klopft einer an »wie ein Räuber« (90) – können Sie's hören?, säuft »wie ein HubschrauberPilot« (193) – beunruhigend, nicht wahr?, frißt »wie ein Hai« (275) (»Wer wird die Apflsin'n denn schäl'n«?) (193); die »Bauern treibm Ackerbau & Unzucht« (207), einer macht »'n Gesicht wie der Deuwel, dem sein bestes Paar Hex'n verreckt iss« (287), von norwegischen Sommern heißt es sinnend: »›Juni‹ ? : es giebt sonderbare Monate dieses Namens« (288), und vom Fatum: »Ja, wohl stehn Wir leider in GOttes Hand : da wolln Wa Uns doch etwas vorseh'n« (277). – »Daß man seine Feinde gern haben solle, steht villeicht ir'ndwo geschriebm; aber daß man für sie Pfannekuch'n back'n solle, davon iss nich die Rede« (203). Who could disagree ?

Ist eine mit allen Wassern gewaschen, liest sich das so: »Das iss ne *ganz* Geduschte !« (29); jemand ist, seltsam genug, »tückisch [...] wie ein Schatzgräber« (184); eine empfindet sich wie »ein EierKuch'n auf dem Heerde, den Niemand umwendet« (185), von einem andern wird gesagt, und das klingt fataler: »wie'n Stöpsel in 'ner leeren Flasche mag er sich zuzeit'n vorgekomm'm sein« (224); unerwartete Weisheiten finden sich: »Wer wissen will, wer er ist, schelte 3 seiner Nachbarn, so wird es ihm bald kund werden« (268); »freche Menschen lebm gern« (30), oder, auch mit »gern«: »Wer Unrecht hat, Der häuft es gern« (30). Plausible Kennzeichnungen: sie ist so »gutmütig : kannsD Wallnüsse uff Ihr knack'n« (199); so rätselhafte wie überzeugende Anrufungen, etwa auf die raptiose Frage »Wenn's Damen sind, bisDu ja wohl bereit?« aus tiefer Kehle die grummende Versicherung des Bastard Marwenne: »Beim Glasschleifer! Bin's!« und dazu die landserhafte Erläuterung: »(wie man etwa seinerzeit in Sparta gesproch'n habm muß)« (21). Nur wird die Angelegenheit etwas unbehaglicher, wenn man erfährt (so rund 200 Seiten später), daß der Vater einer der Hauptfiguren, die Autobiographica Schmidts zur Sprache bringt, ausgebildeter Glasschleifer gewesen sei und sich eines unerfreulich ungeregelten Sexuallebens erfreut habe: »Ich habe SCHOPENHAUER's Kapitel ›Von der Geschlechtsliebe‹ immer als wunderlich, ja ›knollich‹ empfundn, (so sehr ich ihn sonst schätze) – diese ›Gattenwahl‹ geht bei einfachen Leut'n so entsetzlich anders vor sich! Bedenke doch : 100 Frauen & Mädchen hatte mein Vater vor meiner Zeugung benützt, (und 50 danach noch); reden Wa nich von meiner Mutter, aber es war der purste Zufall, daß gerade diese C. G. E. meine Mutter wurde« (230)[7], und hier wird nicht nur das Thema der Kontingenz im Allgemeinen berührt, das im selbstbezüglich Besonderen so sehr schmerzen mag, daß die verräterische Formulierung durchschlüpft, allein die Mutter und nicht auch das Kind wären bei anderer Zuchtwahl andere gewesen, sondern auch das der »Komplemente« der

---

[7] Auf S. 217 läßt Schmidt seinen Egg einen ähnlichen Gedanken äußern : »Wem ich mein Dasein verdanke ? : einer Flasche Korn; mit der mein Pappa=selich meine Mamma=selich einst zu ihrem 2. Hochzeitstage beschenkte. Er trank ihr zu; Sie tat Bescheid – hier steh ich nun.«

irrealen, phantasierten, erhofften, möglich-unmöglichen »idealen Gatt(inn)en«, das eines der Themen des Buches überhaupt ist. – Es mag uns zudem auch noch ein- oder auffallen, daß der Name der Alter-ego-Figur des Autors »Gläser« ist, und wir werden das nicht mehr nur in Zusammenhang mit jener größten optischen Immaterialität bringen, zu der Materie (im Alltag) fähig ist, und mit der Durchsichtigkeit des Pseudonyms.

Injurien kann man lernen: »Faulthiere sind Wiesl gegen Die !« (31), »Wenn Die so lang wäre, wie Se dumm iss, könnt' Se'n Mond küssn« (15). »Du […] Ausbund an Marmottismus« (68), wenn Sie einen jugendlichen Faulpelz in der Familie haben. Wenn es mehr der Greis ist, der Sie mit Worten ennuyiert: »Och Mensch : sitz hin und hust' !« (69). Oder, wer immer es sei, so: »Du hinkst, Du stinkst, Du hast die Haare obm durch'n Hut« (125). – Ein Vorschuß aufs Taschengeld? : »MeinsDu, ich hätt' Schiffe auf dem Rhein ! ?« (70) Wenn verdutztes Dreinschauen Sie ärgert: »Kuck mich nicht so an, mit dem Befremden des gestörtn Archimedes« (69), aber vielleicht stutzen Sie fünfzig Seiten später über die Sottise, die einem lesefaulen Mädchen zuteil wird: »Die wird man ooch nich mal über'n Büchern erstech'n, (wie 'dn sel. Archimedes)« (119), und Sie beginnen sich zu verstören ob des Motivs vom Tod des Intellektuellen.

Auf die Tücke des Objektes lernen Sie so zu fluchen: »Scheißdimensjonaler Raum !« (280) Und üble Nachrede kann man auch lernen: »Eingebildet, als wär Se Kaiser's Katz ihre Nièce !« (32), »lügt in 5 Minutn mehr, als wie in'n Stadtgrabm geht !« (142), und das »Maul geht ihr wie der Geiß, die Mispel frißt« (126). Alte Leute? : »turning bad dispositions into worser habits« (13). Ein schlechter Vater und Ehemann? : »ein rechter Anti=Pelikan an Familjensinn« (224). Oder jemanden gegen üble Nachrede verteidigen: »Lieber *Die* roh, als Dich paniert und mit Butter gebratn« (133). Möchten Sie grantig sein oder doch wenig-

stens grämeln, sein und tun Sie's so: »Nimm Dir etwas vor
zu arbeitn, so widerfährt Dir keine Krankheit!« (30), »solche Papageien wie Du sind schonn viel ausgeflogn in die
Welt« (71), und »uff dém Stuhl habm ooch schonn ver-
nümftijere Leute gesessn« (135). »DarfsD halt nicht jed'n
Dorn Deiner Krone einzeln mustern« (80), »der Heiland
hat auch nich alle Tage Marzipan auf'm Tisch gehabt«
(37). »Hier wird pariert, und nich gemurmlt« (134) – »das
geb' ich Dir schriftlich uff ner Salztüte« (134) ! – Böse: »Ich
hätt' *zu* große Lust, dem Kerl seine Bücher umzubring'n«
(220) – Resümee: »Ich? ›unduldsam‹ ? […] Ei, so bin ich
unduldsam !« (146)

Hörten Sie je ein Mädchen seine Unbildung so eingeste-
hen? : ›Ihr wißt, Tacitus ist der Breiteste nicht; aber ein
Schwätzer im Vergleich zu Mir, wenn ich über Literatur
vernommen werde« (203). Oder eine Narzißtin so soziabel
formulieren? : ›Ich seh es gern, mich gern gesehn zu sehen« (200). Hörten Sie je einen in seiner Ehe Unzufriede-
nen so sprechen? : »Mach ma 'n Verb für ›unordentlich bereitete Speisn hastich hinunter schlingen‹ – es würde ein'n
beträchtlichn Teil meiner Ehefreudn deck'n« (81). Der
Ehestand findet im Buche aber auch noch eine schärfere
Vokabelkontur: »married alive« (80), und was die weltliche,
sagen wir: physiologische Seite jener Kraft, die angeblich
eine Himmelsmacht ist, angeht, so sagen Sie bitte diskret:
»Sowas nimmt sich im Dämmerschein der Poesie auch ge-
fällijer aus« (128).

Wie geht's? »Nich gut nich schlecht – für diese Welt
tut's« (16). Oder wünschen Sie eine Ergänzung zum Kohe-
let? : »Wer Warzn hat, warum solltn Dem d Hühneraugn
mangeln« (119). Aber: »Nischt bleibt Nischt, und wenn
De's in SilberPapier einwickelsD« (133). – »Wie spät ha'm
Wa's denn? […] Time to grow wise!« (290). Weisheit, tja, ist
das nun von Lessing oder bloß ältlich? : »Wenn Wir daraus
auch nichts weiter lernten als zweifeln, so wär's schon genug« (52). Ist das Ignorabimus Einsicht oder nervenver-

schleißbedingte Ataraxie? : »Wirf's zu den Rätseln dieses Lebens« (58). Ein neues Buch? : »Naja, wir sind schließlich Alle eines Thoren Enkel; Papier's Natur ist Rauschen, und für'n Arsch iss's immer gut« (46). Eine – ja, was ? unheimlichere Art das nil alienum zu sagen, kenne ich kaum: »Wir geh'n schließlich auch und tragn de Hände an'n Arm'm herum« (15). – Die Grundfragen des Lebens ? – bitte sehr: Was ist der Mensch? : »El hombre es un cigarro – am Ende bloß noch 'n ausgekatschter ekler Stumpm, und etwas Asche« (221). »Sag […]: Was iss das Lebm? […] Die Auflehnung der Eiweiße gegn die Silicate« (165). Der Geist? : »Eine kleine Weile habe ich mir die Welt besehen – es wird mir immer wahrscheinlicher, daß ›Geist‹ nicht viel mehr sei als, sagn Wir, HolunderBlütn« (73).

Es sind hunderterlei Töne, die der Lesende hört. Das Buch enthält die ausführlichsten autobiographischen Zeugnisse seines Verfassers, vor allem über die Hamburger Kinderjahre, der Romanperson Alexander Ottokar Gläser, genannt A&O, in den Mund gelegt, kaum camoufliert, ein letztes Ansetzen zu einer schon früher in Angriff genommenen und bald, an bezeichnender Stelle abgebrochenen autobiographischen Skizze[8], eingelassen in eine ›Märchen-Posse‹, wie Schmidt seinen ›Abend mit Goldrand‹ im Untertitel nennt, eingeformt, doch wieder mit ganz eigenem Tone, fast schnörkellos, spröde, dann wieder mit verzweifelter Sentimentalität und Diminutiven, als wolle der Text in die Vergangenheit hineingreifen, um dem frühen, kleinen Selbst auf dem schon verhunzten Lebensweg wenigstens eine unsichtbare Hand zu reichen – ich bin doch bei dir! : »Und Ihr wollt the deeds of days of other years vernehmen: einmarinierte Stundn, aus der Geschichte eines, in keinem Augenblick genossenen Lebens« (222). ›Abend mit Goldrand‹ ist endlich auch ein im Wortsinne unendlich

---

[8] Arno Schmidt, Materialien für eine Biografie, in : »Wu Hi?« Arno Schmidt in Görlitz Lauban Greiffenberg, Zürich 1986, S. 13 ff.

trauriges Buch, dessen Hauptfiguren, A&O in Klappendorf und Ann'Ev', die »Durchreisende« (208) aus Luxemburg, beide herzkrank sind und einander lassen müssen, kaum daß sie sich gefunden haben.

akustisch / optisch – nacheinander / nebeneinander

Das Buch ist in drei Abschnitte eingeteilt: Erster Tag, Zweiter Tag, Dritter Tag. Der Rahmen des Buches ist eine Chronologie dreier Oktobertage. Das Buch ist, was man einen ›Dialogroman‹ nennt, es besteht aus den Unterredungen seiner Figuren. Landschaft resp. Kulisse und Handlung, soweit nicht aus den Dialogen kenntlich, werden als »Regieanweisung« notiert. – Die Ordnung der äußeren Form ist also durch die Zeit bestimmt: drei Tage und das Nacheinander der Gespräche. Im Gespräch ordnet sich die Literatur nicht nur dem Nacheinander der Zeit am deutlichsten unter, sondern ahmt zugleich die wirkliche Dauer eines Vorganges am genauesten nach. Etwas Gesprochenes dauert so lange, wie man es spricht.

›Abend mit Goldrand‹, ich sagte es schon, ist ein ungemein sprechbares Buch, und doch sieht es ganz anders aus. Neben den Dialogen Paralleleinschübe von Texten, manchmal drei, sogar vier nebeneinander; Zeichnungen, erläuternde oder stichwortgebende oder nur illustrierende. Zitate, die ein Sprecher im Munde führt, laufen neben dem Sprechertext her; andere ergänzen das Gesprochene von der Seite, als höre jemand neben dem Sprecherton eine Stimme wispern. Dem Auge zeigt sich eine optische Ordnung, die einfach nicht so aussieht, als könne sie der Zunge gefällig sein oder dem Ohre gefallen. Zwar irrt sich hier das Auge, aber natürlich auch nicht gänzlich. Wäre das Buch nur dem Ohre zugewandt, müßte es, akustischer Ordnung zuliebe, nur ein Nacheinander aufweisen, aber es hat Nebeneinander genug, um eine optische parallel zur akustischen zu präsentieren. Schon die Eingangszeilen des Romans hatten die Datumsangabe (1. Oktober) und das Nebeneinander der (unterstrichen:) »gleichzeitigen« Blüten und Beeren, die Eingangsworte bilden eine Metapher, die Optik und Akustik verbindet: »Der Klappendorfer BadeTeich, plärrend bunt auf grün.«[9]

Die drei Tage des Handlungsrahmens sind unterteilt wie ein Theaterstück in »Aufzüge«, in vier, acht und acht; die weitere Unterteilung aber erfolgt in »Bilder«, der erste Tag hat 10, der zweite 13, der dritte 22. Das fällt zwar nicht aus dem Theaterrahmen, gibt es doch diese Notierung, die Bühnen-Bilder meint, aber auch auf der Bühne wird damit der zeitlichen Folge ein optisches Gerüst gegeben – dem Nacheinander der Dialoge wird ein Nebeneinander der Figuren beigestellt.

Zeit / Raum / alt / jung

Eines der Themen des Buches ist das Alter. Drei alte Männer A&O Gläser, 60 Jahre alt, unter Pseudonym lebender Schriftsteller, Eugen Fohrbach, Major a.D., 56, unterschenkelamputierter Artillerist, Egon Olmers, 70, pensionierter Bibliotheksrat, leben gemeinsam in einem Haus inmitten ihrer Bücher im Dörfchen Klappendorf und gehen ältlichen Beschäftigungen nach, inspizieren die Lektüre mehr, als daß sie sie studierten, führen nachdenklich-abschweifende Gespräche, spähen durch Ferngläser nach Jungem und Schönem. Drei Frauen leben mit ihnen, Egons Schwester und Eugens Frau, Grete Fohrbach (45), Martina Fohrbach (15), deren (wenn auch nicht leibliche) Tochter, die Haushälterin Asta Reichelt (58). Der Frauen zuweilen recht grimmiger und boshafter Spott über die Männer und deren Alter durchzieht das ganze Buch: »mein'n doch Alle, der Zucker süßt nich mehr wie früher« (13), ist gelinde, auch »marklose Plauderer: [...] Brauchn schon zum

[9] Vgl. S. 173 ff.

Schlafn n Stock, und könn'n anschein'd gar nich mehr allein aus der Welt findn« (14), noch harmlos.

Die drei Oktober-Tage sehen das Sich-Sammeln einer Gruppe von – wie sagt man zeitgemäß bzw. historisch getreu?: »Gammlern«? »Hippies«? – ist es eine neue Sekte? – nun, was auch immer sich da zu Klappendorf besammelt, es will weiterreisen nach Tasmanien, um dort, getreu dem Heine-Wort, den Himmel bereits auf Erden zu errichten. Geführt wird die Rotte von drei Gestalten, Ann'Ev' aus Luxemburg (20), dem gauklerischen Literaten Egg (28) und dem ungeschlachten Bastard Marwenne (26), von dem es einmal heißt, daß er die Kokosnüsse mit der Schale fresse. Wir können also zu Recht Unterhaltungen erwarten wie in der Schülerszene im Faust II, und als Egg die Bibliothek A&Os betritt, heißt es auch gleich: »Hah !; so muß es bei dem groß'n Faust ausgesehen habm !« (90). Gleichwohl geraten die Gespräche nicht durchaus unverständig[10], wenn auch natürlich durch Generationengräben geschieden: »EGG (immer noch vor den Regalen herumschreitend; flüchtig): ›Konfuzius‹: dabei denk ich, automatisch, immer an NICOLAI –‹ A&O ›Betrachtn Sie das als Argument?‹ EGG (wie zuvor): ›Nich-direkt vielleicht … / Viel BULWER. / Oh, IFFZEBUE und KOTZLAND. / Milliners of speech : daß die Literatur diesseits von Helmstedt sonderlich blühe, kann mir auch Niemand einredn. – (?): Dér ? ! : höchstens leidlich, (though somewhat prone to imaginative theorising); und seine ›Schule‹ iss ja die reine OligarchenIdylle. – ?‹; (er zuckt mit d Achseln: von mir aus; wenn Sie mein'n solls ›ein Gebürg voll panurgischer ZauberHöhlen‹ sein« (91). Die unausgesprochenen Fragen sind nicht immer die wichtigsten, weder im Leben noch in den Büchern, in diesem Bu-

[10] »Die MoglWorte angewandter Nichtigkeit, sowie den literarischn Salat à la Bret Hartleben, überläßDu *mir*: ich werde die Feuerleiter der Begeisterung auf=& niederhüpf'n, daß den graulackiertn Barbaren schwindeln soll vor lauter crambe repetitia ohrenausfüllender Wendungen« (90).

che aber durchaus. Die Antwort bezog sich auf Arno Schmidt und seine vier Jahre vor ›Abend mit Goldrand‹ geschriebene ›Schule der Atheisten‹. – »Habm Sie eine Schwäche für Inseln?« fragt Egg nach weiterer Durchmusterung der Regale. »Sie sprechen es aus«, antwortet A&O,[11] und schon ergibt sich Gelegenheit, gemeinsam über Tasmanien zu sprechen, das dem einen als Ziel noch bevorsteht, das der andere fast nie betreten hat: »Freilich nur ganz=theoretisch; für LG's u. dergleichn; (in praxi war ich weder gesund genug, um die Linie zu passieren; noch hatte ich Muße für (ihre Sorte) Freiheit – obschon Anlaß & Lust zur Emigration durchaus bestandn hat)« (92).

»Ja, das iss immer so: die Heerde geht mit der Zukunft« (60), sagt A&O und resigniert vor dem Radio: »ein ›Cello= Concert‹ von PENDERECKI ? : NEE !!!; also sowas hör ich mir für Geld nich mehr an : wie von ei'm verrückt gewordnen Techniker, für verrückt gewordne Techniker geschriebm. Ich bin wahrlich großgeherzt id Künstn; aber *die* Schranke konnt' ich nicht mehr überspringn; hier war wohl eine echte GenerationenGrenze« (89). – Kurz: »Andre belehren wollen iss'ne JugndKrankheit, (es unterlassn, Altersschwäche)« (91). »Alte und Junge betrachten einander ein bißchen; g'ruhsam; : ›ICH BIN DOOF ? : DU BIST DOOF !‹« (52) Dasselbe eine Etage tiefer: »Vater & Sohn treff'n id Hölle zusammen, und verfluchen Einer den Andern !« (226) Toleranz? : »Die Jugend soll hopsn & gröl'n – die Zeit, wo se Krach *nicht* mehr als herrlich empfindn, kommt von selber« (147). Der Wechsel der Zeiten ist nicht angenehm; das Alter ist, wir wissen es, allenfalls ein kaltes Fieber, und es wird Herbst im Oktober; die einen leben kaum im Gestern, »ubi sunt, qui ante nos in mundo fuere ?« (56), die andern in der Zukunft, »few people live at present« (15), »was gestern war, ist nun vorbei« (62), und – »Ich [...] bin bald, was ich lange sein werde« (117), so klingt es durch das ganze Buch.

[11] Vgl. dazu Hans Wollschläger, Die Insel und einige andere Metaphern für Arno Schmidt, in: Arno Schmidt Preis 1982, Bargfeld 1982.

Der greise Olmers hat mit dem Vergehen sozusagen einen Freundschaftspakt geschlossen, von ihm, der sich am Ende der Wanderung der Rotte anschließen wird, sagt Martina schon auf Seite 27: »steht Alles schwarz auf Weiß beim Olmers : grau wie'm Schupp sein Esel, und wird immer gottloser und perverser.« (von einem künftigen Gericht spricht er zwar, macht sich aber nicht darauf gefaßt; sagt sehr witzig: ›daß der Glaube an eine Fortdauer zu seiner Ruhe nicht notwendig; ja, eine Zukunft vielmehr für ihn wenig rätlich sei‹)«. Später sagt er es selbst (zu Grete): »(›Immortalität‹, theure Schwester ?): ›die allerunwahrscheinlichste Wahrscheinlichkeit ! (Atropos ›sterbm‹): der Gedanke, daß ich im Tode aufhören würde zu sein, hat mich immer recht zufriedngestellt. Jedem nur einijermaßn Weisen eklt vor der Vorstellung eines ›ewijn Lebms‹; (d's'ss was für ›Junker‹ würde man in der DDR sagn).«« (171).[12] Mit der Ausfahrt nach Tasmanien verbindet er folgende Hoffnung: »›Ich will man einfach obm, uff'm BergesGipfel, liegn gelass'n werdn, und da ver$^{trockn}_{dunst}$en [...]‹; (Er lauscht dem WindGeheul; und schaudert): ›Höchste Zeit weg!‹« (287) – Wer andere Bücher Arno Schmidts kennt, mag sich an manche Stelle erinnert fühlen, die ähnlich klingt.[13]

Zurück bleiben die beiden andern Alten, A&O Gläser und Eugen Fohrbach. Am dritten Tag schon wird das Wetter schlecht, die Kraniche verziehen in Hundertschaften nach Süden; die drei Oktobertage sehen eine große Bewe-

[12] Spätestens hier dürfte die oft vorgetragene Interpretation, die »3 Alten« sollten je eine der Freudschen Instanzen ihres Verfassers darstellen (Olmers = Es), sich als äußerst unplausibel herausgestellt haben. Theoriegetreu müßte Olmers die Ewigkeit wollen. – Abgesehen davon führt diese beliebte Interpretation zu allerlei weiteren unauflösbaren Widersprüchen, und selbst davon abgesehen paßt solche Art der Holzschnitt-Allegorisierung nicht zu Schmidts Poetik.

[13] Hier, in ›Abend mit Goldrand‹, liest es sich auch so (A&O hat irgendeinen »selbstgemachten Saft« hingestellt bekommen und trinkt): »Verwünschte Immortellen! (Ohgott, was'n Getränk!; vielleicht zum Einreibm, bei Verrenkungn«) (86).

gung im Raume, einen Auszug der Kinder Europas an die Außenränder der Oikumene; es sammelt sich in Klappendorf, fährt ein und aus wie ein Herbststurm und nimmt den greisen Olmers mit wie ein dürres falbes Blatt. Was am ersten Tage noch beieinander war, wie zufällig drei Tage lang in 55 Bildern nebeneinander wohnte, die drei Alten, die drei Frauen verschiedenen Alters, die drei Jungen, ist auseinander, nachdem die Frist verstrichen – »A&O (zitiert): »›Meine Freunde zu besuchen hindert immer mich das Wetter, da der Herbst itzt an den Buchen golden färbt die grünen Blätter. / Übel stimmt mich Wolk' und Regen : sollt' ich in den schlechten Tagen in die Stadt auf koth'gen Wegen meine Wetterlaunen tragen ? / Aber wenn die Tage sonnen : könnt ich dann mein Gärtchen lassen, wo des Jahres letzte Wonnen ich nun muß in Reime fassen ? / Und so bleib ich immer hocken, mag es regnen oder sonnen, bis ich in die Winterflocken mich werd haben eingesponnen. / Wenn im Wintersonnenscheine Eure Fenster streift ein bunter Schmetterling, denkt daß es meine Seele sei, und öffnet munter. / Oder wenn Ihr mich noch sehen wollt in meinem Raupenstand – : in die Stadt kann ich nicht gehen; also kommt zu mir aufs Land !‹ – Ich bin ähnlich mit dem Raum fertig; – bald werd ich's auch mit der Zeit sein : keine Zeit mehr, also keine Furcht; kein Raum mehr, also keine Sehnsucht.« (72) ›55 Bilder aus der Lä̈ndlichkeit‹ nennt Schmidt seine Märchenposse für ›Gönner der Verschreib Kunst‹[14]. – »Die völlig spatialisierte Zeit; der total zertempusselte Raum« (56).

[14] Und damit auch Kunst des Kalauers (den nicht alle mögen), aber hier eine schöne Sequenz: »OLMERS (na, Eugen, sauersehender Judex, was hasDe einzuwendn?): ›GedenksDu, trotz allem, uff eenma' ›der Ehe‹ das Wort zu redn?‹ / EUGEN: (›Lesseps moi tranquille, vous me faites suez‹: das war'n WortSpiel vd $186\frac{7}{8}$'er WeltAusstellung: HACKLÄNDER berichtet's. Aber): ›Nee; gerontiert nich‹« (85).

Es trennt sich in dieser Posse auch ein Liebespaar. A&O und Ann'Ev' haben einander ins Herz geschlossen, nach vielem Sträuben, aber wie es so geht. Und es geht eben nicht. Der Zug im Raume ist stärker als die Neigung zueinander. Und so versprechen sie denn, einander nicht zu vergessen, und noch mehr. Sehr tapfer und resistent gegen jeden Kitsch »blüht noch (jetzt!: im Oktober!) ein Hümpelchen Vergißmeinnicht« (122); und das Paar-in-der-Zeit gibt sich keine Mühe, das Sprechende ihrer Namen graphisch sehr zu verbergen: Alexander Ottokar Gläser wird abgekürzt zu »A&O«, »Alpha es et O«, heißt es denn auch mal überdeutlich, als Martina ihn anspricht: »Könnt'ch Dich noch ma 1 Sicunde sprech'n, Mestor?« (70), also ›Meister‹, verschrieben zu griechisch: ›Ratgeber‹ einer-, ›Ersinner‹ andererseits, Schriftstellerpseudonym also. A und O, Anfang und Ende, sind in der Zeit, oder sagen wir: als Markierungen des Zeitpfeils einzutragen. Die Ewigkeit, die in Ann'Ev's Namen klingt[15], ist die Zeitlosigkeit. In ihr gibt es keine Richtung, sie ist pure Dauer, der Idee der Zeit entgegengesetzt. – Das Symbol der Unendlichkeit, die ›liegende Acht‹, kommt, wen wundert's, im Buche häufig vor. Natürlich in A&Os Traum von der »Reise nach der Unendlichkeit«, wo er das Symbol selber erblickt (189), in einem Blick von Ann'Ev': »da bildet ihr AugenPaar samt Brauen auch eine schöne liegende Acht« (190); ein Brüstepaar wird so geschrieben »o–o« (206), Augen »OOgn«; einmal steht der greise Egon Olmers »mit leeren Augen, die ∞ der Unterhose um seine Füße« (140).

Schmidt hat die Verbindung der Vorstellung von Zeit und Zeitlosigkeit schon in der frühen Erzählung ›Enthyme-

---

[15] Martina nennt Ann'Ev' A&O's »Evige Liebe« (120), mal heißt es »evijes Warten« (196), und schließlich natürlich: »ann Evichkeit Amen« (74). Zum Schluß keift die abreisende Grete Fohrbach: »Laß Dich kastrier'n, Alter; ich rat Dir gut. (und über Deine letzDe Pussade wer'Ch mich totlach'n in Evichkeit!« (291).

sis‹ angesprochen, in ›Seelandschaft mit Pocahontas‹ heißt es so: »Hellsehen, Wahrträumen, second sight, und die falsche Auslegung dieser unbezweifelbaren Fänomene : der Grundirrtum liegt immer darin, daß die Zeit nur als Zahlengerade gesehen wird, auf der nichts als ein Nacheinander statthaben kann. ‹In Wahrheit› wäre sie durch eine Fläche zu veranschaulichen, auf der Alles ‹gleichzeitig› vorhanden ist; denn auch die Zukunft ist längst ‹da› (die Vergangenheit ‹noch›) und in den erwähnten Ausnahmezuständen (die nichtsdestoweniger ‹natürlich› sind !) eben durchaus schon wahrnehmbar.«[16] Die Formulierungsschwierigkeiten sind mit ‹› benannt. Wo die mit der Vorstellung des Zeitpfeils verbundenen Wörter ›vorher‹ und ›nachher‹ außer Kraft gesetzt werden sollen, nützt es wenig, zu sagen ›in Wirklichkeit‹ sei alles ›gleichzeitig‹.

»und noch was Andres«

Die Vorstellung eines unendlichen Nebeneinander, dem ordnenden Bedürfnis unterworfen in sozusagen imaginäre Zeitreihen segmentiert, wirkt wie eine Beschreibung der ersten ästhetischen Grobformung des Materials in ›Abend mit Goldrand‹. Die Zeitfolge der drei Tage und die Ordnung des Gespräches rahmen eine im ersten (und auch zweiten und dritten) Lesen unüberschaubare Fülle von Motiven, Motivreihen, Bildern und Bilderfluchten, die der klassischen Ordnung der ›Story‹ sich längst nicht mehr fügt. Deren Kräfte könnten das Material nicht mehr halten. Die Liebesgeschichte von A&O und Ann'Ev' ist keine Geschichte, sondern fast nur ein Topos; Sammlung und Ausfahrt der Rotte sind nicht Handlung, sondern Bewegung. Wie äffend durchzieht das Buch der ›Lieblingsspruch‹ Martinas: »und noch was Andres«[17], ankündigend,

---

[16] BA I, 1, 394.
[17] etwa: S. 184, 201, 246, 249, 273, 278, 290 und öfter.

daß auch kein Kleinstmotiv ›nur es selber‹ sei und auf viele weitere verweise. Diese Verweise zielen nicht auf irgendeine Pointe, es zeigt sich nichts als ›eigentlich gemeint‹. Es wird nichts enthüllt, es offenbart sich nichts. Die Figuren sind, was sie sind, aber sie sind keinem eindeutig bestimmbaren Genre zuzuordnen. Von Ann'Ev' heißt es, sie sei eine »Göttin« (und der Bastard Marwenne auch eine Gottheit), aber dadurch werden ihre anderen Attribute nicht aufgehoben oder scheinhaft. Kaum jemand würde in Eugen Fohrbach, dem stets Hackländer lesenden Major a. D., etwas anderes vermuten als eine realistischen Erzähltraditionen sich verdankende Figur, bis man ihn plötzlich sagen hört: »[…] das wissn Wa ja von'n RekrutnMusterungn her : die Hälfte der Menschheit iss im Schlaf, die andre im Suff gezeugt.‹; (d's kursierte ma ne GeheimAkte bei Uns : daß auf Züchtung der Menschheit absichtlich verzichtet würde : die wären sonst zu schwer zu regieren.)« (269). Aber dadurch verwandelt sich Fohrbach im Leserauge nicht plötzlich in etwas, was er eigentlich schon immer gewesen ist, man es ihm aber abzulesen bisher versäumte, sondern bleibt, wie alle Figuren, was sie sind – »und noch was Andres«.

Hellsehen, Träume sehen, sich verdoppeln, durchlässig werden gegeneinander, das Betreten von Gemälden, ein Spaziergang in einer Wolke – alldas kommt aufs selbstverständlichste vor, aber weder irritierend, wie das Hereinbrechen eines Spuks in eine sonst aufs alltäglichste geordnete Welt, auch nicht mit der Geste eines Erbauungsromans für esoterisch Eingeweihte oder mit der, eine höhere-wirklichere Welt zu präsentieren, denn alle anderen Vokabulare, in denen über die Welt geredet werden kann, kommen gleichberechtigt vor. Daß nicht aus dem Kaffeesatz, sondern aus einer Pfütze Cola wahrgesagt wird, ist nicht mal ein Witz, weil eben keine ›zwei Welten‹ aufeinandertreffen. Der Schlager von der Micaela, die alles für mich ist, in der Eingangsszene spielt das Liebesmotiv »A&O und

Ann'Ev'‹ an[18], aber es gibt auch das selbständige Motiv ›Schlager‹, das durch das Buch akustelt: »Was so alles geschieht in der Carnaby Street« etwa auf Seite 272, als Martina und ihre Freundinnen vom plötzlichen Tod einer Lehrerin sprechen, die »Springerin« gewesen sei, also stets habe in mehreren Klassen Vertretung geben müssen. Das nun ist ein Detail, das man ohne Argwohn nicht mehr lesen kann, wenn im Buche durch die Zeiten und Räume gesprungen wird, was die Materie hält und nicht mehr hält, und wenn dann die Lehrerin als »sonne durchsichtije ältliche Jungfrau« bezeichnet wird, mag man flugs an Gespenster denken, zumal wenn Martinas Freundin Abelchen drei Zeilen vorher »ein Schlückchen TeichNeb'l« (272) versucht –: soll man dann das verslangte »sonne« buchstäblich nehmen und den ganzen Jungfernreigen als Elfen- oder Sonnenstäubchentanz? Und das »Was so alles geschieht in der Carnaby Street« als Wiederholung der Frage, die Martina sich stellt, als Ann'Ev' sich verdoppelt und sowohl neben Martina vor dem Hause sitzt als auch bei A&O im Zimmer: »Martina sieht dem Vorgang mit fachmännisch gefaltitm Mäulchen zu. Sie kratzt sich den Bauch; und nickt: ›Was ist das für eine Welt, in der Solches ist?‹« (163)

Als Antwort wäre vielleicht zulässig: ein Buch, das kein Vokabular vor einem anderen auszeichnet. Ein Buch also, das zum Stilprinzip erhebt, was andere nur zuweilen, zur punktuellen pointenhaften Erzeugung von Unsicherheiten verwenden, etwa Wieland im ›Don Sylvio‹, wo dem Titelhelden der Glauben an die Märchen ausgerechnet in einem Schloß ausgetrieben werden soll, das rechtens ins Märchen gehört. Aber bis hin zur gothic-novel oder zu jenem Horror-Film, der von der Unentscheidbarkeit lebt, was denn nun ›die Wirklichkeit‹ ist, die sexuellen Phantasien der Gouvernante oder wirklich das sündig-tote Dienstboten-

---

[18] Wobei man sich den Text anhören sollte – der Schlager ist mit Bedacht gewählt. Auch hier gibt es hohe und niedere Minne – ›Kulturkritik‹ u. ä. ist nicht intendiert.

paar, das die Kinder in seine verworfene Zwischenwelt locken will, leben die Texte und Bilder von der Möglichkeit zu entscheiden, welches Vokabular gelten soll und welches nicht. Dort, wo der gruselige Effekt darin besteht, nicht entscheiden zu können, besteht er darum, weil wir großen Wert darauf legen, es zu können, und wir fundamentale Unsicherheit erleben, wenn wir dieser Fähigkeit verlustig gehen. In ›Abend mit Goldrand‹ wird man dieser Fähigkeit nicht beraubt, weil sie von vornherein nicht gefragt ist. ›Abend mit Goldrand‹ verzichtet damit aber auf ein wesentliches Mittel der Materialformung. Nicht nur, daß der (wenn man sich so ausdrücken will) ontische Status der Figuren und Vorgänge unklar bleibt (genauer gesagt: daß die Frage nach ihm keine Rolle spielt), – es wird auch Ironie unmöglich, da ›eigentliche‹ von ›uneigentlicher‹ Rede nicht unterschieden werden kann, wenn es kein bevorzugtes Vokabular mehr gibt. Natürlich gibt es Sätze, die die Lesegewohnheit als Ironie aufnimmt, aber sie tut es nach Maßgabe eigner punktueller Vorlieben, und diese können sich wenige Zeilen später als desolat herausstellen.

Wo es kein dominierendes Vokabular mehr gibt, gibt es auch keine Metaphorik mehr. Welcher Metapherntheorie einer auch immer anhängen mag, eine Grundbedingung metaphorischen Sprechens muß vorliegen: die Irritation durch eine ungewöhnliche (›falsche‹) Wortverwendung. Hierzu braucht es das Vorhandensein eines vorherrschenden Vokabulars. Dieses ist zunächst Zeile für Zeile im sukzessiven Lesevorgang vorhanden – »plärrend bunt auf grün«: da weiß ich, daß von Farben die Rede ist, aber wenig später weiß ich es möglicherweise nicht mehr. Ann'Ev' »hat Licht zu Gast« (59) – ist das eine Metapher für die Beleuchtungsverhältnisse im Faß der Ann'Ev', oder soll ich es wörtlich nehmen? Erreicht die Menge der Irritationen ein bestimmtes Maß, verliert sich jede Norm, die noch irritiert werden könnte, und ich werde irgendwann diese Frage so in der Schwebe halten wie die, ob der Major Fohrbach

nicht vielleicht auch irgendeine abgelegene Gottheit darstellt.

Nur geht damit eine Reduktion der poetischen Möglichkeiten einher, allenfalls bleibt, was in der Eingangsszene
benannt ward: die »auf der Stelle tanzenden Bilder«, Chan-
gierendes, Kippfiguren, Dissolutes. Ein Kaleidoskop zu
drehen und zu drehen macht müde Finger, und irgendwann hat man nur noch den Papprahmen und bunte Split-
ter. Schmidt führt darum – zusätzlich zum unendlichen
Nebeneinander und zum Rahmen der Zeitlichkeit / Endlichkeit – ein weiteres Ordnungsprinzip ein, das der Wiederholung. Die Wiederholung gibt dem Unendlich-Ähn-
lichen erste Struktur, es kann eine räumliche wie eine
zeitliche sein, sie ordnet die Motive auch thematisch und
wird so zum Widerbild dessen, was in einem konventionel-
len Roman die Story leistet: sie macht aus den Bildern Ereignisse. Zudem ist sie eine Verbindung der Prinzipien der
Zeitlichkeit und der Zeitlosigkeit.

Wiederholung

Die Wiederholung verbindet die Bilder vom Nebeneinander auf der Fläche und vom Pfeil der Zeit, indem beide um
eine Dimension erweitert werden: die zweidimensionale
Fläche wird spiralig eingeschnitten und hochgezogen. In
der Spirale verbinden sich Nach- und Nebeneinander, Zeit-
reihe und Wiederholung, Pfeil (in der Vertikalen) und
Kreis. In dieser Vorstellung findet die Hermeneutik ihr
klassisches Sinnbild, und in ihr verliert die Wiederholung
ihre rad-, auch höllenhafte Konnotation vom Immergleichen. Das Bild von der Spirale war darum stets auch das
klassische Trostbild für die, die an linearen Fortschritt in
humanen Belangen nicht mehr glauben mochten, doch
das Imkreisundeinerlei nicht glauben wollten.

»Laß Uns daran wenichstns bis morgn zweifln«, sagt
Martina sehr nett und fügt bei: »(Ann'Ev' sagt, ›es werde

Alles aufbewahrt‹.)« (118). In einer Spirale kann nichts ver-
lorengehen und doch alles anders werden, die Quadratur
des Kreises ist nichts dagegen. Als A&O versichert, er
werde »ann Evigkeit« treu sein, hat Ann'Ev' gerade einen
Blick in seinen und seines Autors Bericht über seine Hamburger Kindheit getan und etwas erblickt, was der Erzählende nicht erzählt hatte: »denn ANN'EV' (merkt noch
eins an): ›Über dem gewölbtn Eingang=da... – : da iss
noch – was – : wie 'n Relief...?‹ A&O (aufmerksam):
›Achja. (Daran hatt' ich auch ewich nich mehr gedacht.) – :
ä=ein Mann in einem Kahn. Und darunter stand... ?‹
ANN'EV' (hat d mag're braune Hand gehobm –): ›Ich
glaub'... 'ch kann's... –‹; (sie buchstabiert): ›ä...: ›KEHR‹ –
Ä=WIEDER : ›Kehrwieder!‹‹; (Sie schaut verdutzt, freundlich
lächelnd, zu ihm auf: –): ›Ann'Ev' kann auch Träume
seh'n'‹; (ob Du treu me bisD –). A&O (Sie so gut anse-
hend, wie er noch kann : ann Evigkeit, Du!)« (232). Der
Hamburger Seewitwenspruch wird einer Fährmannfigur
beigeschrieben, die unter dem »Und noch was Andres«-
Geflüster zum Charon wird: »We are only what might
have been; and must wait upon the tedious shores of Lethe
millions of ages, before we again have existance and a
name« (282). Kehr wieder: »ANN'EV' (mit undeutlichem
Gesicht; abgebrochen): ›Schnell. – : wirsD wart'n? Auf de
Ann'Ev'?!‹ A&O: ›Immer. –‹ (Sie verschwindet, rückwärts,
im Nebel. – /« (286).
  So sehr die ganze Liebesgeschichte zwischen A&O und
Ann'Ev' fast nur ein einziger Abschied ist, so ist er in einer
der Phantasien des Buches doch auch nur eine von vielen
Begegnungen auf der Spirale. Wenn sie auch einander
mehr verpassen als begegnen, so soll das nicht das letzte
Wort sein: »Rien ne finit, rien ne commence [...] In hun-
dert Jahren: werden Wir wieder hier gehen; die Ann'Ev' in
Deinem Arm [...] Wir legen Jedes 1 Stein hier hin; eng
nebm'nander : die finden Wir dann, und erkennen Uns
daran« (283). Zuvor sprach A&O vom Finden des eigenen

»Komplements« im Anderen, der Geliebten: »((?): natürlich *giebt* es dieses ›Komplement‹, Martina; aber) : ›Dem begegnesDu nie. Und wenn Du ihm begegnesD, liegn die verruchtestn Hindernisse dazwischn ... (?): ach, daß ›Sie‹ schon verheiratet iss, wäre noch das Geringste, siehe Tristan und Isolde. Aber wenn sie, aus irgendeinem ›Versehen‹ der tückischen Natur, 1 wenn nicht gar 2 Generationen auseinander sind ?‹ (ich habe schon Greise kleine Mädchen mit seltsamen Augen mustern sehen : und Die gaben den Blick, wunderlich ernst, zurück! (Oder wenn Du gar über ein Bild gerätsD, das sein Meister vor 400 Jahren gemalt hat; und Du weißt plötzlich : Die ! Die dort am Rande; Die mit dem gelben Haar ... – Er stockt; erwacht; verwirrt sich. Er sagt zu Ann'Ev'): ›Verzeihung. –‹« (230).

Im Bild der Zeitspirale wird die Melancholie des Verpassens zur immer wieder erneuten Chance der Begegnung. Das gemeinte Bild ist das Mittelstück von Hieronymus Boschs Triptychon ›Jardin de las Delicias‹, der ›Garten der Freuden‹, bzw., wie man meist übersetzt, ›Der Garten der Lüste‹. Die-dort-am-Rande-mit-dem-gelben-Haar ist aus einer anderen Stelle des Buches identifizierbar, es ist die links von den Rücken-an-Rücken unter der riesigen Eule Tanzenden auf dem Grasvorsprung neben dem Jüngling mit dem Beerenkopf Liegende. Und da es eine Märchenposse ist, geht Ann'Ev' auch einmal in das Bild hinein und umarmt ihre Doppelgängerin; ein anderes Mal wendet der Jüngling den Kopf und hat die Gesichtszüge des jungen A&O Gläser. Aber all diese Aussicht auf Wiederbegegnen und -erkennen nehmen weder dem Abschied seine Bitterkeit noch dem Ganzen die Atmosphäre von Melancholie und End-Zeit. Warum das so ist, wird noch einige Gedanken wert sein, und auch zu dem Bosch-Gemälde kommen wir noch zurück. Hingewiesen sei im Vorgriff nur darauf, daß das Bild im Buche nicht reproduziert ist. Wer wissen will, ›wie Ann'Ev' aussieht‹, muß sich eine Reproduktion danebenlegen. Auch das Buch ist es selbst »und noch was Andres«.

Die Wiederholungen gibt es im Kleinen und Großen. Wir finden eine Erörterung der Ursache von Ähnlichkeiten von Räumen im Traum (242), und wenn Egon Olmers sich an die Badeanstalt in der Queis-Biegung erinnert (152), zeigt die Skizze im Buch Züge der Topographie der ersten Szene beim Klappendorfer Badeteich.[19] Wiederholungen sind eines der großen Themen des Buches, und zwar vor allem die Wiederholungen auf der Zeit-Spirale, d.h. solche mit der Chance des Fortschreitens, des Besserwerdens. Ziel der Rotte ist es, in Tasmanien eine neue Zivilisation zu schaffen, und wenn auch die Gespräche der Alten über Religionen und Sektenbildungen eher das nil novum sub sole traktieren, so ist doch immerhin Ann'Ev' die spirituelle Führerin der Rotte. Der Bastard Marwenne erkennt denn im Bosch-Gemälde auch gleich: »Das'ss ne Commune : die Vorahnung unsres Neuen Staates in Tasmanien !« (95), wobei er sich einer der inzwischen klassischen Deutungen des Gemäldes durchaus annähert.

In den Kreis der Wiederholungsmotive gehören natürlich auch die Zitate, von denen das Buch übervoll ist. Gemeint sind nicht nur die erkennbar graphisch abgesetzten Zitate, sondern die vielen Entlegenheiten, die in die Plaudereien der Figuren eingehen, und wenn am Ende das ganze Buch wie eine einzige Montage aus Zitaten wirkt, so vielleicht darum, weil eben jedes Wort schon einmal gesprochen ward in der Welt. Im Zitat wird es noch-einmal gesagt, aber es ist, weil in diesem Buch und nicht woanders, eben »noch was Andres«, Wiederholung auf einer anderen Zeit- und zuweilen eben auch Rang-Stufe. Wenn zwei dasselbe sagen, ist es nicht dasselbe, und wenn etwas zweimal passiert, auch nicht.

Das gewichtigste Wiederholungsmotiv ist verbunden mit Martinas Noch-nicht-Geliebtem, dem Angeschwärmten, der, um alle diesbezüglichen Fragen gar nicht erst auf-

---

[19] »*Heißt* der Weg um'm SchwimmTeich rum direkt ›Das Hufeisn‹?; oder nennt Ihr'n bloß so?« (13) – versetzt natürlich.

kommen zu lassen, den Komplementär-Namen »Martin«
trägt. Als Nachnamen hat er den seines Autors: »Schmidt«,
und »Schmidt« ist wohl auch der eigentliche Namen Gläsers, wenn der auch nie ausgesprochen wird[20], aber die
nichtausgesprochenen Antworten und Fragen gehören genauso zum Buch wie die nichtgezeigten Bilder. Genau in
der Mitte des Buches[21], im 28. Bild, gibt es eine kulturkriti-
sche Digression Olmers' über die (deutsche) Kultur der
späten 20er Jahre mit dem Fazit: »»Die 12 HitlerJahre habm
dann unserer Kultur den endgültijen TodesStoß versetzt;
(Wir ha'm ja keine mehr; ob in West oder Ost, (wo noch
zusätzlich die Bleierne Decke des Marxismus & seiner
Konsequenzen über allen Künstn liegt)).‹; (er verstummt,
›vom Thema abgekomm‹)« (153). Das ist er für die Zuhörer im Buch, da er dort über seine schlesischen Jugendjahre
sprechen soll – d. h., versetzt, über die seines Autors –, er ist
aber insofern durchaus beim Thema, als eines der Themen
des Buches eben der Untergang, das Ende der Kultur ist,
ob man es nun aus der Perspektive der Rotte sieht, die
einen Neuanfang am Ende der Welt unternehmen will,
oder aus der der drei Alten, für die dieser Versuch Symptom und Beleg genug für die Diagnose selbst ist. Wenn
Olmers aber unwidersprochen seine Ansicht über den Tod

---

[20] »Ann'Ev' (finster; gleichgiltich tuend): ›Was bild't Ihr Euch ein ?
Soll ich vor seiner Tür grätsch'n; mi'm Busch EulnFedern im Hintern ?; (auf der Hand 2 Ringlein aus Binsn; mit den'n arme Hochzeits-
leute ihre Eheschließung kund tun ?)‹; (und lacht über die Vorstellung,
(inifinite=eyed, my proud=one), daß man gleich wein'n möchte.
Rauh): ›Sag schon Wer er iss.‹ ((›Schriftsteller‹ weiß'ch alleine): *die*
Sorte HexnMeister iss gefährlich=unzuverlässig, ob besessen oder
unbesessn : wenn De 1 Nacht m'im Schriftsteller schlafn gegangn
bisD, kennsDe das Handwerk. Sie zeigt mit dem Kinn) : ›Der probiert
bloß Sätze & Unterhaltungn.‹ (›Optimi malorum, pessimi bonorum.‹/
Martina wispert ihr eine zeitlang so eifrich ins Ohr : ›! – : !!!‹)« (162);
anderswo heißt es, »Schmidt« sei »fast schlimmer als gar kein Name«.
[21] So etwas ist bei Arno Schmidt kaum Zufall. In der Erzählung ›Seelandschaft mit Pocahontas‹ steht der Titel ebenfalls genau in der Mitte
des Textes (Hinweis von Bernd Rauschenbach).

der (deutschen) Kultur durch den Nationalsozialismus vortragen kann, so betrifft sie nicht zuletzt das Werk A&O Gläsers und des Autors beider Figuren. Letzterem war bekanntlich die Rede und Beschwerde über den Generationenschaden nicht fremd: über seiner Laufbahn habe ein böses »Zu spät!« gestanden, sagte er in der Dankadresse zum Goethe-Preis.

Es ist Martina, die wissen will, ob wirklich alles zu spät sei: »MARTINA (gähnend): ›Verpass ich also nischt mehr, wenn demnächst mein aschgrauer LebmsFadn reißn sollte –‹; (ihr scheint ein Einfall zu kommen; sie nimmt Mund & Kinn id linken Finger – dann zu A&O): ›Würdet Ihr (GOtt nehm Wa irgnd'n Beispiel – : in der *Literatur* !) – wenn Ihr da ein Manuskript sähet, sogleich den vielversprechendn Genius erkennen & begrüß'n ? ! – ‹« (153). Die Frage bleibt ohne Antwort, aber später nimmt dann A&O auf Drängen Martinas und Ann'Ev's eine Arbeitsprobe Martin Schmidts zur Hand – es ist Arno Schmidts, zwischen 1943 und 46 entstandenes[22] Prosastück ›Pharos oder von der Macht der Dichter‹. Nachdem Egon Olmers, Grete Fohrbach und Asta Reichelt mit der Rotte gezogen sind, soll Martin Schmidt ins Haus der zurückbleibenden Alten ziehen und Martinas Hand erhalten. Seine Mutter soll den Haushalt führen.

Die Konstruktion ist kurios genug: der Autor Schmidt geht in seinem Roman sozusagen bei sich selber in die Schule. Der Autor läßt dabei nicht nur Martin Schmidt als eigenes Jugendbildnis auftreten, nicht nur wird wieder Aufhebens von Gläsers ›eigentlichem‹ Namen gemacht (was sich in dieser Konstellation natürlich nochmal anders liest), sondern auch Martin Schmidts Mutter ist deutlich Arno Schmidts Mutter nachgebildet.[23] – Der Verfasser läßt

[22] Zur Datierung vgl. BA I, 4, 637 und Bettina Clausen, »›Tantra‹ usw«, in: Arno Schmidt Stiftung (Hrsg.), Teiche zwischen Nord- und Südmeer. Fünf Vorträge, Hefte zur Forschung II, Bargfeld 1994, S. 31 – 54.
[23] Bzw. eben A&Os Mutter – vgl. S. 206 und 227.

im Buche seine eigene Dichterlaufbahn noch einmal beginnen, nicht gänzlich ›neu‹, sondern eben mit dem eigenen ›Pharos‹ (aber auch nicht früher mit einem anderen Juvenile), und mit deutlichen biographischen Korrekturen: ohne Kriegseinsatz; von einem älteren, erfahrenen Kollegen erkannt und gefördert (und wenn's das eigene-andere Ich ist); und schließlich anders als der ledige A&O, anders auch als der Verfasser selbst, mit einer Frau versehen, die sozusagen von klein auf Berufung zur Dichtergattin verspürt: »Ich hab seit meiner Kindheit einen inneren, magisch'n Beruf zur DichtersGattin empfundn – und das paßt ja auch wieder schicksalshaft zu Martin; (Der doch fast augnscheinlich um meinetwillen erschaff'n worden ist).« Mehr noch: sie hat auch von klein auf Erfahrungen mit Eigenarten des Berufes: »(mit Gelehrsamkeit): ›heute weiß ich vom ›taedium der Niederschrift‹ – der A&O spricht åuch immer verdrossn, wenn er n Neues Buch schreibm soll, : ›Ich kenn's doch !‹; (und dieser Teil der Arbeit wär' wesntlich langweilijer, als Leser & LiteraturHistoriker zu glaubm tendiertn)« (197). Das ist natürlich backfischhaft dahergeschwatzt, wie es einer Martina ziemt, doch der Hinweis des Autors, die Figuren von Martin und Martina seien füreinander geschaffen worden, ist zwar einerseits selbstverständlich, aber eben darum auch »noch was Andres«: sehr nachdrücklich.[24] Nachdrücklich auch, wie Ann'-Ev' den Mädchen untersagt, Martina Martins wegen zu necken: »laßt Martinchen ma'n Augenblick lang ungehudlt« (206). Vor der Hand ist natürlich Martina[25] gemeint, aber die Form des Diminutivs läßt auch das Maskulinum zu, und da hat es das Zitat in sich. »Laßt mir den ungehu-

[24] Sehr eindrücklich auch die Szene, in der Martina an Ann'Ev's Brust saugt und ein Blutstropfen hervortritt (123). Sie nimmt also ann'ev'isches Wesen auf.

[25] »MARTINA: [...] ›Natürlich giebt's auch Süße Träume – O Martin-âh !‹; (fügt sie, geistesgegenwärtig, hinzu) / GRETE (abweisend): ›BetonsDe Dich neuerdings schon ›Martinâ‹?: bisD woll nich mehr ganz nurmâhal.‹« (135).

delt, der wächst uns noch einmal allen über den Kopf!« soll Wieland über den jungen Arthur Schopenhauer gesagt haben, wie Arno Schmidt in seinem Radio-Essay ›Wieland oder die Prosaformen‹ schreibt. Wieland wiederum ist es, der, zusammen mit Lessing, A&O in dessen »Traum von der Reise in die Unendlichkeit« in einer Art Jenseits in Empfang nimmt (252).

Spaltungen

»Unsereins«, sagt Martina, »zerteilt sich gleichsam in Stücke« (69).[26] Die Spaltung in zwei generationengetrennte Ichs, Gläser und Schmidt, ist nicht die einzige im Buch; das Thema der Spaltungen ist das zweite der beiden großen Themen im Buch und das Komplement zu dem der Wiederholungen. Egon Olmers redet A&O einmal so an: »MeensDe nich ooch, alter ego?« (187). Das »alter ego« ist aber überschrieben mit »Walter Eggers«, also dem Namen des 1.-Person-Singular-Helden in Arno Schmidts ›Das steinerne Herz‹, wobei nicht nur die Partialidentität des Verfassers beider Romane mit den jeweiligen männlichen Hauptfiguren anklingt, sondern eben auch die Gläsers mit Olmers, und zusätzlich empfängt man noch den Tip, ein wenig auf die Namen zu achten. Da schaut denn aus Olmers »Egon« auch gleich ein »ego« heraus, das man, wenn man will, auch bei *Eugen Fohrbach* vernehmen kann, aber jedenfalls sind die drei Alten (mindestens bis zu Olmers' Ausfahrt, d.h. bis zum Ende des Buches) eine rechte Trinität. Es sind ihnen jeweils Biographica des Autors zugeordnet – Gläser die Hamburger Kindheit, Olmers die schlesischen Jugendjahre, Fohrbach die norwegischen Kriegsjahre; zudem vertreten sie in gewissem Sinne Per-

[26] Und aus einem Zitatkästlein am rechten Rande spricht es hinein: »Georgien oder Grusinien zerfiel in 5 gesonderte Landesteile: Mingrelien, Imiretien, Guriel, Kacheti und Karthli. Diese letzteren hatte Teimuras, d vorletzte Zar v Kacheti, zu *einem* Fürstentum vereinigt.«

sönlichkeitsanteile des Autors[27], soll heißen: vor allem Facetten seiner Literatur, ›Abend‹ eingeschlossen. Fohrbach mit seiner von fast allen anderen bekopfschüttelten Hackländer-Leserei Arno Schmidts Vorliebe für Autoren des 19. Jahrhunderts, deren Bedeutung weniger in ihrem literarischen Rang als in der Fülle des in ihren Werken aufbewahrten Alltags liegt, ferner repräsentiert er die traditionsverhaftete, in gewissem Sinne ›unbewegliche‹ Haltung seines Autors zu diversen politischen und Generationenfragen; Olmers die monomanisch-reduktionistische Entdeckerfreude unbewußt-sexueller Wort- und Motivbildungen in der Literatur; Gläser die melancholisch-poetische Seite des empfindlich Herzkranken.

Während Fohrbach stoisch-unbewegt den Durchzug der Rotte hinnimmt, Olmers hoffend auf späten Sinnenreiz und baldigen Tod mitzieht, ist Gläser derjenige, der im Grunde die Fort-Bewegung versteht, weil er sie in Form des Gedankenspiels oft selbst vollzogen hat (92); er ist es, der der Gruppe eine Karte von Tasmanien überläßt (93); sein Gespräch mit dem Literaten der Gruppe, »Egg«, vollzieht sich zwar nicht einvernehmlich, aber durchaus nicht ohne wechselseitigen Respekt. Auch »Egg«, dessen Name ja nicht nur den egg-head signalisiert, sondern auch etwas vom ›ego‹ hat, repräsentiert eine biographische Seite des Autors, nämlich die väterlichen Erinnerungen an einen China-Aufenthalt vor dem Ersten Weltkrieg[28], bereits im Personenverzeichnis: »irgendwie ›chinesisch‹«. Wer will, mag Weiteres entdecken, etwa daß Asta Reichelt, die Haushälterin, den Nachnamen von Arno Schmidts Großtante geborgt hat; daß Ann'Ev' auch einen Teil des Namens der von ihrem Autor als Schüler verehrten *Hanne W*olff trägt.[29]

---

[27] Vgl. Fußnote 12.
[28] Vgl. S. 225, oder etwa: Arno Schmidt, Kühe in Halbtrauer, BA I, 3, S. 338.
[29] Vgl. Bernd Rauschenbach, … a very mad affair…, in: Teiche zwischen Nord- und Südmeer, a.a.O. S. 55–76.

So verteilt der Autor, der einmal en passant sagte, man erlebe als Autor ohnehin mehr Inkarnationen als Vishnu, sich über seine Figurenwelt, teilt sich nicht nur mit, sondern aus sozusagen, und zwar mit so leichter Hand, daß man lesend vergißt, daß solche Partialisierungen stets Dramatisierungen innerer, immer peinvoller Zerrissenheit sind. Die unheimlichste Selbstteilung, für die das Wort ›Spaltung‹ nicht zu weit greift, finden wir in der eingeschobenen ›Pharos‹-Erzählung. In ihr transportiert Arno Schmidt, der sie dann als 60jähriger dem 18jährigen Martin Schmidt zuschreibt, eine Episode aus Friedrich de la Motte Fouqués ›Alethes von Lindenstein‹, den Aufenthalt des Titelhelden in der Höhle eines »wahnsinnigen Alten«, auf eine Leuchtturminsel im Südmeer.[30] In der Erzählung wird ein »Ich« nach einem Schiffbruch auf eine Leuchtturminsel geschwemmt, dort von einem Älteren unbestimmbaren Alters an Land gezogen und gehalten wie ein Mittelding zwischen Hausknecht und -tier. Der Ältere gebietet über das obere Stockwerk, und einmal ertrinkt das Ich im unteren bei Sturm und Flut beinahe. Oben hat der Ältere eine Bibliothek – »was hat Er? Hoffmann, Fouqué, Wieland, Holberg, Tieck«, Signalnamen für die literarischen Vorlieben des Autors. »Alles Leute, die ich fast gar nicht kenne; sind ja auch sämtlich verschollen« (257), fügt das Ich bei. Der Ältere scheint mit den Büchern auch die Geister der Autoren zu beschwören und mit ihnen vertrauten Umgang zu pflegen. Am Ende tötet das Ich den Älteren. Der Schluß der Erzählung ist ein Schrei: »lebt doch! Lebt doch …«, was der vorlesende A&O verliest zu »lest doch! Lest doch …« (263), und damit die Stimme des Ermordeten aus dem ›Pharos‹ aufnimmt.

Das mordende Ich ist zwar mit Attributen ausgestattet, die es in jener Entfernung von dem empirischen zu halten im Stande sind, die dafür nötig ist, es die ihm zugewiesene

---

[30] Vgl. Bettina Clausen, a.a.O.

Rolle spielen lassen zu können (es kennt, wie gesagt, jene Dichter kaum, für die der Ältere und beider Autor eine Vorliebe haben, ist plan-realistisch gesonnen, ein Phantasieloser, ein promovierter Germanist zudem), aber es spricht die Sprache seines Autors; das Ich in ›Enthymesis‹ spricht denselben Ton. Welche mörderische Spaltung wird hier vollzogen?

›Von der Macht der Dichter‹ heißt der Untertitel des ›Pharos‹. Ist die Erzählung ein Versuch, sich von einer (ihrer?) Last zu befreien, und Zeugnis von der Überwindung dieser Versuchung? Von einer Last, die der unverstellte Ich-Ton ausspricht, herausschreit, einer Last, die unmenschlich, i.e. tierisch oder göttlich, ist: »was weiß denn ich von Dichtung?! Der Tod steht dahinter!«, so schreit das Ich des ›Pharaos‹, wie einer, der die letzte, verborgene, verheißende Kammer nicht öffnen will, aus der es aber lockt: »(Und das Leben.)« (257). In diesem Tone, der zum ersten Male sich frei macht vom imitierenden Prosatakt der Juvenilia von ›Die Insel‹ (1937) bis ›Mein Onkel Nikolaus‹ (1943), schreit, jammert, weint, rebelliert, begehrt und begehrt das Ich des ›Pharos‹ auf gegen den eigenen Lebensweg, spricht zum ersten Mal den Ton des selbständig gewordenen Dichters Arno Schmidt, wird aber präventiv durch ein mediokres Wesen und wurmige Gesinnungen gestraft und muß am Ende bekennen: »wenn jetzt gleich die Nacht kommt?! : das kann ich nicht; allein mit ihm Gott, den ich Larve stach!« (263).

Aber der Mord hat Folgen. Die ›Zauberei‹ des Älteren, das In-persona-Auftreten der Dichter, ihre Quasi-Göttlichkeit, beschrieben und beschworen vor allem in ›Dichtergespräche im Elysium‹, werden wir bei Arno Schmidt nicht mehr finden. Zwar gibt es nach dem ›Pharos‹ durchaus noch ein poetisch-ernstes Spiel mit den Juvenilia (in ›Brand's Haide‹ tritt eine Figur aus einer frühen Erzählung auf, in ›Schwarze Spiegel‹ liest das Ich seiner Frau-auf-Zeit das Stück ›Der Rebell‹ vor, in ›Zettel's Traum‹ rühmt sich

Daniel Pagenstecher, die Werke eines ermordeten Dichters an sich gebracht zu haben und nennt die Titel der Juvenilia seines Verfassers), aber sie sind dabei kein selbständiger Text mehr, sondern, wie ›Pharos‹, wie das Text-Stück »Wolkeninsel« aus dem ›Garten des Herrn von Rosenroth‹, das A&O und Ann'Ev' in ›Abend mit Goldrand‹ betreten, eingearbeitet in den Textrahmen des späteren Werkes, der dabei nicht so distanziert-abfällig sein muß wie Eugen Fohrbachs Zwischenbemerkung: »Iss diese Leucht'Turm= Chose noch séhr=lang?« (256), aber doch gern die Rede von den »Göttern« in die von den »älteren Kollegen« gewendet hat. Erst in ›Abend mit Goldrand‹ läßt Arno Schmidt das Zauberwesen wieder ganz unverborgen an den Tanz, aber ohne die literarische Geste, die es als eine überirdische Wirklichkeit präsentiert, sondern nur als eine andere Art Alltag.

Krise (1)

Als Arno Schmidt den ›Pharos‹ schrieb, hatte er die Juvenilia ›hinter sich‹ und einige Jahre Krieg; Martin Schmidt ist 18 Jahre alt. Das Unwahrscheinliche, diese Prosa aus der Feder dieses 18jährigen zu lesen, einmal beiseite: in ihr ist jene Lebenskrise des Verfassers Sprache und Bild geworden, die ihre Vor- und in gewissem Sinne auch ihre Nachgeschichte voraussetzt, um verstanden zu werden. Der ›Pharos‹ ist kein Debüt; er ist aber vor allem kein Werk mit dem ›noch einmal, aber anders‹ begonnen werden kann. Hier, und nicht, wie später einmal geschrieben, im ›Leviathan‹ liegt die ›Ur-Explosion‹. In ›Abend mit Goldrand‹ verhallt sie nicht, sondern erklingt; und was, um beginnen zu können, bewußt sich zerreißen mußte, um mit den Spaltungen, die ihm das Leben aufnötigte, leben zu können, ergötzt uns, wo es, wenn wir den Lebensgang des Autors vergegenwärtigen, verglüht, mit prächtigen Illuminationen. »»Romane sind immer WunschErfüllungen‹: sô müßt' es heißn; (›Wollte man genau erzählen, aus welchen Erinnerungen d Kindheit, aus welchen Bildern, d man im Lesen oder oft aus ganz unbedeutenden mündlichen Erzählungen aufgreift, dergleichen sogenannte Erfindungen zusammengesetzt werden, so könnte man daraus wieder eine Art von seltsamer, mährchenartiger Geschichte bilden.‹)« (87). So lautet die Selbstbeschreibung von ›Abend mit Goldrand‹, und es ist ein Buch geworden, das Ergebnis, Material und Verarbeitungsprozeß gleichzeitig vor Augen (und Ohren) führt. Der Wunsch des »Noch einmal durch die Lebenskreise!« wird im Roman / Märchen erfüllt und – erkannt, durchschaut, von anderen psychischen Kräften überwältigt – scheitert im Vollzuge seiner Niederschrift.

Eine wahre Wiederholung müßte bis zu jener Verwundung zurückkehren können und sie benennen, um deren phantasierter Vermeidung willen das Leben phantastisch noch einmal gelebt werden soll. Es tastet sich der Bericht bis an die Szene (vielleicht bis an eine der Szenen, die für's Ganze stehen mögen) heran – dann bricht die Sprache ab: »»Im Dezember '17 lag ich auf den Tod an Diphterie – da spielte sich eine schreckliche Szene, mit meinem Vater, ab –‹ (ich darf heut noch nicht dran denkn; es iss zum Unsinnich=werd'n : so ein Lump! […]‹« (238). Und aus dem ›Pharos‹ echot es: »Ich war vor Erregung unfähig, mich zu rühren. Scham: daß ein Mensch so tierisch sein kann« (252). Wir kennen die Szene nicht, die anders nicht als durch die Affektworte von Hilflosigkeit und Wut aus dem ›Pharos‹ wiederholt werden kann, aber sie ist in ihrer Wirkung bezeichnet: zum Unsinnigwerden. Die Reihe der Erzählungen von der ›Insel‹ bis zum abgebrochenen ›Mein Onkel Nikolaus‹ errichten eine Welt der Ideale, des unbeschmutzten Lebens, der phantasierten Heimaten, in denen sich der schon Erwachsene vor seinem Vater, seiner Mutter barg.

Im ›Pharos‹ begeht ein Ich einen Mord an einer Figur, die Träger dieser Ideale ist, die die Welt der eigenen Literatur vor dem ›Pharos‹ repräsentiert und doch Züge väterlicher Verächtlichkeit und Brutalität (die durch Kameradschaftserlebnisse während der Kriegsjahre, in denen der ›Pharos‹ entstand, aktualisiert worden sein mögen) trägt. Den Mord begeht ein abgewertetes Ich, das dennoch Stimme erhielt und mit der Stimme den Ton, der jener Grund-Ton wird, der das Werk bis hinauf zu ›Abend mit Goldrand‹ bestimmen wird. Die Krise, von der der ›Pharos‹ Zeugnis gibt, revidiert nicht die innere Spaltung in das Selbst, das das Leben hinzunehmen hat und mehr schlecht als recht hinnimmt, und das andere, das vor dem inneren Auge als das eigentliche dasteht, der »seltene Jüngling«, auf den die ›Enthymesis‹ der Abgesang ist. Sie spaltet das abgespaltene ›eigentliche‹, höhere Selbst in einen Teil, der an seinen Idealisierungen festhält, und einen anderen, der diese Idealisierung beständig angreift, demaskiert, verhöhnt und für diesen Hohn genauso abgewertet wird, wie ihm die Abwertung gelingt. Es mag eine solche seelische Verfassung für den, dem sie eigen war, sehr schwer zu ertragen gewesen sein. Für uns sind ihr Ertrag die Harmonien, der Zauber, der Witz der Prosa Arno Schmidts. Erworben wurde dieser so unverwechselbare Prosa-Ton in einer biographischen Periode, über die nach den Berichten Gläsers und Olmers' über Hamburg und Schlesien der dritte der drei, Eugen Fohrbach, sind ausschweigt.

Krise (2)

Spaltung und Wiederholung bilden das thematische Feld des Buches und entsprechen so dem formalen Rahmen von Neben- und Nacheinander von Optik und Akustik. Sie werden in vielerlei Konkretisierung vorgeführt und erörtert, besonders in den Gesprächen über Religionsspaltungen und Sektenwesen.[31] In ihnen mischen sich, zunächst

[31] z. B. S. 48 f., 90 ff., 94, 126 ff., 164 ff., 265 ff.

nach dem charakterlichen Zuschnitt der Personen, die bloß-mißbilligenden Äußerungen mit den ›objektiven‹, verständnisvollen. Als Olmers von den Riten der Rotte berichtet, erfolgt von Fohrbach nur ein geknurrtes »Leck mich am Styx« (265), während sich Gläser skeptisch-interessiert erkundigt:»›Ist's nun die reine Narretei? Oder hatt'sDu den Eindruck von ›Bräuchen im Werden‹?‹; (ich kann mir, offn gestandn, unter ›kultischem DornEintretn‹ wenig vorstell'n – läuft nicht Alles (& immer wieder) darauf hinaus, daß die Verlornen Söhne ihre BesnReiterinnen einmal mehr schwenkn könn'n?): ›Bakunin…‹« (266), aber da wird er unterbrochen. A&O's Interesse – »Eure ›hits‹ sind zwar keine Musik; wohl aber hochwichtig, weil sie ubw=verbreitetste Ansichtn äußern« (141 f.) – eröffnet die Möglichkeit, historische Parallelen zu ziehen, allerlei Religionen und SubReligionen zu durchmustern, literarische Verarbeitungen von Cervantes bis Döblin mit dem Geschehen im Durchgangsquartier der Rotte rund um den Strohberg auf der Wiese beim Hause der drei Alten zu vergleichen.

Zumeist wird das Geschehen also als der immer wieder von neuem versuchte Neu-Beginn, der immer wieder nach demselben Schema abläuft, betrachtet und analysiert – »(: ›Wenn man, was man glauben soll, / nicht mehr glauben *kann*; / ist die Zeit eines Glaubens *voll* / und geht ein neuer an.‹ RÜCKERT.)« (172). Reine Wiederholung also, keine ›Wunschspirale‹. Man könnte es mithin als Anti-Thema zur gestalteten Wuncherfüllung des persönlichen Neubeginnenkönnens auffassen, aber die historisch-literarische Parallelbildung bleibt nicht der letzte Ton im Gespräch. Eine Art Grundbeunruhigung bleibt: als ginge etwas endgültig dem Ende zu, als sei die Ewigkeit mit Walter Benjamin wirklich nur die Rüsche am Kleide der Geschichte und Unendlichkeit am Ende doch nichts als die runtergerutschte Unterhose um Egon Olmers' Knöchel. Diese Beunruhigung rührt aus dem Umstand, daß auf der Ebene der Zeit-Diagnose das Ende jenes menschlichen

Phänotyps in den Blick kommt, um dessen individuellen Erhalt jene psychischen Energien aufgeboten werden, deren thematische Repräsentanz im Buche Spaltung/Wiederholung ist.

»›Ja; die Frage nach dem Ursprung des Bösen in der Welt, iss mir schon recht früh komisch erschien'n – ich meine immer mehr, der ›Ursprung des Guten‹ sei das weit rätselhaftere.‹; (ernsthaft): ›Aber es wird ein Krieg kommen, danach Menschen gebraucht werdn=werdn : die ohne Häuser leben können, und aus Teichen trink'n; die nackt gehen, und keine Bücher mehr kennen (mögen); die der Schuhe nicht bedürf'n im wildn und ungebahntn Lande, im dürren und finstern Lande, im Lande da Niemand wandelt noch kein Mensch wohnet – : das *könnten* Solche sein.[32] (Freilich: ›überlebm‹ kann man nicht mit bloßem Realismus; sondern nur mit ›phantastischem Realismus‹.) Alle diese Gruppm – Beatniks; Hippies mit ihr'n UnterSektn; Communardn; extreme TerrorGrüppchen; etcetera – sind Anzeichen einer Desintegration der Welt an den Rändern – vielleicht sogar ›von den Rändern her‹; ähnlich wie einst, um 13 – 1500, die Begharden, Lollharden, Brüder vom freien (oder sonstijn) Geist; die Wiedertäufer zu Münster (und anderswo).‹ (Er verstummt; und starrt in die AnthroPos(s)en.« (130).

Das Welt-Ende wird einmal dadurch nicht angenehmer, daß es nur temporär ist. Daß sich hundert-zweihundert Jahre später alles wieder einrenkt und den gewohnten Gang geht, ist zudem für den nicht tröstlich, der zurückbleibt. Aber die Diagnose bleibt nicht beim Aufweis von Parallelen stehen. Schon früh wird das Haus der drei Alten

---

[32] Von Ann'Ev' heißt es, sie sei nicht gewohnt, bekleidet zu gehen (13); sie sagt von sich, daß sie die Schuhe trage, »bis sie brech'n« (19), sie geht in kein Haus mehr (199). Das Rottenmitglied Babilonia sieht sich im Hause um: »›'ss'n dàs hier? : soll'n wohl Möb'l sein? – ach.‹; (sie kennt keine; nur vom Fernsehn=her. (›Bücher‹ nennt sie ›Buchstabm-Krempl‹)« (139).

die westliche »Zwielisation« (also Zivilisation plus Zwielicht) genannt, und Grete Fohrbach sagt:»Komisch. Wenn
man Euch so grämeln hört, denkt man immer, de Welt
ging übermorgen unter: kriecht doch in Eure Bücher-
Spinde; und seid froh, daß se keen EntrüstungsMeeting
veranstaltn, und Euch abschaff'n!« (146). Dieses wird am
Ende verhindert (ein Brandanschlag auf das Haus nämlich
(durch Grete) und ein Anschlag auf die Bankkonten
(durch die Rotte)), aber endzeitlich klingt das ganze Buch.
Nicht nur sinistrer Transportmittel wegen wie Lastwagen
der Marke »JAGGENAUT & CORBILLARD« oder unheimlicher
Gesellen wie dem »Weichling mit seiner SchlummerRolle
aus Grauwacke« (290) oder einem »mystisch Trunkenen
aus NeuCölln« (143), sondern weil alle sich über Fak- und
Fatum des (nahen) Weltunterganges einig sind – poetisch:
»Des Himmels Lampen löschen mit dem letzten Dichter
aus!« (161); – »tz; ich sag' es oft, und glaub es fest: Wir lebm
in den letztn Zeit'n« (201); Egg mythisch-mystisch und
face-to-face dem Mittelstück des Bosch-Triptychons und
zu Ann'Ev':»SagtesDu nich neulich erst wieder, Gran
Exaltada:›Die ganze Welt werde demnächst, bis auf 5 Stätten, untergeh'n‹«[33] (93); optisch:»Die Welt kollert ja recht
wunderlich« (249); akustisch:»Die Erde dreht sich mit immer quietschenderen Polen« (219); apokalyptisch:»Aber
mòrgen: hat das ein End' & Wend' mit dem RumBum-
meln!« (135) (gewiß, einerseits nur:»genug gefaulenzt«,
aber es ist auch noch was Andres:»vollendet sie mit
Donnergang« (von der Welt gesagt)). »Was gestern war, ist
nun vorbei« (62).

»Die ›Oberschichten‹?: welk & versteinert / der Bürger
emsig & feig / der Arbeiter flach & frech / der Bauer roh &
schwerfellig / die Jugend … (?) […] – : ich will Dir ma wàs
sagn: die Brutalität & Ehrfurchtslosigkeit ist so groß so
grausam gewordn, daß Euch ein VERMEER nur noch zum

---

[33] So auch einer der Topoi der Deutung des ›Jardin de las Delicias‹,
der fünf ›Gebäude‹ im Mittelteil wegen.

Klauen & GeldErpressn nützlich erscheint! – Nein; nach dem nächstn Kriege, (also in diesem Jahrhundert noch), werden nun wieder lange, kulturlose Zeiträume komm'm – wie damals; zwischen 400 und 1100 – durchaus möglich, daß die Schrift verlorn geht« (44). Ja, ist das nun grämelnd oder nur prognostisch? Wer sich den gar nicht einmal eigentlich bösen Blick der späten Bücher Arno Schmidts, und sei es probeweise, angeeignet hat, stellt fest, daß die Befunde solcher Weltsicht zwar im Jargon verdrossener älterer Herren ausgesprochen werden können, aber in ihm um ein Etliches harmloser werden, als sie sind, indem sie ins immer-gleiche Gemäkel zwischen den Generationen eingefügt werden. Die asides der Zwischentexte sind oft wichtiger als die an die Figurencharaktere gebundenen Kommentare der Sprecher. »Und sämtlich machen sie«, heißt es, als sich das Haus um die TV-Nachrichten versammelt, »allerlei geschwinde (& oft falsche) Glösslein.« Das Gesehene wird aber kurz so gefaßt: »Gemurmel einer sich selbst belügenden Welt, ein grellbuntes double der Erde; deliria mundi senecta« (38).

Die pessimistischen Raisonnements der Theoretiker des Zivilisationsprozesses, daß nämlich die kulturellen Verzichtleistungen zu hoch seien, um den Gewinn an Sicherheit wirklich aufzuwiegen (Freud), bzw. die Tugenden, die die Zivilisation voraussetze und hervorbringe, im Zuge ihres Fortschreitens zunehmend weniger belohnt würden (Elias), findet der Leser von ›Abend mit Goldrand‹ im allgemeinen parlando wie Selbstverständlichkeiten nebenher erwähnt: »EUGEN : ›[…] Sie begrüßen mehr so ›Das Chaos‹, als den Ihrer Natur angemessenen Zustand ?‹ / EGG: ›Ich würd' es anders formulieren; würde sag'n: Das Unbehagen id Cultur ist – nb in den meistn Kreis'n – so überwältigend geword'n, daß … Moment« (48), er unterbricht sich. Oder, die Eliassche Theorie auf einen Aphorismus gebracht: »Alles was bequem iss, iss auch umständlicher« (93).

Die Trägersubstanz unserer (modernen, westlichen)

Kultur und Zivilisation ist ja eine bestimmte Verfaßtheit ihrer Inhabitanten, nämlich ihre innere Konstitution als Individuen. Daß sich das Einzelexemplar der Gattung nicht nur nicht als Individuum fühlen, sondern auch nicht als Individuum agieren muß, zeigt die Geschichte. Die Individuierung (ebenso wie Grausamkeit, Güte, die Bildung von Nationalstaaten oder Religionen) gehört nicht zum Wesen des Menschen, sondern nur zu seinen Fähigkeiten, und er macht nicht zu allen Zeiten von allen Fähigkeiten Gebrauch; auch scheint er über seine Fähigkeiten nicht nach Belieben verfügen zu können. Im Kern ist Individualität jene Lebensform, in der Triebansprüche und Kulturforderungen als Konflikte innerpsychisch ausgetragen werden. Diese Fähigkeit wird erlernt, und meist ist das nicht notwendige, aber auch nicht zufällige Ergebnis dieses Lernens die Neurose, die wir zwar einerseits als psychische Erkrankung auffassen können, andererseits aber als Normalform der Individualität. Lohn dieser Leistung und dieses Leids ist die Fähigkeit, durch Triebaufschub, Umsicht, Sorgsamkeit, Fleiß, Verzicht auf Spontaneität und Ersatz ihrer durch langfristiges Planen, in kompliziertesten sozialen Zusammenhängen zu leben, arbeitsteilig in technischen Prozessen zu arbeiten, die niemand zugleich im Detail und als Ganze versteht, die aber gleichwohl funktionieren; Kunstwerke verfertigen, rezipieren oder wenigstens achten zu können, in denen nicht zuletzt die Spannung von Gewinn und Verlust, Lust und Verzicht im Dasein als Individuum stets erneut dramatisiert wird.

Als Ann'Ev', Egg und der Bastard Marwenne in A&Os Arbeitszimmer vor dem Mittelstück von Boschs ›Jardin de las Delicias‹ stehen, sagt A&O: »(nach einemWeilchen, gefällig, (als Gastgeber)): ›Ich habe manche Zeit damit verloren: der Streit, wàs es denn nun ei'ntlich sei?, geht bereits durch Jahrhunderte […]‹ (? – achselzuckend): ›Nehm'm Sie's doch einfach als Abbild einer Glücklichen Menschheit…‹« (95). Ein klein wenig später sagt Egg »gedankntief«: »die Gesichter sind einander alle so=ähnlich, als sei die Last des EinzelDaseins, die schreckliche EinzelBeseeltheit, ihnen irgndwie abgenomm'm – Hallt!; 's erinnert mich an die ›Eloi‹, (in WELLS ›ZeitMaschine‹; das MorlockenElement wär dann der rechte Flügel).« (96).

Das 27. Bild im 10. Aufzug sieht die »Rotte um den Strohberg« (141 ff.), wie es in Schmidts »Inhaltsverzeichnis« heißt (und man darf beim »Strohberg« auch an Boschs anderes Triptychon vom ›Heuwagen‹ denken). Da beginnt es mit: »: Alles in bester Confusion« und »: Höllö=oh !«, dann bläst Egg auf seinem Instrument, einer bauchigen Ocarina, »zur !SAMMLUNG!« und verwendet den ›Jardin de las Delicias‹ als »Vorlage« bzw. »rüttelt« zunächst »verheißungsvoll, das, (seinerzeit wohlfeil im Prado erstandene) Dia«, schiebt es dann in einen Projektor, und die Menge ruft, anspielungsreich »Ah! Oh!« und Egg malt das Neue Paradies in Tasmanien aus, worauf »die Stunde der Riten« kommt, allerlei Fetische werden herbeigetragen, »EGG betet zu einem Götzen, d auf ein Ei gemalt ist – daher auch sein Name«, »Novize & Novizin speien, zum Zeichen d Verachtung d Zivilisation, in Richtung d nächstn Siedlung id Luft :! – und fangn es dann mit dem Hintern wieder auf.« Mariae Empfängnis durch das Ohr wird nachgestellt, sozusagen vorbildgetreu kai logos sarx egeneto, und allerlei andere Unterhaltungen, die die Zeiten und Kulte verbinden: »Die ›Dune=Dwellers‹ von Peru & Sylt, (: ›nach dem Tod id Höll': schlimmer kann es nicht werdn!‹) / Die ›Hausbesetzer‹ (im Gegnsatz zu den ›-besitzern‹): alles Selbstköpfler und Amphilochier; errichtn sich gegnseitig Statuen aus Blech(büchsn?), die mit glühendn Kohlen gefüllt werdn […] Ah dà: ›Dancing with the Devil‹, zur Einleitung. – Der Anführer, (eine Stielkrause aus Dornen um die Schweif-Wurzel), muß beides verkörpern, ›Divine Vengeance‹ und ›Divine Love‹ […] zerknittern sich die Hände : HexnPhysik.« Eine, wenn auch durchaus nicht klassische, Walpurgisnacht – danach: »Wieder Auflösung in Einzelne«.

»Wo beginnt die eigntliche Kultur – wo endet sie?« (218)
Die Frage wird in einem langen Zwischentext in Assoziationssprüngen erörtert und, wie so viele andere, fortgeschoben: »iss aber zu tiefsinnich für'n schön'n HerbstTag, einverstanden?« Die Individuierung als Last zu empfinden und, wo möglich, im Kollektiv aufzugehen, hinter einer typenrepräsentierenden Maske einherzugehen, in der Kunst wie in der Liebe das Wiederkehrende, Stereotype zu schätzen – all dieses sind Anlässe für regressive Gruppenträume (85). Aber mag das Regressionsbedürfnis auch eine nicht zu unterschätzende Triebkraft sein, diagnostisch-prognostisch bedeutsamer ist A&Os Hinweis darauf, eine Menschheit, die über das Stadium der Individuierung historisch hinaus sei, könne eventuell more fit for survival sein als eine in diesem Stadium verharrende. Ein sich ankündigender Dezivilisierungsschub bringe jenen Typ, der dann die neuen Zeiten zu bestehen habe, bereits mit auf die Welt. Das analytische Verständnis, das diesem Typus werden mag, kann von Sympathie jedoch kaum, allenfalls von Interesse getragen sein, sind doch bereits die Voraussetzungen des analytischen Räsonnements solche, die nicht mehr gemeinsam sind. Man wahrt die Höflichkeit; in Grenzen: »Sie irren hier etwas erträglicher als sonst«, wird Egg einmal beschieden (53).

Man mag aus solchen Grenzziehungen wie aus dem recht cum ira et studio vorgetragenen Ärger über die postmodern times auch die Anstrengung vernehmen, der Welt die Fassade konventioneller Individualität vorzuweisen. Das Überlebensmittel des einzelnen, als Reaktion auf eine traumatische Erfahrung sein Selbst zu segmentieren, geht nicht selten damit einher, nicht den Weg der Individuierung zu beschreiten. Der andere Weg wird oft als Krankengeschichte notiert. Wo dieses nicht der Fall ist, finden wir oft phobische Reaktionen auf Phänomene der Abweichung vom individualistisch-neurotischen Typus. Im Buch ist diese Reaktion präsent in den erwähnten Grenzziehungen, in stur abweisenden und -wertenden Gesten, aber von ihr wiederum abgespalten ist das erwähnte Verständnis – Sympathie, Versuchung gar. Die Kombination von beiden Haltungen schafft eine analytische Schärfe, die wir in der Zunft, die sie zu haben von Amts wegen verpflichtet wäre, der sozialpsychologischen nämlich, nur selten finden. In der Märchenposse ›Abend mit Goldrand‹ ist die seelische Physiognomie des endenden westlichen 20. Jahrhunderts gezeichnet.

Motivketten

Der Lust, die ›Last der Individualität‹ abzuwerfen, entsprechen im Buch, das von nichts spricht, auf das es nicht in sich selber zeigte, die, wie ich sie nennen möchte, Motiv-Fluchten, die eine Endlosigkeit des »und noch was Andres« bilden. A&O zählt die Namen der Ann'Ev': »an ihren Fingern und Zehen her […] und sie reichen nicht« (163). Und es sind noch viel mehr. Beginnen wir damit, daß sie ein zwielichtiges Wesen ist, *das* Zwielichtwesen gar?, schließlich stammt sie immerhin aus *Lux*emburg: »Unsre Göttin der Sonnenstäubchen!« (21), »Ann'Ev', 2 SchattnBeine auf 2 SonnenFüß'n« (71), »gelbgrau« (138), »lichtgrau« (158), kurz: »Das falbe Paradoxon!« (99) (wie Grete es ausdrückt). Durch das Buch ziehen sich wie ein Reigen die Variationen dieses Motivs[34], in Beschreibung, als Metapher, als Kosename, als Sottise, als Injurie. Man versteht auch, warum in diesem Buch so ausdauernd und in wiederholungsfreier Fülle geschimpft wird: so kann man Konnotationen häufen, der Text »weiß […] Jedem sein Blechlein anzuschlagn« (126). Auch eine Eule wird Ann'Ev' genannt: »sie macht das gelbe Haar ein wenig wirrer auf ihrem Kopf, und legt die braunen FensterLider vor die grauen Eul'nAug'n« (17); abends »schreit leis' Athene Noctua« und Ann'Ev'

[34] z. B. S. 21, 32, 36, 59, 71, 74, 75, 94, 98, 99, 106, 108, 134, 138, 158, 163, 174, 163, 168, 171, 282 (!).

»fein & nachteulisch vor Glück« (282), und Grete? : »Dein unnatürlicher Geschmack an dieser gelbm struppijen KehrEule« (168) – und so weiter;[35] aber auch eine Unke, eine Kröte, ein Salamander wird sie genannt.[36] »Und noch was Andres.«

Viele, wahrscheinlich die meisten dieser Konnotate haben ihre Entsprechungen in der mythologischen Motivik. Die Eule ist die der Minerva, die nach Hegel im Zwielicht ihren Flug beginnt; die Eule ist aber auch ein immer wieder bei Hieronymus Bosch erscheinender Vogel, vor allem der bei der Beschreibung des ›Jardin de las Delicias‹ nicht erwähnte Nachbar des ins Bild versetzten Paares A&O & AE. Wer mag, kann in der ›liegenden Acht‹ der Unendlichkeit auch noch Eulenaugen sehen, oder via Eule-Sophia zu den Sprüchen Salomonis oder zum Jesus Sirach kommen.[37]

Der Bastard Marwenne ist eine Gewittergottheit (125), also vom Schlage Jahwe (145) oder Jupiter (»Du weißt, ich verbinde mich sonst nicht leicht mit einem sterblichen Weibe« (119)); aber er ist auch nur der Begleiter des Heiligen Nikolaus: Pelzebock (21), resp. Beelzebub (und damit ein Pan-Derivat); schließlich ist er sein Sternbild, der Orion, so, wie Egg, der gern ein kleines Wägelchen mit sich führt, der Fuhrmann ist.[38] Asta Reichelt, die Haushälterin, kann man als *Asta Reichelt* lesen, also als Astarte, wenn man will, und sie fuhrwerkt durchaus bezeichnend zwischen Ober- und Unterwelt des Hauses herum. Nun gibt es keine unmöglichen Assoziationen, es ist wie mit dem Nicht-an-einen-Bären-Denken beim Liebestrank, vor allem selbstverständlich keine falsifizierbaren. Aber Assozia-

---

[35] z.B. S. 17, 36, 49, 134, 162, 183, 158, 160, 162, 163; 168, 174, 183, 192, 208 (?), 211, 220, 282, 283, 287.

[36] z.B. S. 36, 192.

[37] Wie etwa Otfried Boenicke, Mythos und Psychoanalyse in »Abend mit Goldrand«, München 1980.

[38] Hinweis von Lars Clausen. Entsprechend kann man auch die Rotte als Sternschnuppenschwarm, Ann'Ev' als Kometen (Haarstern (291)) lesen (Hinweis von Bettina Clausen).

tionen sind unterschiedlich interessant. Der Einfall, den einer bloß so ›hat‹, den hat er eben alleine. Anders ist es, wenn man in die Mythologie, gar die ›niedere‹, gerät. Wenn man in ihr die Canonices zusammenschaltet und ein System von Querverweisen als Textverarbeitungsprogramm installiert, bekommt man mehr Be- und Nachweise, als das Zeug hält, und sogar mehr, als Saussure für seine Anagramm-Studien für möglich hielt. Der Mythos ist, wenn auch nicht geradezu dazu da, ins Uferlose zu geraten, so doch eine endlose Addition von Ähnlichkeiten, weil das, was die Menschen umtreibt, trotz aller Geschichte so dramatisch immerneu nicht ist. Der Mythos taugt nicht zur ästhetischen Form, er franst aus, läuft über; die (europäische) Kunst hat damit begonnen, ihn als Material zu verwenden, spätere Generationen haben ihn nicht zuletzt zum witzigen Detail gebraucht. Interessant ist, in welcher Weise ein literarischer Text Material aus den diversen Mythen verwendet und wozu. Beim ›Ulysses‹ steht zunächst die Groborganisation des Stoffes in Episoden im Vordergrund – inwieweit auch noch das Detail von der Odysseus-Thematik durchdrungen ist und wo es sich ganz von ihr löst, kann Gegenstand vielgestaltiger Kontroversen sein. Auch Arno Schmidts später der besseren Kenntlichkeit wegen in einem ›Orfeus‹ betitelten Taschenbuch publizierte Erzählung ›Caliban über Setebos‹ ist ja nicht einfach eine Adaption oder Transformation der Orpheus-Geschichte: das wiederum macht schon der Titel deutlich, und Alfred Anderschs Interpretation, die den Orpheus-Bezug ganz vernachlässigte, ist eine durchaus stimmige Lesart des Textes.

Schmidt hat zwei Orpheus-Themen, die Suche nach der verlorenen Geliebten und das Belauschen der Mänaden, in seiner Geschichte verwoben und Anspielungen auf andere Verarbeitungen des Orpheus-Stoffes hineingearbeitet, aber das heißt nicht, daß der Mythos das eigentlich formende Element der Erzählung wäre. Dasselbe gilt für die im ge-

samten Werk Arno Schmidts so überaus zahlreich vorhandenen Anspielungen auf andere literarische Texte, die sich
von denen auf irgendwelche Mythen nicht unterscheiden:
»Der A&O nimmt sich aus All'm das Poetische raus; betrachtet und behandlt aber auch die Heiligstn Schriftn nur
als LiteraturZweig« (20).[39] Dieses Cave! steht nicht ohne
Grund im Buche. Wer nur auf Göttinnen und Dämonen
sieht, übersieht, daß auch die Literatur in Scharen durch
das Buch zieht, die Pilger zum Strohberg »WuWei!« rufen,
ein, wenn es sowas gäbe, taoistischer Schlachtruf (in aktu-
eller Übersetzung etwa »Tunix!«), und es ist nicht die einzige Anspielung auf Alfred Döblins ›Die drei Sprünge des
Wang Lun‹, der sogar eigens erwähnt wird. Wenn Egg als
Sternbild des Fuhrmanns durchs Buch wandelt, fällt dem
Leser, dem es einfällt, der Schriftsteller Ernst Fuhrmann
ein, der auch im Buche eigens erwähnt wird. Martin
Schmidt wird so ins Haus zu Martina getragen, wie es
Spindlers ›Der Vogelhändler von Imst‹ vorsieht, und wer
dem Hinweis auf »die Herbst-Welten id Literatur« (268)
nachgehen wollte – wo müßte der zu exzerpieren beginnen, wo aufhören?

Alle Versuche, Texte von Arno Schmidt als Camoufla-
gen zu lesen, als Masken, hinter denen sich irgendeine
›eigentliche‹ Geschichte verbirgt (etwa ›hinter‹ ›Brand's
Haide‹ Fouqués ›Undine‹ noch einmal), sind wenig überzeugend geblieben. Sie sind es deshalb, weil solch literarisches Versteckspiel ästhetisch äußerst unergiebig bliebe:
mit »Scheiß=Mythos, die Leute sollen sich amüsieren!« hat
Schmidt darum auch gegenüber seinem Verleger die Debatte beendet, ob die mythischen und literarischen Anspielungen im ›Caliban‹ drucktechnisch irgendwie her-
vorgehoben werden sollten. »Wir *sind* hier nich für
Miß=Tick; wir sind auf dem Lande«[40], heißt es in der Erzählung ›Die Wasserstraße‹ – pikant, daß dies dort ausge-

---

[39] Vgl. auch S. 168. [40] BA I, 3, 448.

rechnet zu einem Mädchen gesagt wird, das den Namen »Hel« führt. Gespielt wird mit solchen Allusionen nämlich dauernd, und selbstverständlich haben die beiden Frauen in ›Brand's Haide‹ allerlei mit Fouqué-Figuren zu tun, nur kann man mit den manchmal hervortretenden Ähnlichkeiten nicht jede Textstelle erschließen. Versuche, das zu tun, enden immer zwanghaft oder im Beziehungswahn. Ähnlich ist eben, ›wenn man will‹, alles mit allem, und die Cheops-Pyramide enthält jedes Zahlenverhältnis, nicht weil die Cheops-Pyramide ist, was sie ist, sondern weil man mit Zahlen so umgehen kann.

Durch ›Abend mit Goldrand‹ geht man wie durch ein Spiegelkabinett, in dem man bei tatsächlich gewahrter Zweidimensionalität in die Unendlichkeit schaut. Oder vielleicht wie durch Moor und Haide, geäfft von Irrlichtern? Alles, was wir sehen, ist immer auch noch dort-drüben und zugleich »noch was Anderes« – und wenn du denkst, du seiest dran, nimmt es andern Namen an. Sie »heißen […] Uns noch Dies und Janus« (86), sagt A&O. Auf diese Weise wird im Buche die Individualität der Figuren zwar nicht aufgelöst, aber ihre Konturen werden doch undeutlich. Das Thema der Wiederholung und Spaltung wiederholt sich durch die Diffusion der Motive ständig selbst, oder: ›Abend mit Goldrand‹ ist wie ein großes Maskenfest, wo nach jeder Drehung im Tanze das Gegenüber eine andere Larve trägt. Nicht die einzelne Maske, der Wechsel, der Tanz ist es, worauf es ankommt.

Fülle / Rahmung

Die Figuren sind auch nicht nur ›im Buch‹ (und in anderen Büchern), sondern, wie wir gelesen haben, auf Bildern zu Hause und zu sehen. Ann'Ev' begrüßt ihre Doppelgängerin im Mittelteil des ›Jardin de las Delicias‹, A&O kann auch dort gesehen werden. Eine riesenhafte Eule wird von dem, der nur das Buch liest und das Bild nicht kennt, übersehen. »Que vedo! Was seh ich:« (21), ruft Martina, als sie den Bastard Marwenne zum ersten Male sieht; und später, als es um die unterschiedlichen Interpretationen des Bosch-Gemäldes geht, wird Quevedos Ansicht dazu eigens erwähnt. Auch wird der Scherz, die Marke der Zündkerzen von irgendeinem Auto zu nennen (»Bosch« (80)), nicht gespart. Tja, was sehe ich? Das Wahrzeichen der Rotte, das »Stachelschwein in der Seifenblase« (266), kann ich sehen, auch »2 Liebende unter 1 SuperKapuze« (290), aber das Andre, Marwenne etwa mit der Kanone, »mit der er beim Gehen schießt« (291), oder »Eggen Ausfahrt« (290)[41] auf dem Fasse – kann ich nicht sehen. Oder ist Ann'Ev', die zum Abschied mit ihrem Haar winkt, was ja zwei wehende Schöpfe ergeben könnte, jene Eule mit den überlangen Ohrspitzen? (»Ihr habt übrijns 'n unsichtbar'n Berg hier« (111), sagt Ann'Ev' einmal – na, dann.) – Aber wer möchte nicht im Mittelpunkt des Bildes den »Klappendorfer BadeTeich« erkennen, »plärrend bunt auf grün«?

Arno Schmidt hat eben auch Boschs Bild (Bild*er* : der ›Heuwagen‹ ist ein gut Teil auch der »Strohberg« des Buches[42], der Kerl mit dem Trichter als Kopfbedeckung (259) mag aus ›Das Steinschneiden‹ herbeigewandert sein, und vielleicht trägt Egon Olmers Züge des Wanderers, der sich anschickt, die Brücke zu überqueren, von einem Hündlein weniger geleitet als gejagt, aus dem Außenbild des Heuwagen-Triptychons) nicht nachgeschrieben, sondern aus einigen seiner Motive ein ebenso selbständiges und ebenso sich der eindeutigen Interpretation immer wieder entziehendes Kunstwerk geschaffen, eine Wiederholung nur insofern, als es eben ein modernes Äquivalent darstellt. Aber was Bosch auf drei Flügel verteilt hat, hat Schmidt zu *einem*

---

[41] »Eckes Ausfahrt«, Simrock, Amelungenlied (Hinweis von Bernd Rauschenbach) – und »noch was Andres«? Simrock wird an einigen Stellen erwähnt und zitiert.

[42] Und so können wir auch Grete Fohrbach dort erkennen.

Großgemälde verdichtet (und noch andre drin aufgenommen). Das Adam-und-Eva-Motiv des linken Flügels zeigt wohl den Platz, an dem sich A&O und Ann'Ev' in 100 Jahren wieder treffen wollen (283). Mag man im rechten Flügel (›wenn man will‹) Grete finden, die aus dem Keller »ein Fäßchen Cola« hochschrotet (164), mag man dort eine elendere Ann'Ev' (mit Krötenemblem) erblicken wollen, so etwa, wie sie von den anderen Damen gesehen wird – oder vielleicht mag man das alles nicht, aber das Dämonische vieler Szenen, und daß sie alles andere, nur nicht ein Abbild glücklicher Menschheit bieten, zieht den Blick doch immer wieder auf diese Seite.

Die Motivketten reichen also über das Buch hinaus, nicht nur, was trivial wäre, weil sie Anspielungen sind, sondern weil das Buch hereinholt, worauf es anspielt, mit ihm verfährt, als stünde es im Buche selbst, als Text, als Illustration. Das Buch wird also sozusagen undeutlich an den Rändern und verstärkt dadurch noch einmal die Diffusionstendenzen der Motivketten und -reigen. Das Thema der Wiederholung / Spaltung wird durch die unendlichen Reihen der Spaltungen und Wiederholungen aber selber wie diffundiert. Wo alles wiederholt wird, wo alles noch was Andres sein kann, kann man von Keinem mehr genau sagen, was es sei und was sich wo wiederhole, ebenso wie das Wort ›gleichzeitig‹ keinen Sinn mehr hat, wenn man sagt, daß alles ›gleichzeitig da‹ sei. So drohen die Motivfluchten stets die Themen zu zersetzen und drängen über den formalen Rahmen, der das Ganze hält, hinaus. Entspricht letztere Spannung den Anstrengungen des Zusammenhalts einer von Auflösung bedrohten Individualität, so erstere dem Doppelbedürfnis nach individueller Dauerhaftigkeit und Spannungsreduktion.

Diesem Wunsch nach Spannungsreduktion durch Diffusion entspricht ein Text, auf den Arno Schmidt mit großem Nachdruck zu sprechen kommt, und in ›Abend mit Goldrand‹ nicht das erste Mal, Christoph Martin Wielands ›Euthanasia. Drey Gespräche über das Leben nach dem Tode‹[43], in denen unter anderem darüber nachgedacht wird, ob bei einer zeitlichen Fortexistenz nach dem Tode das wünschbare Glück nicht in einer Auflösung der bisherigen Individualität und im Vergessen alles Bisherigen läge. Dieser Auflösung scheint die Sympathie des Buches zu gehören[44], so sehr es auch mit den Themen der Wiederholung spielt, und ihr kann seine Sympathie gehören, weil diese Sympathie nicht so weit geht, die formale Rahmung zu zerbrechen. Der Sympathie zur Diffusion verdankt das Buch seinen Reichtum an Farben und Tönen, und nur eben-noch hält der äußere Rahmen das Bild, über den heraus die Gestalten auf ihre Präfigurationen in Literaturen und Bildern verweisen, in das hinein der Autor mit kaum verstellter eigener Stimme redet, wenn er über seine Kindheit spricht, wenn er den scheinbaren Fehler im Stammbaum »Arno Ottokar Gläser« (223) ungerührt stehen läßt, wenn er A&O und Ann'Ev' die Reise in eine Wolke unternehmen läßt, die 1941 in der Erzählung ›Der Garten des Herrn von Rosenroth‹ geschrieben wurde, wenn er Martin Schmidt bei Alexander Ottokar Gläser mit dem eigenen ›Pharos‹ antreten läßt, wenn er endlich, wenn Buntheit und Helligkeit aus dem Buche herausgeweht sind und Kälte und Trauer und zwei alte Männer übrigbleiben, über den einen von ihnen, A&O, den letzten Satz des Buches durch keine Maske hindurch mehr spricht: »This he overwent, so also will I«.

Alle diese Stimmen ordnen sich keiner Form unter, sondern diese gibt ihnen Raum, wie der Rahmen des Triptychons den Figuren Boschs die Fläche gibt, auf der sie tan-

---

[43] Christoph Martin Wieland, Sämmtliche Werke, Bd. 37, Leipzig 1805; vgl. auch: Der Vorgang des Ertaubens nach dem Urknall, S. 147 f.
[44] A&O zu Martina: »›[…] wenn man in einem eignen umfangreichen Buche steckt; dann bringt das unvermeidlich einen gewissn Verlust des Sinns für die Wirklichkeit mit sich…‹; ((›Was das heißn soll?‹) Nun,): ›daß der Genius dann auch weitgehend *Deiner* vergäße…‹« (250).

zen, lieben und morden. ›Abend mit Goldrand‹ ist endlich wie ein Ort, an dem sich viel, multum et multa, versammeln kann und von allen Seiten herbeiströmt wie die Rotte zum Strohberg, verweilt und davonzieht. Am Ende aber leert sich das Buch. Und diese Leere am Ende ist seltsamer und unheimlicher als alles andere darin.

Leerung

Am Ende des letzten Oktobertages schlägt das Wetter um. Vorbote ist ein Kranichschwarm, der über Klappendorf zieht, und er wird erblickt – »Das Zeichen! DAS ZEICHEN!!!« –, als A&O Ann'Ev' ein Töpfchen mitgibt, in das sie einen Samen eingepflanzt haben, den Ann'Ev' von ihrem Gang in das Bild durch den ›Jardin de las Delicias‹ mitgebracht hat: »Den nimmsDú mit. Und setzt ihn, in Tasmanien oder sonstwo, ins Freiland«. Dann rauscht der Kraniche Gefieder – »A&O (nebm AE, beide die Köpfe im Nakk'n. – (›Was das bedeutet‹?)): ›Nichts Gutes.‹; (so zwisch'n den Zähnen, daß Ann'Ev' (Die seine Hand in ihrer Taille zukken fühlte, Ihn frag'nd anschaut): ›?‹ – ‹« Statt seiner antwortet Eugen: »ob'm, im Norden, muß ein Kälteeinbruch erfolgt sein, der die gesamte KranichPopulation vor sich her treibt: in (spätestns!) 24 Stundn könn'n Wa mit Schnee rechnen« (251). Ein Kälteeinbruch im Norden, dort, wo der ewige Soldat Fohrbach im Kriege stationiert gewesen war, und was schreien die Kraniche? Wenn es die aus dem zweiten Teil des ›Faust‹ sind, schreien sie auf den »Generalissimus« herab: »Mordgeschrei und Sterbeklagen! / Ängstlich Flügelflatterschlagen! / Welch ein Ächzen, welch Gestöhn / Dringt herauf zu unsern Höhn! / Alle sind sie schon ertötet, / See von ihrem Blut gerötet!«[45] Verschwunden das »plärrend bunt auf grün«, Abend wird es, Abend mit rotem Rand: »Im Westen geht die Sonne zu

[45] Verse 76660 ff.

Blute; (und wird durch die Wolken dort in merkwürdige Gestalten zerlegt: ein feurijer Strich; eine rote Tonne; ein Happ'n Tomate; einmal sogar ein puzzle Drei= und sonstijer=Ecke). Der ›Badeteich‹ id Richtung macht ein blutunterlauf'nes Glotzauge; um ihn glühendes Halbentlaubtes« (268). Das sind die Farben aus dem oberen Teil des dritten Flügels.

Am Ende macht das Buch Vermischung und Verdichtung rückgängig; der wilde Reigen, bei Bosch um den Badeteich zirkulierend, wandert aus dem Bild und mit ihm Licht, Hoffnung, Phantasie: Ann'Ev' zieht mit und nimmt das Töpfchen mit dem zauberischen Samen mit. Die Rotte nimmt endgültig teuflische Züge an, ihre Transportwagen sind Leichenwagen (corbillard): »Stücke von Unmensch'n!« Das Licht eines letzten Morgens ist das der Hölle: »Terrasse, growing hell, [...] (der rostfarbne eisenhaltije Fleck soll woll die Sonne sein?)« (291). Der Rundumreigen um den Badeteich im Mittelbild bei Bosch reißt auf, zieht über den Rahmen aus dem Bild hinaus und nimmt Farbe und Stimmengewirr mit sich. Das plärrende Bunt des Eingangs wird im Ausgang zu heiserem Rost, und schon ist die Geschichte selbst vergangen, in ihr selbst ist sie sich zur Erzählung geworden: »auch die rostigen Rüschen der noch=kleinen Eiche haben heiser zu fabeln begonnen.«[46]

In diesem Schlußbild ist kein emotionaler Raum mehr für irgendeine Geschichte von ›Martin und Martina‹ oder von einer Vorstellung, daß es irgend ›weiterginge‹. Dieser Aspekt der Geschichte steht auf einmal allein, abgespalten, wie vergessen da. Vom rechten Flügel aus ist der linke nicht mehr sichtbar. Und diese Wendung des Blickes ist die letzte Bewegung des Buches. Wohin wendet sich der Blick?

[46] S. 291, dort allerdings der Setzfehler »falben«.

Drei Tage im Oktober, ein Triptychon, drei alte Herren
sind es im Hause, drei Bäume weist A&O im Botanik-
Buch[47], den BergesDreispitz »The Three Patriarchs« gibt
es sogar auf Tasmanien, drei Aspekte seiner Biographie
hat der Autor seinen drei Figuren zu tragen gegeben.
Zwei biographische Berichte gibt es. Zwar: »Vom Krieg
schwätz'n iss sein Marott?« (14) heißt es von Fohrbach, er
hat eine Pistole Marke »Parabellum«[48] und schießt sich
gerne in den Schlaf (101), auch hat er einen »bombmsiche-
ren« Keller anlegen lassen (116), weiß den Bericht von
A&Os Kindheit mit militärenen Kommentaren zu unterle-
gen (225). Aber auf den Krieg selbst, auf den Stützpunkt in
Norwegen kommt er nur en passant zu sprechen, etwa
wenn es um die Rolle der Phantasie in öden Zeiten geht
(188), oder um schlechtes Wetter: »die Sonne immer am
Horizont, rot und unschön breitgedrückt«, worauf Olmers
etwas vom »Altwasser vom Styx, bloß windijer« repliziert
(288).
    Nach der Lektüre des ›Pharos‹ beginnt der alte unter-
schenkelamputierte Artillerist apropos-genötigt, aber doch
ein anderer Typ als etwa Onkel Toby, über Entfernungs-
messungen und Zielbestimmungen »auf Wasserflächen«
zu reden und zieht entsprechende Berechnungstabellen –
im Buch abgebildet, auf Millimeterpapier, vom Verfasser
gezeichnet – hervor. Zufällig erfahren wir, daß von »faulen
Greten« zu sprechen, wenn man Kanonen meint, Militär-
jargon ist, mithin auch die Wahl des Ehepartners (bzw. die
Namenswahl des Autors) nicht von ungefähr. Und da fragt
man ihn dann: »»Was hattet Ihr in Euern Stützpunkten
ei'ntlich so an ›Faulen Greten‹ aufgestellt?‹ EUGEN: (je

---

[47] Vgl. Bettina Clausen, Metamorphose und Übergang, in: Arno
Schmidt Stiftung (Hrsg.), »Vielleicht sind noch andere Wege –«. Hefte
zur Forschung I, Bargfeld 1992, S. 77 ff.
[48] Si vis pacem – vgl. 288.

nun): ›abgeseh'n von dem kleineren Zeugs – (so leichte Flak; Granatwerferchen; MG's) – 6 schwere (französische) Geschütze.‹; ((?): wieso denn?):« – und auf die nicht ausgesprochene Frage die ausweichende Antwort: »Hat doch der Allmächtige selber, als Erster, Pech & Schwefel gegen Sodom und Gomorrha eingesetzt, und so das Beispiel gegebm: da nun gutes Schießpulver ebenfalls nichts andres als eine Mischung von Schwefel & Salpeter darstellt –« (288). Sodom und Gomorrha? – man blicke auf den oberen Teil des rechten Triptychon-Flügels. Und warum hat der riesige Raub-Vogel im unteren Teil nur noch die Hälfte seiner Unterschenkel?

Der Teufel sei »der Dominus director dieser Welt, und, ein Meer, tobt die Hölle…?« (277) räsoniert ein Mädchen und wird unterbrochen; wer träumt, komme aus der Hölle (183), heißt es anderswo, und: »BisDu auch einer aus der Unterwelt?« (72) fragt Ann'Ev' ernst A&O. In der Ferne rumpelt es – : »›KriegsErinnerungn‹ möglichst niederhaltn« (62).

Die nicht-wortgewordene Frage an Eugen Fohrbach ist die nach dem eigenen Anteil an Leid und Not und Tod, den man in die Welt gebracht hat: »Beim eisengrauen Mond, Jeder Baum rauscht ^r_not« (283). Sie ist beim Artilleristen nicht immer einfach zu beantworten: »Poss'n, Mensch: das deckt doch bei Euch Alles gnädig die Streuung zu!« (265); man trifft nicht immer genau; wenn man Glück hat, nichts; aber manchmal trifft man eben doch, dies und das und den und jenen und noch was Andres.[49]

Im ›Pharos‹ findet man die Vorstellung von rand-losen Bildern, »verlaufend in schattige Waldgründe, so daß das ›Hauptbild‹ nur den hellen Brennpunkt darstellte. (Wie 'ne Landkarte : wo ja auch die interessantesten Stellen die Ränder durchbrechen!)« (262). Und der Haupttext führt eine andere frühe Vorstellung an von Büchern, die andere

[49] Vgl. Lars Clausen, Axiomatisches in Arno Schmidts Weltmodell, in: »Vielleicht sind noch andere Wege –«, a. a. O. S. 58 ff.

Bücher fortschreiben, ergänzen, ausmalen. Hier, im späten ›Abend mit Goldrand‹, gestaltet Arno Schmidt ein Werk, das mehr als alle anderen seiner Bücher dieser ästhetischen Phantasie entspricht. Gleichzeitig ist es eines, in dem Autobiographisches, Erinnerungen an Kindheit und Jugend – und auch alles Unausgesprochene deutlicher markiert – wortreicher zur Sprache kommen als je zuvor. ›Abend mit Goldrand‹ ist ein Buch der Rückschau und auch, phantasierend sowie in den einmontierten Passagen des eigenen Frühwerkes, der Rückkehr. Und es ist ein Buch, das die Unerfüllbarkeit dieses Wunsches nach Rückkehr und Wiederholung durch seine Gesten zeigt. »Mir fiel ebem uff«, sagt Olmers, »daß die Häuser, in den'n ich so im Laufe meines Lebms, gewohnt habe, grundsätzlich 10=12 Jahre nachdem ich raus war, ›abgebrochn‹ wordn sind: zerbombt, demoliert, abgetragn – gleichsam, als solle meiner Erdntage Spur prinzip'jell verlöscht werden – wunderliches Kismet. [...] irgndwas stimmt da nich« (154). Und A&O über den Ort seiner Kindheit, Hamburg-Hamm: »Auch im Kriege vollkommen zerstört. Und längst wieder, bis zur Unkenntlichkeit, neu=aufgebaut« (228).

Es wirkt, als sei das Kriegsgeschehen eine Kraft, die verhinderte, daß die Konfrontation mit der eigenen Frühzeit gelingen könne. A&O berichtet über seine Kindheit, um zu erklären, warum er der bzw. ihm die »Realität in gewissem Sinne abhanden« gekommen und wie es zu der »unverschuldet=selbstgestifteten, splendid isolationship« (233) gekommen sei. »Als ›Mensch‹« habe für ihn kein Lehrer existiert, »wenn ich mir's recht bedenke: auch Wir=Schulkameraden füreinander kaum«, erzählt Olmers und »senkt, verdüsterter, den siebzichjähr'jen Kopp« (154). Im Wenigen, was der Autor aber seinen Fohrbach vom norwegischen Artillerie-Stützpunkt sagen läßt, wird jedoch diese splendid-isolationship geradezu als psychische Überlebensbedingung ausgegeben. Würde man hieran nur die Spekulation anschließen, daß sich für den Autor die Überlebenswichtigkeit einer Haltung im Laufe des Lebens so sehr erwiesen habe, daß sie nicht mehr abgelegt habe werden können, griffe man sicher zu kurz, denn keine bloße Gewohnheit kann so schmerzlich sein. Auch spricht der Textbefund des ›Pharos‹ gegen eine solche Deutung. Die Wut, mit der dort ein Ideal getötet wird, an dem aber gleichzeitig festgehalten werden muß, spricht von einer anderen Konfliktdynamik.

Nehmen wir die Szenarien der Jugendschriften als immer wieder erneuerte Entwurfsskizzen einer Welt, aus der nach Möglichkeit verbannt war, was in dieser Welt und noch in der Erinnerung des letzten Buches unaussprechlich blieb. Der Haß auf den Vater (und die Verachtung der Mutter) blieben ausgespart, -gesperrt, und doch sind (und konnten gerade darum sein) die Juvenilia Orte, in denen Familiäres eine große Rolle spielt, vor allem aber Autorität und väterliche Veredelung junger Menschen, ein Hineinbilden in eine Welt höherer Ideale. Das gibt es nach dem Bruch des ›Pharos‹ nicht mehr (oder eben nur in der nicht ausgeführten Geschichte mit A&O und Martin Schmidt). Ab ›Enthymesis‹ ist der 1.-Person-Singular-Held auf sich selbst gestellt, aggressiv, in der Regel bewaffnet[50], des Hohnes voll gegenüber allem ›Idealismus‹ (aber auch gegen sich selbst), und doch stets im Namen jener Ideale handelnd, deren Träger das Ich des ›Pharos‹ umgebracht hat. Anzunehmen ist, daß ein zweites Erlebnis[51] das Selbstbild vom edlen, sich selbst in Namen und Nachfolge idealer Väter veredelnden Jüngling nicht nur ge- oder ver-, sondern zerstört hat. Dieses Erlebnis ist ›der‹ oder ›im‹ Krieg, und sein emotionaler Kern ist wiederum Scham gewesen. Daß auch die Frage nach Schuld in dieser Scham

---

[50] Vgl. Peter Rühmkorf, Bausteine zu einem Arno-Schmidt-Denkmal, in: Arno Schmidt Preis 1986, S. 25.
[51] Das Wort Erlebnis kann, muß aber nicht punktuell aufzufassen sein. Es kann auch eine verstreute Menge von Erfahrungen sein, die sich aber der Phantasie als Einheit präsentieren.

steckt, zeigt die Analyse nicht nur der frühen Nachkriegs-texte.[52] Daß er in einem nicht banalen, sondern durchaus bösen Sinn ›wie die anderen‹ war – als Folge welchen Er-eignisses oder Erlebnisses auch immer – ist wohl die Er-kenntnis gewesen, mit der der Autor nicht nur in narzißti-scher Selbsterhöhung, sondern eben auch tatsächlich sehr Andere sich selbst konfrontiert haben wird. Nun geht es hier aber nicht um ein falsches Selbst-Bild, das in eine Krise gerät und eben einfach korrigiert, ›den Realitäten ange-paßt‹ werden könnte, zwar um den Preis einer Kränkung, aber doch.

Wenn Schmidt seinen Eugen Fohrbach sagen läßt: »Ungeschädicht überlebm?: tatn nur die (so gern ge-schmähtn) Intellektuell'n; die Phantasie hattn; die mit Büchern zu lebm, oder sich sonst zu beschäftijn wußtn: war'n *viel=*zäher!« (188), so läßt er ihn mit der Wahrheit lügen. Ebenjene Aufteilung in ein den Realitäten gegen-über konform sich verhaltendes und ein besseres, edleres Selbst, wie Arno Schmidt es im Brief an Heinz Jerofsky beschreibt[53], so lebensbedeutsam sie für den jungen Arno Schmidt auch gewesen sein mochte, überlebte nicht ›un-geschädigt‹. Sie wurde auch nicht revidiert, sondern jenes

---

[52] Über das reale Maß an Schuld ist damit nichts gesagt. Ein einiger-maßen Sensibler wird das bloße Dabeisein als Schuld empfinden, wo der an Massensterben und -morden Gewöhnte Fotos von erhängten Kindern in der Brieftasche herumträgt.

[53] In: »Wu Hi?«, S. 66 (man muß hier aber auf den Ton achten: er stimmt nicht. Das dort Beschriebene ist Teil der Stilisierung des ande-ren, beßren Selbst, nicht etwa Analyse der eigenen Departementalisie-rung. Der Brief ist eine einzige Klischeeansammlung mit Versatz-stücken aus Nietzsches ›Zarathustra‹, wobei der Kontrast zwischen der Geste »Siehe, ich verrate dir mein letztes Geheimnis: –« und der dann folgenden Mitteilung fast schon parodistisch wirkt. Man wird Schmidts späteren Dégout vor Nietzsche nicht zuletzt aus der Über-nahme solcher Stilgesten zu erklären haben. Daß Schmidt aber (s. u.) ein so deutliches und textstrategisch bedeutsames Nietzsche-Zitat er-scheinen läßt, mag zeigen, wie stark das Bedürfnis nach Wiederho-lung / Revision im Buche ist).

bessere Selbst, der »seltene Jüngling«, der mit der ›Enthymesis‹ aus den Büchern Arno Schmidts hinauswandert, erlitt jene weitere Zerteilung, die im ›Pharos‹ zwischen Älterem und Jüngerem und jeweils in diesen beiden vollzogen wird. Diese Spaltung wird das künftige Leben prägen und das Werk. Ihr verdanken wir solche Werke wie ›Der sanfte Unmensch‹, jenen »gewaltigsten und gewalttätigsten« theoretischen Text des Frühwerkes, wie es Hans Wollschläger[54] formuliert hat, die Karl-May-Studie ›Sitara und der Weg dorthin‹, und schließlich natürlich ›Zettel's Traum‹, die Seelen-Vivisektion der großen Projektionsfigur der Jünglingsjahre, Edgar Allan Poe.

Beide Lebenskrisen haben ihre eigene Gravitation, sind aufeinander bezogen, ein böses Doppelgestirn. Klagend kommt das Werk immer wieder auf sie zu sprechen, die enge »dürftige« Kindheit, Dumpfheit und Brutalität des Soldatenlebens, aber im manifesten Text geht es kaum je über das vielen Gemeinsame hinaus, ja, manchmal scheint geradezu die Bemühung vorzuherrschen, nur dies, das Allgemein-Verständliche zur Sprache kommen zu lassen, um doch Verstehen wenigstens dort zu erfahren, so etwa, wenn genannte »splendid isolationship« vor allem auf Kurzsichtigkeit, frühes Lesenlernen und dialektische Isolierung zurückgeführt wird, und ›der Krieg‹ sich in das Problem der wenig ansprechenden Sommermonate in Norwegen transponiert sieht. Hinweise geben asides, Assoziationssprünge und Nur-eben-Angedeutetes, zuweilen gekennzeichnet Unausgesprochenes.

Es mag die eine Lebenskrise das Fixieren der anderen unmöglich machen, es ist, als wenn die jeweilige Annäherung an die eine durch die Existenz des zweiten Kraftfeldes verhindert würde. Die Dynamik von ›Abend mit Goldrand‹ macht dabei deutlich, daß, wie drängend das Bedürfnis, berichtend und phantasierend in die eigene Frühgeschichte

---

[54] Hans Wollschläger, a.a.O. S. 24.

zurückzukehren, sich auch ausspricht, die Gravitation der zweiten Lebenskrise diese Annäherung verhindert und am Ende alle Energie auf sich zieht. Im Buche gewinnt die Auflösung Kraft über die Wiederholung; doch sind die Konnotationen von Tod und Destruktion am Ende zu stark, um den Spannungsabfall irgend lustvoll oder nur in einem Mehr an Erträglichkeit zu erleben. Das wird deutlich, wenn das Spiel mit den Motiven der Wiederholung immer geisterhafter wird und jede Atmosphäre von – und sei sie noch so melancholisch – Heiterkeit aus dem Buche abgezogen wird und Verzweiflung und Leere an ihre Stelle treten. Am Ende dieses so großen und so schönen Buches sind Traurigkeit und Schrecken: »Ein barscher Wind, der schmutzige Wolken abführt, (die ihre Gestalt vor Angst beständig ändern). Regen zaust; (und das graue Brünnlein der Dachtraufe kauderwelscht entsprechend). Überall Wettläufe der HerbstBlätter. Geschundene Felder, angefallen von KrähenBanden. Bäume ringen mit den Zweigen gegeneinander. / Eugen stapft neben A&O; Büsche wie schleichende Leidtragende nebenher [...] Sie stehen, naßkalt friedsam tugendhaft; (aber Blätter stürzen ab !: in Minuten sind ihre Füße verdeckt.)«

Resümieren wir. Die Grundspannung des Buches vom äußerlich-formalen Aufbau des Nach- und Nebeneinander bis in die Sprach-Bilder hinein ist die zwischen Optik und Akustik, und über das Nach- und Nebeneinander die zwischen Zeit, Gleichzeitigkeit und Zeitlosigkeit. Die Dimensionen von Zeit und Zeitlosigkeit verbinden sich im Modell der Spirale, der Wiederholung, Zeit und Gleichzeitigkeit in dem der Spaltung. Wiederholung und Spaltung sind die Hauptthemen des Buches, die immer erneut variiert werden, etwa bei der Erörterung des Sektenwesens. Beiden Themen entsprechen aber auch spezifische psychische Mechanismen, die einander widersprechen. Der Wiederholung entspricht der Wunsch nach einem erneuerten,

d. h. noch einmal, aber neu gelebten Leben ohne jene Verletzungen, die den Wunsch so virulent machen. Andererseits entspricht der Wiederholung auch der Wunsch, zu jenen Verletzungen zurückzukehren, sie ins Auge zu nehmen, um sich von ihrer Gravitation zu befreien. Der Spaltung entspricht jene psychische Konstitution, die es einmal ermöglicht hat, der Aktualität der Verletzung ins Leben zu entkommen. Wiederholung und Spaltung entsprechen vielleicht auch dem Zusammenhang zweier Lebenskrisen miteinander, dem das Buch nachspürt, ohne ihn beim Namen nennen zu können, der aber gerade die Spannung von individueller Früh- und miterlebter wie erahnter Welt-Geschichte ausmacht, die den Roman insgesamt kennzeichnet und die in seinen vielen Einzelerörterungen immer wieder thematisiert wird.

Die so angedeutete psychische Konstitution hat im Buch eine formale Konsequenz: Spaltung und Wiederholung als aufeinander nicht reduzierbare, das Material bestimmbare Themen führen zu einer Motivfülle, die an die Grenzen der Diffusität gerät. Gehalten wird diese beinahe Über-Fülle nur durch die strenge formale Rahmung. Auch hierzu ist ein psychisches Analogon konstruierbar, und man wird das Buch insgesamt – nicht nur die diesbezüglich expliziten Passagen – als eine große seelische Konfession lesen müssen. Wenn das letzte Wort des Buches »Ich« lautet, so sollte man den Satz, den der Autor über seine Hauptfigur und sich selbst spricht, nicht mißverstehen: »This he overwent, so also will I«. Was das nämlich meint, hat der Leser gerade hinter sich: das Buch selbst. »Trachte ich denn nach dem Glücke? Ich trachte nach meinem Werke!« – auf diesen Satz aus Nietzsches ›Zarathustra‹ dürfte der Ausruf »Das Zeichen!!« angespielt haben, der im Buche dem Kranichheer gegolten hat. Über diesen der Verzweiflung beigesellten Heroismus wissen, wir wissen es, manche von der Warte ihrer weniger komplizierten psychischen Konstitution und im Selbstgefühl ihrer sicherlich vorhandenen Fähigkeit, sich in und durch dieses Leben und diese Welt zu finden, Profund-Kritisches zu sagen. Haben sie das Recht dazu? Obsolete Frage. Gewinnen sie doch Energie zu dieser Frage, weil sie in einer Welt leben, die weniger an Schönheiten – und damit Trost – enthielte, wäre es um den Autor, der es sich doch wirklich ein wenig leichter hätte machen sollen, wenn es nach den Klugen und Mal-eben-Anteilnehmenden ginge, anders bestellt gewesen. Auch der Blick, den das Buch in die Welt tut, wäre dann anders. Angenehmer wahrscheinlich. Weniger deutlich. Er sähe nicht die Welt zunehmend wie auf dem rechten Flügel des Triptychons und sähe sie nicht wie aus ihm heraus, wie sie aus dem optischen Zentrum des dritten Flügels der Baum-Mensch und Heautontimoroumenos ansieht, von dem es vielleicht im ›Abend‹ heißt: »Der Mensch ist innen hohl; und das Übel id Welt wächst beständig – zur Schande aller $_{\text{Erlös}}^{\text{Schöpf}}$er« (130).

Und so mag denn zum Schluß auch noch der Titel ›Abend mit Goldrand‹ einen noch etwas anderen Klang bekommen, wenn wir wieder zum oberen Teil des Bildes blicken: »Vor solchen Rundumhorizonten, schwarzen und rotgeflammten: *was für ein Buch muß da nicht ein Zeitroman sein!*«[55]

---

[55] BA II, 2, 67.

»Mewes war beruhigt«

Vor einem Jahr erschien Lutz Tilgers Erfolgsroman ›Fritz-
leben‹ – ein Beitrag für die Hörfunkreihe ›Litera-Talk‹
des NDR

> »Wird Zeit, daß die Politik
> zu Ende geht und die ganz
> normalen Krimis wieder
> anfangen.«
> Peter Rühmkorf

Jahrelang war er herbeigeredet und -gewünscht worden, feuilleton-auf und -ab und bis hinein ins ›Literarische Quartett‹, der deutsche Wende-Roman, der Zeitroman, der den Umbruch in der DDR und die Schwierigkeiten des ehemaligen Staates, die »Fünf neuen Länder« zu werden, schilderte. Vom wem hatte man ihn erwartet? Monika Maron? Christoph Hein? Stefan Heym? Günter de Bruyn? Sie hatten geschwiegen (jedenfalls in *diesem* Genre), aber dann war er plötzlich da, der Langerwartete, und alle rieben sich die Augen. Nein, *so* hatte man sich das nicht vorgestellt: ein völlig unbekannter Autor, den niemand zuvor zu Gesicht bekommen hatte (noch nachher zu Gesicht bekommen sollte), ein literarisches Debüt von 1200 Seiten, dazu – so schien es wenigstens auf den ersten Blick – ein Schelmenroman, prall und bizarr, kuriosesten Personals übervoll, ebenso aber auch voller dunkler Passagen, philosophischer Exkurse, sich dem ersten Lesen nicht erschließender Handlungsverwicklungen und weitverzweigter literarischer Anspielungen. Man war hingerissen, man war abgestoßen; die Urteile ließen nicht auf sich warten, und, wie vorherzusehen, sie waren alles andere als einhellig: »trotz aller Schwächen ein Meisterwerk von säkularem Range« (›Die Zeit‹), »ambitiös und doch gescheitert« (›Frankfurter Rundschau‹), »stellenweise beinahe genial, doch im Grunde mißlungen« (›FAZ‹), »trotz allem erzählerisch leider völlig mißlungen« (Marcel Reich-Ranicki), »von unheimlicher Sprachgewalt und voller eindringlicher Bilder wie ein großer Historienfilm« (Hellmuth Karasek), während Peter Rühmkorf nur kalt notierte: »Der von mir erhoffte neue deutsche Schelmenroman läßt weiter auf sich warten.«

Ein Jahr ist es nun her, seit Lutz Tilgers ›Fritzleben‹ erschienen ist – Zeit, Nachschau zu halten, oder sagen wir vorsichtiger: Zwischenbilanz zu ziehen. Vom Autor wissen wir heute so viel wie beim Erscheinen des Buches, nämlich das, was uns der Verlag mitteilt, und es ist wenig genug: er sei Jahrgang 1962, aufgewachsen irgendwo zwischen Leipzig und der Grenze zur Bundesrepublik – mehr erfahren wir über sein Vorleben nicht, kein Foto ist bekannt, kein Fernsehauftritt verzeichnet, kein Radiointerview, kein Messebesuch zweifelsfrei nachgewiesen. Kein Wunder, daß sich sofort die wildesten Spekulationen anschlossen: Die vom Verlag gerühmte Fähigkeit des Autors, »den Menschen so auf die Finger und, was mehr ist, ins Herz zu sehen«, sei weniger auf sein literarisches Talent als vielmehr auf seine frühere Tätigkeit als Stasi-Offizier in Eisleben (sic!) zurückzuführen, und als ein ARD-Team dortselbst wirklich einen ehemaligen Polizeioffizier mit Namen Fritz (sic!) Tilger ausfindig machte, begannen die Eislebener Bürger bereits das umfangreiche Romanpersonal, wie ehedem die Lübecker bei den ›Buddenbrooks‹, mit dem Adreßbuch abzugleichen. Als nach langen Schwierigkeiten das Interview mit Fritz Tilger zustande kam, platzte die sinnige Hypothese allerdings sofort – nicht einmal als Informant für den eigentlichen Autor wäre er in Frage gekommen. Auch der im Auftrag der Linkspostille ›konkret‹ erfolgte Versuch ihres Autors Horst Tomayer, den Schriftsteller Lutz Rathenow dazu zu bringen, sich selbst als Lutz Tilger zu outen, mißlang, obwohl Tomayer sich als Mitglied der Jury des Frankfurter Goethepreises ausgegeben hatte, und hinterließ nur eine kurzfristige und nicht übermäßige Heiterkeit. Nachdem eine vom Verlag auf der Leipziger Buchmesse angekündigte Pressekonferenz (»Lutz Tilger stellt sich erstmalig Ihren Fragen«) im Eklat endete, weil, so hieß es nach stundenlangen Vertröstungen, der Autor »in letzter Minute« abgesagt habe, wurde kolportiert, Tilger sei an mehreren Messeständen gesehen worden und der Verlag habe die Pressekonferenz nur inszeniert, um die Fotografen an einem Orte festzuhalten und seinem Autor einen unbelästigten Messebesuch zu ermöglichen. Vor allem die westdeutschen Medien waren empört, und von »DDR-Methoden« und »altkommunistischen Tricks« war die aufgebrachte Rede. Inzwischen ist man dazu übergegangen, Tilger abwechselnd »Nessie von der Messe« oder den »Kyffhäuser-Pynchon« zu nennen. Geschadet hat all dies weder dem Autor noch seinem Verlag – bereits drei Monate nach dem Erscheinen von ›Fritzleben‹ konnte der Verlag melden, daß das Buch in die zehnte Auflage gehe, Lizenzen in den englischen sowie französischen Sprachraum sind vergeben, der Verlag verhandelt mit mehreren Partnern über die Filmrechte, sowohl das ZDF als auch RTL scheinen an einer Vorabendserie interessiert zu sein, Hans W. Geissendörfer hat sein diesbezügliches Interesse angemeldet.

Dabei ist der Roman im Grunde keine leichte Kost. Schon das Motto, das Tilger seinem Roman vorangestellt hat, signalisiert, daß hinter der populären Hülle allerlei stecken könnte: »Denn wahnsinnig oder groß kann niemals eine Zeit, kann immer nur ein Einzelschicksal sein. Unsere Einzelschicksale aber sind so normal wie eh und je. Unser Gesamtschicksal ist die Summe unserer Einzelschicksale, und jedes dieser Einzelleben entwickelt sich durchaus ›normal‹, sozusagen seiner Unterhosenlogizität gemäß. Wir empfinden das Gesamtgeschehen als wahnsinnig, aber für unser Einzelschicksal können wir mit Leichtigkeit einen logischen Motivenbericht liefern. Sind wir wahnsinnig, weil wir nicht wahnsinnig geworden sind?«

Dabei lautet der erste Satz, den zu zitieren wenige Rezensionen verschmähen, ganz banal: »Die Sonne schien, da sie keine andere Wahl hatte, auf nichts Neues«, und scheinbar anspruchslos geht es weiter, wenn der Fritzlebener Alltag beschrieben wird – nichts ist da, worüber der Literaturkritiker stolpern müßte, nichts, was dem normalen Leser den Spaß verdürbe. Denn die Schilderung der Kleinstadt Fritzleben ist so witzig und souverän geschrieben, so spöttisch geraten und dabei an keiner Stelle wirkliche Anteilnahme mit den Lebensproblemen ihrer Einwohner verleugnend, daß sich der Eindruck keineswegs aufdrängt, man habe es mit dem literarisch so außerordentlich ambitionierten Projekt zu tun, als das sich der Roman ›Fritzleben‹ bei genauerer Lektüre unabweisbar herausstellt.

Einig sind sich fast alle Rezensenten, wenn sie die »Leichtigkeit« hervorheben, die das Buch über weite Passagen auszeichne, aber die Uneinigkeit, die die Rezeption von ›Fritzleben‹ insgesamt kennzeichnet, kommt auch dabei zum Ausdruck. Rühmen die einen jene »Leichtigkeit« als »eigentlich undeutsche Eleganz« oder ein »so in der Gegenwartsliteratur nie vernommenes sanguinisches Parlando«, sprechen die anderen davon, daß sich die »gepriesene Leichtigkeit schnell als allzu leichtfüßige Oberflächlichkeit entpuppe« und der »treffsichere Humor doch eher ein Schrotschuß alltäglicher Witzeleien« zu nennen sei. Und wo die einen eine »atemberaubende Balancierkunst mit Ambivalenzen und Zweideutigkeiten« und darin gar »eine sprachliche Allegorie deutscher Zwei-Einigkeit« erblicken, sehen andere nichts weiter als ein »Kokettieren mit postmoderner Dutzendware« und fordern »das eindeutige Wort, das, wenn irgendwo, so hier am Platze gewesen wäre«.

Interessant ist dabei nicht einmal so sehr die Uneinigkeit der Rezensenten über den literarischen Rang des Buches, die Qualität seines Stiles, die erzählerischen Fähigkeiten seines Autors, nein, die Diskrepanzen gehen sehr viel weiter: man meint zuweilen, es sei von ganz unterschiedlichen Büchern die Rede. Das beginnt damit, daß nur wenige Rezensenten ganz fehlerfrei bei der Zuordnung des Personals verfahren – was nicht nur auf ungenaue Lektüre zurückzuführen ist (die allerdings bei einigen Rezensions-Schnellschüssen angenommen werden muß), sondern wenigstens ebensosehr an von Tilger bewußt hergestellten Unklarheiten liegt – wir kommen darauf zurück. Vor allem aber gibt es bei den verschiedenen Rezensionen keine Einigkeit darüber, worin denn nun das sagenhafte »Projekt« besteht, mit dem die Protagonisten des Buches so ausdauernd und, wie im Laufe der 1200 Seiten immer wahrscheinlicher wird, die meisten Fritzlebener in irgendeiner Weise beschäftigt sind.

Dem Leser zeigt sich zunächst nur eine Vielzahl von mehr oder weniger skurrilen Einzelvorhaben. Tilger kann sein Personal einigermaßen glaubwürdig auf solche Weise beschäftigen, weil er Fritzleben eine Arbeitslosenquote von 40 Prozent zuschreibt – da fallen eben eine Menge Figuren an, die Zeit haben, sich um allerlei zu kümmern, und vor allem: über sich selbst, einander und Abwesende zu reden. Da ist z. B. der abgebrochene Student Egon Kümpel, der manchmal schwarz bei dem augenscheinlich einzigen florierenden Betrieb in Fritzleben arbeitet, bei der Imbißbude »Ömer's Döner« (mit dem obligatorischen Modeapostroph) nämlich, wo er zudem nachts gegen ein Aufgeld riesige Mengen an Bratfett entsorgt, indem er sie mal hier, mal dort in die Kanalisation kippt – denn »Ömer's Döner« vertreibt nicht nur die genannte türkische Spezialität, sondern auch Würste, die wie die sie gern begleitenden »Pommes« in heißem Fett gegart werden: »Fritzleben's Echte – das Würstchen für dich und mich«, was natürlich von einem beharrlichen Kind namens Andrea Kutsch immer wieder überkritzelt wird: »das Würstchen wie ich und du«, wofür sie übrigens wiederum von einem Jens Kusserow bezahlt wird, dessen Naturkostladen geheimer Treffpunkt einer Neonazi-Gruppe ist, die einen um den anderen Plan schmieden, den von einem Brandanschlag im vorigen Jahr verschont gebliebenen Flügel des Asylbewerberheimes, das seitdem unter polizeilicher Bewachung steht, anzuzünden. Hier – und einige Rezensenten haben darauf hingewiesen – sind einige Stellen durchaus zweifelhaften Geschmackes zu registrieren. Tilger treibt mit einem der düstersten Kapitel der letzten Jahre makabren Scherz. Andererseits ist die Episode, in der Kusserow mit einer Basisgruppe der Kasseler »Grünen« einen »Identitätsworkshop« (»Wer wir wirklich sind«) und mit der lokalen PDS das Stadtforum »Ohnmächtig? Eine Region kommt zu sich« aufzieht, beste, wenn auch natürlich schwärzeste Politsatire, in der Tilger eines seiner Themen, ja, vielleicht *das* Thema seines Romans anklingen läßt: Wir sind längst ein Volk.

Zurück zu Egon Kümpel. Er also jobbt heimlich, nicht ohne aber zuvor als Griller und Brater fest angestellt gewesen zu sein, nur hat er sich eben entlassen lassen, um so via Arbeitslosengeld doppelt zu verdienen. Ein wenig hat auch hier Kusserow seine Hände im Spiel, der sowohl mit den Inhabern von »Ömer's Döner« als auch mit Kümpel abgemacht hat, diesen Vorgang in der Lokalpresse, für die er wegen der regelmäßigen Anzeigen seines Naturkostladens öfters Artikel ohne redaktionelle Kontrolle liefern darf, breitzutreten: »Türkenbude entläßt arbeitslosen Soziologen!« Kümpel nun arbeitet in der Zeit, die er zwischen Braten, heimlichem Fettweggießen und Arbeitsamt hat, an einer historisch-soziologischen Studie über das Ende des Real- oder, wie er nicht unfein sagt: Nominalsozialismus. Hier schaltet Tilger einige theoretische Exkurse ein – einen logischen, einen historischen, einen erkenntnistheoretischen, gar einen religionsphilosophischen –, in denen er (und wir können Figur und Verfasser hier vielleicht als Einheit denken) sich u. a. an einer Analyse der Jahre mit und nach Gorbatschow versucht. Die Exkurse kreisen um

einen anhand vielfältigen Beispielmaterials unternomme-
nen Versuch, das letzte Kapitel in Karl Marx' ›Kapital‹ über
die »Ursprüngliche Akkumulation« als Kern einer »reali-
stisch-materialistischen Gesellschaftstheorie« zu interpre-
tieren, die an die Stelle der »Kritik der politischen Ökono-
mie« die »Phänomenologie der Wegelagerei« zu setzen
versucht. Gorbatschow und seine Nachfolger, so Tilger /
Kümpel, hätten sich darum bemüht, einen Staat zu reformieren bzw. eine Partei zu entmachten, und dabei übersehen, daß 1917 (wie in anderen Ländern seitdem) eine Bande
die Macht ergriffen hätte, die den Staat als kommunales
Machtzentrum benutzt habe wie ein westlicher Parteivor-
sitzender einen Fußballklub. Wie nicht anders zu erwarten,
spiegeln sich in dieser Theorie einerseits die explizit als
Beispiel herangezogene »Treuhand« (und zwar sowohl die
der Jahre 1990 ff. wie ihre gleichnamige Vorgängerin der
Jahre 1939 ff., die polnische und sowjetische Betriebe ger-
manisierte), andererseits indirekt eine Reihe Fritzlebener
Lokalgrößen, so etwa der Unternehmensberater ohne zu
beratendes Unternehmen Peter Lappöhn, Ortsleiter der
Fritzlebenschen FDP und Vorsitzender des bankrotten
Traditionshandballklubs ›Prometheus Fritzleben‹, der Vor-
sitzende der ›Offensive Junger Christen‹ Elias Kampfhen-
kel, der einen schwunghaften Handel mit gefälschten
Stasi-Unterlagen betreibt, oder der durchreisende russi-
sche Oberstleutnant Sobakewitsch, der mit Kasernen-
mobiliar und gebrauchtem Stacheldraht handelt (»Alles
echt wie Sobakewitsch!«) – und noch viele andere.
   Die zwischen ernsthafter Analyse und parodistischer
Übertreibung oszillierenden Theorien Egon Kümpels er-
halten ihr düsteres Pendant in den Gesprächen der drei
letzten Asylbewerber von Fritzleben, dem Vietnamesen
Nguyen, dem Kroaten Ledič und dem Eritreer Nakano.
Sie werden einmal täglich von der Sozialarbeiterin Iris
Lücke mit Lebensmitteln versorgt, keiner der drei, so hat
Hauptkommissar Heinz Volk, dessen Frau Erna die drei

unermüdlich mit Selbstgestricktem ausstattet, verfügt, darf die Unterkunft verlassen: »Das können Sie Schutzhaft nennen, wenn Sie wollen, es ist nur zu Ihrem Besten?« Nakano, der, wie es scheint, seit der Brandnacht geistig verwirrt ist, versucht, neue Schachregeln zu erfinden, die, wie er sagt, »sollen bringen zurück Zufall und Schönheit in altes Spiel«. Ledič versucht während des ganzen Buches vergeblich über Iris Lücke in Kontakt mit Kommissar Volks ehemaligem Vorgesetzten Blechschmitt (wegen zu intensiver SED-Zugehörigkeit frühpensioniert) zu kommen, um ihn für einen »narrensicheren« Waffenschmuggel zur Versorgung kroatischer Milizen aus Beständen der Roten Armee zu gewinnen. Das Mißlingen dieser Versuche bzw. ihr Vereiteltwerden durch die durchaus pazifistisch gesonnene Iris Lücke (ebenfalls Mitglied in der ›Offensive Junger Christen‹) ist einer der running gags des Buches, wobei der Leser bereits seit Seite dreiunddreißig weiß, daß Blechschmitt ohnehin die falsche Adresse wäre, denn erstens hat er sich nicht, wie man in Fritzleben raunt, rechtzeitig »mit Kalaschnikows eingedeckt«, und zweitens wäre er nicht trotz, sondern wegen der im Hause Blechschmitt hochgehaltenen alten KPD-Traditionen der letzte in Fritzleben, der sich mit pro-ustaschistischen Kräften einließe. Der dritte schließlich, Nguyen, redet auf seine Mitbewohner ein, das Grundstück des halbabgebrannten Asylbewerberheimes mit einem Darlehen der Kommanditgesellschaft für Baubetreuung, die gerade eine Filiale in Fritzleben eröffnet hat, aufzukaufen und ein »multikulturelles Restaurant« zu eröffnen. Tilger leistet sich hier ein paar Einlagen über die Kombinierbarkeit afrikanischer, balkanischer und ostasiatischer Rezepte auf der Basis thüringischer und sächsischer Zutaten.

Eine Menge weiterer Nebenfiguren und ihre so eifrig betriebenen wie im Grunde statischen Bemühungen können wir hier nicht nennen, und es würde auch der falsche Eindruck erweckt werden, ›Fritzleben‹ sei nichts weiter als die Addition von vielerlei Kleinstadtbegebenheiten mit mehr oder weniger aktuellem Bezug. Zunächst, d. h. auf den ersten etwa 150 Seiten, sammelt Tilger sein Personal zusammen, er läßt sozusagen seine Blicke über Fritzleben schweifen, dann beginnt er die statischen Bilder in einen dynamischen Zusammenhang zu bringen.

Auslöser ist die Zuwanderung des Ehepaars Gerd und Anne Gädicke aus Hannover, die, mit einem Stipendium der Heinrich-Böll-Stiftung versehen, ein Forschungsprojekt über den »Traditionswert der Kinderkrippen der ehemaligen DDR sowie ihre historische Kompatibilitätsdifferenz mit der westdeutschen Kinderladenbewegung« durchführen sollen. Im Rahmen einer Vorstellung ihres Vorhabens im Restaurant ›Zu den drei Hasen‹ (»Wir betrachten Sie nicht als bloße Objekte unserer Forschung, sondern wir wollen mit Ihnen zusammen jene Problemfelder evaluieren, die uns gemeinsam betreffen und den Horizont einer gemeinsamen Differenzkultur bilden können«) kündigt das Ehepaar Gädicke die Einrichtung einer Kindertagesstätte an. 60 Plätze werden angeboten (»KiTa Rumpelstilzchen – von der Flasche bis zu Schultüte sind wir füreinander da«). Aber die Kindertagesstätte erfüllt nicht die Erwartung, die die Fritzlebener in sie setzen, noch erfüllen die Fritzlebener die Erwartungen des Ehepaars Gädicke.

Der absehbare kulturelle Konflikt tritt ein: Die Fritzlebener erwarten eine Kindertagesstätte, die ihnen ihre Kinder von morgen bis abends abnimmt, die westdeutschen Pädagogen erwarten Eltern, die ihnen von morgens bis abends zur Hand gehen und die Abende mit endlosen pädagogischen Diskussionen verbringen. Außerdem können die Gädickes sich schon deshalb wenig um die Kinder kümmern, weil sie ein »qualitatives Tiefeninterview« nach dem anderen führen, womit sie wiederum die Fritzlebener Eltern an den Rand des Nervenzusammenbruchs bringen. Diese Interviews benutzt Tilger dazu, eine große Varietät an mehr oder weniger typischen DDR-Lebensläufen zu präsentieren, die aber, das ist der offensichtliche Trick, nur über das Medium von »West-Fragen« erzählbar sind. Das führt zu vielen komischen Effekten, aber das oft nur zu naheliegende »Genau-so-isses«-Gefühl wird konterkariert mit der den Leser zunehmend beunruhigenden Erkenntnis, daß so etwas wie eine authentische DDR-Befindlichkeit sich gar nicht artikulieren kann, weil diese nur als das, was jeweils »zu kurz kommt«, was das westliche Gegenüber eben »nicht nachvollziehen kann«, Ausdruck findet, denn nur im Ressentiment hat die »Bewahrung der eigenen Identität« irgendeinen Sinn. Die »eigene Identität« ist also nichts weiter als eine Chimäre, die je insistenter beschworen werden muß, je fadenscheiniger das Konstrukt wird.

Die Frustration, die die Kindertagesstätte auslöst, bereitet einer Chance den Boden, die die drei Brüder Dieter, Ralf und Christian Gräsel, ein ehemaliger Lehrer, ein ehemaliger NVA-Offizier und ein Pastor, ergreifen. Sie eröffnen die »Traditions-Kinderkrippe«. Hier werden die Kinder morgens vor Arbeitsbeginn auch von denen abgegeben, die keine Arbeit haben; hier werden, so das Versprechen, »traditionelle Werte« vermittelt wie »volkstümliches Liedgut« und »Körperertüchtigung«. Die Kindertagesstätte startet daraufhin einen Propagandafeldzug gegen die Kinderkrippe (»Stoppt die Ewiggestrigen!«). Nach einiger Zeit fällt den Gädickes, die inzwischen dazu übergegangen sind, die Gräsels aus einem vor der Krippe dauergeparkten Trabi heimlich auszuspähen, auf, daß die Krippe weit mehr Plätze ausweist, als Kinder tatsächlich jeden Morgen dort abgegeben werden. Die Krippe stellt sich als ein klarer Betrugsfall heraus: sie kassiert unrechtmäßig Zuschüsse für nicht besetzte Plätze.

Weitere Nachforschungen ergeben, daß es sich hierbei nur um einen kleinen Teil eines fast ganz Fritzleben umfassenden Riesenbetruges handelt. Seit 1990 haben sehr viele Bürger Fritzleben verlassen und sich teils in der alten BRD, teils an anderen Orten der neuen Bundesländer angesiedelt. Durch geschicktes Ausnutzen der Probleme bei den Umstellungen in der Stadtverwaltung hat man aber die ausgezogenen Bürger als Einwohner weitergeführt. Damit nicht genug: die Familie Silchmüller hat die Errichtung eines weitläufigen Freizeitparks (»mit Minigolf und Restaurationsanlage«) strategisch weitsichtig auf einer Giftmülldeponie geplant, dann eine große Menge an nichtexistenten Arbeitskräften für den Bau engagiert, schließlich nach dem zu erwartenden Umweltgutachten den noch nicht einmal begonnenen Baubetrieb wieder eingestellt und kassiert nun für die nichtexistenten Fritzlebener Arbeitskräfte Arbeitslosenunterstützung, die monatlich von ein paar Strohmännern gegen prozentuale Beteiligung abgeholt wird.

Hier merkt der Leser, daß nicht nur die Behörden von den Fritzlebenern an der Nase herumgeführt worden sind, sondern auch er, der Leser, vom Autor Lutz Tilger. Die Familie Schkaritza etwa, bestehend aus den Eheleuten Theo und Mina mit ihren drei Kindern Udo, Katja und Bettina, von der gleich auf den ersten Seiten im Gespräch der Eltern Guido und Solveig Silchmüller die Rede war und die immer wieder Erwähnung findet und in vielen Anekdoten, Berichten, Handlungsbezügen sozusagen »präsent« ist, ist nichts als eine Fiktion der Familie Silchmüller – die Schkaritzas haben Fritzleben gewissermaßen vor Buchbeginn verlassen. Und wenn der Leser sich zu erinnern vermeint, auf Seite 273 Bettina Schkaritza erblickt zu haben, so stellt der Rückblätternde fest, daß es sich in Wirklichkeit um Yasmine Silchmüller gehandelt hat, die den inspizierenden Oberschulrat Jungfleisch an der Nase herumführt.

Man kann nachvollziehen, daß ein solches Spiel mit ineinandergeschobenen Fiktionen (zumal wenn von einem unsichtbaren Autor präsentiert) Verwirrung hervorruft. Ja, man muß feststellen, daß manche Rezensenten das artistische Spiel Tilgers nicht durchschaut haben. »Unklare Verknüpfung der Handlungsstränge«, »undurchschaubares

Hintergrundgeschehen« – so lauteten einige der Vorwürfe. Mißverständnisse nahmen dort tiefsinnige Symbolik ein, wo Tilger wohl doch nur einen Bluff geschildert hat. Andere haben Tilger vorgeworfen, er treibe ein »frivoles Spiel mit den Existenznöten der Menschen«, wieder andere, es zeuge von einer »menschenverachtenden Haltung, Menschen und ihre Identität für inexistent zu erklären«. Dagegen konnte man Stimmen hören, die von einer »Transposition mittelalterlichen Vanitas-Gefühls in beklemmende Aktualität« sprachen.

Läßt sich nach einem Jahr, wenn schon nicht Abschließendes, so doch wenigstens etwas Sicheres über Tilgers – man mag im Detail urteilen, wie man will – im Ganzen jedenfalls alles andere als belanglosen Roman sagen? Ein Wagnis? Gewiß. Ein gelungenes? Kann es mißlungen sein, wenn es so viel engagierte Kontroverse auf den Plan ruft? Hat Tilger, wie seine enthusiastischen Befürworter sagen, »ein neues Kapitel des deutschen Romans aufgeschlagen«? Nun, wir werden sehen. Das endgültige Urteil wird vielleicht erst eine spätere Generation fällen können, die nicht so direkt wie wir in den Niederungen der Aktualität gefangen ist. Ob Tilgers Roman unsere Zeit angemessen abbildet, kann erst der entscheiden, dem historische Distanz einen wirklichen Überblick verschafft.

Doch eines können wir jetzt schon sagen, und das ist nicht wenig: Unterhalten hat uns Tilger und, was mehr ist: nachdenklich gemacht. Lassen Sie mich am Ende noch auf eine Szene eingehen, die meines Wissens von keinem Rezensenten erwähnt worden ist, obwohl sie, wenn nicht für das Ganze, so doch für eine wesentliche Dimension des Ganzen steht. Erich Mewes, ein Regieassistent aus Bochum, jetzt Intendant des Fritzlebener Stadttheaters, hat eine Musical-Adaption des ›Kaufmanns von Venedig‹ geschrieben und unter Schwierigkeiten einstudiert. Unter Schwierigkeiten, denn einige der Schauspieler, die Mewes eingeplant hat, leben längst nicht mehr in Fritzleben und müssen durch die Verbliebenen ständig und oft in rasantem Wechsel gedoubelt werden, ohne daß Mewes das merken darf. Mewes transformiert in seinem Musical die Figur des Shylock in einen allegorischen »Ossi«, dem von dem übrigen Personal, das den »Wessi«-Standpunkt vertritt, vorgeworfen wird, er sei ein Blutsauger, lebe auf Kosten der anderen. Im Zentrum steht der Song des »Shylock«, flott von einem »Chor der Ossis« mit einem Cancan begleitet, der den Parade-Stechschritt der NVA parodiert: »Hát ein Ossi keine Augen? Hátter keine Hände? Hátter keine Ohrn? Undhátterdennichtauch Gefühle, Wünsche, Frustrationen, willer nicht auch wóhnen wie sein Wessibrúder und will Arbeit, und die soll sich lóhnen...« und so weiter. Irgendwann regt sich im Ensemble Widerstand gegen diese Rollenzuschreibung: »Wer ist denn hier der Jude?« heißt es, zwar mit den Worten Nathans, aber anderen Sinnes. Der Blutsauger sei doch wohl im Westen! Die Debatte zwischen Autor / Regisseur und Ensemble, ob das west-ostdeutsche Verhältnis mit dem Shakespeare-Stück so oder so aufzufassen bzw. zu inszenieren sei, transformiert Tilger langsam in ein Gerede, in dem zunehmend nur noch ein Ton dominiert: ein antisemitischer. Plötzlich – es ist nicht zu leugnen, Lutz Tilger liebt manchmal die allegorischen Effekte – geht das Licht aus: Kurzschluß. Es ist stockdunkel; überall stehen fragilste Kulissenwände herum. Der Regisseur ruft alle Schauspieler zusammen, damit man gemeinsam sich den Weg nach draußen ertaste. Als Mewes von Hand durchzählt, ob auch alle da sind, merkt er, daß die Hälfte fehlt. Da spricht einer der Schauspieler, und die letzten Sätze des Romans lauten, verstörend unheimlich: »Und es erklang eine Stimme aus dem Unsichtbaren, voll bühnenreifen Timbres und gleichsam samtig von Trost und Hoffnung: ›Wir sind alle noch hier!‹ Mewes war beruhigt.«

So endet der erste Roman zur neuen deutschen Einheit, und als er erschien, begann der Streit um die Interpretation von Lutz Tilgers Roman ›Fritzleben‹. Er dauert an.

Nachweise

Der Bote. Walter Benjamin über Karl Kraus.
Vortrag am 28. August 1990 im Schiller-Nationalmuseum in Marbach, anläßlich der Eröffnung der Benjamin-Ausstellung des Theodor W. Adorno Archivs.
Abgedruckt in: Theodor W. Adorno Archiv (Hrsg.), Frankfurter Adorno Blätter, München 1992, S. 91–103.

Generation ohne Abschied. Wolfgang Borchert als Angebot.
Vortrag auf dem Symposium »Aspekte der Nachkriegsliteratur« vom 10. bis 13. September 1992 am Nordkolleg Rendsburg.
Unter dem Titel *Generation ohne Abschied. Wolfgang Borchert – als Angebot* gekürzt abgedruckt in: Mittelweg 36. Zeitschrift des Hamburger Instituts für Sozialforschung 5 / 1992, S. 37–56.

Deutsche Linke '91. Sozialpsychologische Gedanken zur Architektur einer Ruine.
Vortrag am 1. September 1991 im Frankfurter Literaturhaus und am 14. September 1991 im Michael Balin Institut, Hamburg.
Abgedruckt in: konkret 11 / 1991, S. 44–47.

»Ära räki!« oder Wie so etwas zustande kommt, da kann man nicht dabeisitzen.
Abgedruckt in: konkret 4 / 1993, S. 48–53.

172364. Gedanken über den Gebrauch der ersten Person Singular bei Jean Améry.
Vortrag auf dem Symposium »Jean Améry (1912–1978)« an der Universität Wien vom 22. bis 25. Oktober 1992.
Abgedruckt in: konkret 1 / 1993, S. 46–53.

Der Vorgang des Ertaubens nach dem Urknall. Nationalsozialismus und Nachkrieg als Textmerkmale bei Arno Schmidt.
Vortrag auf der »First International Arno Schmidt Conference« vom 2. bis 4. Mai 1991 an der Portland State University in Portland / Oregon.

Abgedruckt in: Arno Schmidt Stiftung (Hrsg.), »Vielleicht sind noch andere Wege –«. Vier Vorträge, Hefte zur Forschung I, Bargfeld 1992, S. 21–50.

»Der viele viele Schnee«.
Abgedruckt in: konkret 1 / 1994, S. 10–13.

Hurlyburly = Holterdipolter? Versfußnoten zum Gehör. Phantasien über ein Thema von Ulrich Sonnemann.
Abgedruckt in: Sabine Gürtler (Hrsg), Spontaneität und Prozeß. Zur Gegenwärtigkeit Kritischer Theorie, Hamburg 1992, S. 189–207.

»Der Klappendorfer BadeTeich, plärrend bunt auf grün«. Gedanken zur Ästhetik des Romans ›Abend mit Goldrand‹.
Abgedruckt in: Arno Schmidt Stiftung (Hrsg.), Teiche zwischen Nord- und Südmeer. Fünf Vorträge, Hefte zur Forschung II, Bargfeld 1994, S. 97–147.

»Mewes war beruhigt«. Vor einem Jahr erschien Lutz Tilgers Erfolgsroman ›Fritzleben‹ – im Beitrag für die Hörfunkreihe ›Litera-Talk‹ des NDR.
Abgedruckt in: Lutz Tilger, Fritzleben. Roman einer Wende, Berlin 1994, S. 135–151, (als eine von 16 real existierenden Rezensionen eines real nicht existierenden deutschen Wenderomans).